명리 3대 보서 해설 시리즈

나이스 적천수 해설서

上

滴天髓

국립중앙도서관 출판예정도서목록(CIP)

(나이스) 적천수(滴天髓) 해설서. 上 / 원저: 경도 ; 해설:
맹기옥. -- 서울 : 상원문화사, 2018
    p. ;   cm. -- (명리 3대 보서 해설 시리즈)

원표제: 滴天髓
원저자명: 京圖
권말부록 수록
중국어 원작을 한국어로 번역
ISBN 979-11-85179-25-4 03180 : ₩30000

명리학[命理學]
사주(팔자)[四柱]

188.5-KDC6
133.3-DDC23   CIP2018004856

명리 3대 보서 해설 시리즈

나잇스 적천수 해설서

滴天髓

上

경도(京圖)·유백온(劉伯溫) 原著 / 맹기옥(孟起玉) 解說

祥元文化社

나이스 사주명리 시리즈《이론편》과《응용편》그리고《고전편》을 출간
했을 때 독자들이 사주풀이를 위한《실전편》에 대해 많은 문의를 하셨는데,
"사주풀이라는 것이 직접 경험해 보지 않고 책으로만 가능한가?"라는 의문이
들어서 차일피일 미루고 있었다. 그러나 마냥 미루고 있을 수는 없어서 수업
을 사주풀이 중심으로 바꾸기 시작했고, 실제상담 경험을 늘리면서 명리이론
을 고전부터 다시 체계적으로 정리해야겠다고 다짐했다. 그 결과『자평진전해
설서』와『난강망해설서』가 출간되었고, 이번에『적천수해설서』를 펴내면 명
리의 삼대 보서寶書라는 책을 다시 정리하는 기회를 갖는 셈이다.

명리 고전을 정리하면서 겪었던 어려움은 국가와 시대마다 다른 문화
적 차이에서 오는 용어였다. 이때 도움이 된 것들이 번역서나 인터넷의 자료
들이었는데, 일부 번역서들은 한문은 알고 명리는 모르는 수준에서 나왔다는
생각도 들었다. 그러나 그러한 책들도 도움이 되었다. 이『적천수해설서』는

주로 『적천수천미』 중심으로 구성을 하였는데 원문이나 원주 그리고 임철초 주 등은 직역하기보다는 원문의 내용을 살피면서 의역하려고 애를 썼다. 당연히 잘못된 부분이 있을 것인데 이러한 것들은 앞으로 수정을 거듭해 나가려고 한다.

명리命理의 고전古典들은 주로 명리학命理學의 건물, 즉 체體의 영역을 다루고 있다. 그래서 『자평진전子平眞詮』이나 『난강망欄江網』 『적천수滴天髓』 등 명리 고전에는 용用의 영역인 12운성이나 신살 또는 형충파해 등의 용어는 거의 등장하지 않는다. 그래서 명리 고전들이 사주풀이를 하는 데 별로 도움이 되지 않는다고 무시하기도 한다. 그러나 체體가 없이 용用이 있을 수는 없다. 온고이지신溫故而知新이라는 말도 그런 의미와 상통한다.

끝으로 이 책이 출간될 수 있도록 애써 주신 상원문화사 문해성 대표

님과 김영철 실장님께 감사를 드린다. 또 온라인과 오프라인에서 교정을 봐 주신 나이스 사주명리 카페 회원님들께 진심으로 감사를 드린다. 그리고 명리학命理學에 대한 더 체계적인 자료나 동영상은 인터넷 카페 '나이스사주명리'를 참고하면 도움을 받을 수 있을 것이다.

아무쪼록 이 책이 명리학命理學이라는 건물을 튼튼하게 짓는 데 도움이 되었으면 좋겠다.

2018년 새해 벽두
빛고을 광주에서
나이스 맹기옥 드림

◉좀 더 좋은 책이 나오도록 교정에 도움을 주신 분들

강병헌님(대전) 강 주님(창원) 김인수님(칠곡) 김진경님(수원) 김천호님(대구)

김혜경님(서울) 백승현님(서울) 봉일스님(영동) 송지희님(인천) 염비오님(용인)

오영석님(울주) 이금선님(부산) 이미선님(원주) 이상석님(칠곡) 지승엽님(서울)

차례 上

일러두기

◉이 책에 나오는 사주팔자 설명은 원문의 해설을 따르지 않고 저자의 방식으로 설명하였습니다. 이 책을
쓰는데 진소암의 『적천수집요』, 포여명의 『완전풀이적천수』, 이수의 『적천수스펙트럼』, 임철초의 『적천
수천미』, 서락오의 『적천수징의』 그리고 인터넷의 여러 자료를 참고하였습니다.

제1장

通天論

통천론

나이스 滴天髓 해설서 www.e-nicesaju.com

01천도 天道

欲識三元萬物宗 先親帝載與神功
욕식삼원만물종　　　선친제재여신공

삼원(三元)이 모든 법의 근본임을 알고자 한다면 먼저 제재(帝載)와 신공

(神功)을 잘 관찰해야 한다.

*제재(帝載) 주재자, 음양오행, 천간
*신공(神功) 사계절의 오묘한 작용, 지지

原註

天有陰陽, 故春木·夏火·秋金·冬水·季土, 隨時顯其神功, 命中
天地人三元之理, 悉本於此.

하늘에는 음(陰)과 양(陽)이 있고, 땅에는 봄의 木과 여름의 火와 가을
의 金과 겨울의 水와 사계(四季)의 土가 때에 따라 그 신공(神功)을 드
러내고 있다. 명(命)에도 천지인 삼원(三元)의 이치가 모두 이를 바탕
으로 하고 있다.

任氏曰

干爲天元 支爲地元, 支中所藏爲人元. 人之稟命, 萬有不齊, 總不越
此三元之理, 所謂萬法宗也. 陰陽本乎太極, 是謂帝載, 五行播於四

時, 是謂神功, 乃三才之統系, 萬物之本原.《滴天髓》首明天道如此.

천간은 천원(天元)이고, 지지는 지원(地元)이며, 지지에 간직된 지장간은 인원(人元)이다. 타고난 사람의 명(命)이 똑같지 않지만, 어느 명(命)이라도 삼원(三元)의 이치를 벗어나지 못한다. 그 이유는 삼원(三元)은 모든 법(法)의 근본이기 때문이다. 음양은 태극(太極)에 근본을 두고 우주의 오행운동으로 구체화되니 이것을 **제재**(帝載)라고 하고, 오행은 지구에서 사계절 운동을 하게 되는데 이것을 **신공**(神功)이라고 한다. 이것이 바로 천지인 삼재(三才)의 실마리이고 만물의 본원(本原)이 되니 『적천수(滴天髓)』의 첫머리에 천도(天道)를 배치한다.

나이스 주

⊙삼원(三元)은 천원(天元)·지원(地元)·인원(人元)을 말한다. 팔자에서 삼원(三元)은 천간(天干), 지지(地支) 그리고 지장간(支藏干)이다. 이 삼원(三元)이 팔자의 근본이 되니, 삼원(三元)의 변화를 알면 팔자의 흐름도 알 수 있다. 즉, 하늘과 땅의 변화 원리에 대하여 잘 알면 그 속에서 살고 있는 인간 삶의 변화 모습도 알 수 있는 것이다. 팔자가 다른 수많은 사람들이 있지만 누구나 천지인 삼원(三元)의 법칙을 벗어날 수는 없다.

坤元合德機緘通 五氣偏全定吉凶
곤원합덕기함통 오기편전정길흉

곤원(坤元)의 덕(德)이 합쳐지면서 만물이 생성되고 변화한다. 그리고 오

행의 편전(偏全)에 따라 길흉이 결정된다.

*곤원(坤元) 지구, 땅
*편전(偏全) 치우침과 온전함

原註

地有剛柔, 故五行生於東南西北中, 與天合德, 而感其機緘之妙.
賦於人者, 有偏全之不一, 故吉凶定於此.

땅에는 강유(剛柔)가 있고, 오행은 동남서북중을 생한다. 땅은 하늘과

합덕(合德)하여 만물을 생성시키고 변화시킨다. 사람에게 부여된 팔

자는 편전(偏全)이 있어 균일하지 않으니 이에 따라 길흉이 정해진다.

任氏曰

大哉乾元, 萬物資始, 至哉坤元, 萬物資生, 乾主健, 坤主順. 順以
承天, 德與天合; 煦嫗覆育, 機緘流通. 特五行之氣有偏全, 故萬物
之命有吉凶.

만물은 건원(乾元)에서 시작되고, 곤원(坤元)에서 생성(生成)되는데, 건(乾)은 강건하고 곤(坤)은 순(順)하다. 곤(坤)은 하늘과 합덕(合德)하여 *후구부육(煦嫗覆育)하니 천지자연의 조화(造化)가 이루어진다. 건(乾)의 기(氣)는 지축의 기울기 때문에 곤(坤)에게 순수하게 전달되지 않으므로 오행의 기(氣)에는 편전(偏全)이 있게 된다. 따라서 오행의 편전에 따라 각자의 명(命)에는 길흉이 생기게 된다.

*후구부육(煦嫗覆育) 천지가 만물을 아끼고 길러내다

나이스 주

◎하늘의 기(氣)를 받은 땅에서 만물은 존재한다. 오행 운동을 하는 우주와는 달리 지구는 지축의 기울기로 인하여 사계절 운동을 하니 오행이 고르지 못하고 치우치게 된다. 인간사도 명(命)에 있는 오행의 편전(偏全)에 따라 길흉이 다르게 나타난다. 오행이 온전하지 못하고 편중되었다면 격국이 성격되었다고 하더라도 흉할 가능성이 크다. 예를 들면 화염토조(火炎土燥)나 금한수냉(金寒水冷)의 명(命)이 그렇다.

戴天履地人爲貴 順則吉兮悖則凶
대천리지인위귀　　순즉길혜패즉흉

하늘과 땅 사이에서 사람이 가장 귀하다. 자연에 순응하면 길(吉)하고 거역하면 흉(凶)하다.

*대천리지(戴天履地) 하늘을 이고 땅을 밟고, 세상사(世上事), 하늘과 땅 사이

原註

萬物莫不得五行而戴天履地, · 惟人得五行之全, 故爲貴. 其有吉凶之不一者, 以其得於五行之順與悖也.

만물은 오행의 기운을 받으며 하늘을 이고 땅을 밟고 살아간다. 오직 사람만이 오행의 기(氣)를 온전히 받았으므로 가장 귀하다. 그러나 길흉이 한결같지 않은 이유는 오행이 *순(順)하거나 *패(悖)하기 때문이다.

*순패(順悖) 순응(順應) 또는 어긋남

任氏曰

人居覆載之中, 戴天履地, 八字貴乎天干地支順而不悖也. 順者接續相生, 悖者反剋爲害, 故吉凶判然. 如天干氣弱, 地支生之, 地支神衰, 天干輔之, 皆爲有情而順則吉；如天干衰弱, 地支抑之, 地支氣弱, 天干剋之, 皆爲無情而悖則凶也.

사람은 하늘과 땅 사이에서 살아가니 하늘을 이고 땅을 밟고 살아간다. 팔자는 천간과 지지가 서로 순응하며 거스르지 않는 것을 귀하게 여긴다. 순(順)은 상생하는 것이며, 패(悖)는 서로 반극(反剋)하여 해(害)가 되는 것이니 **순패**(順悖)에 따라 길흉이 자연스럽게 드러나는 것이다. 가령 천간의 기(氣)가 약할 때 지지가 천간을 생해주거나, 지지 글자가 쇠할 때 천간이 지지를 도와주면 유정(有情)하고 순(順)하여 길(吉)하게 된다. 반대로 천간이 쇠약할 때 지지가 그것을 억제하거나, 지지가 약할 때 천간이 그것을 극하면 무정(無情)하고 패(悖)하니 흉(凶)하게 된다.

假如干是木, 畏金之剋, 地支有亥子生之；支無亥子, 天干有壬癸以化之；干無壬癸, 地支有寅卯以通根；支無寅卯, 天干有丙丁以制之, 木有生機, 吉可知矣. 若天干無壬癸, 而反透之以戊己；支無亥子寅卯, 而反加之以辰戌丑未申酉, 黨助庚辛之金, 木無生理, 凶可知矣. 餘可類推.

가령 천간이 木이고 金의 극을 두려워할 때 지지 亥나 子가 木을 생하거나, 지지에 亥 또는 子가 없다면 천간의 壬이나 癸가 金을 화(化)하면 길하다. 또 천간에 壬이나 癸도 없다면 지지에 寅이나 卯가 있어서 통근되거나, 지지에 寅이나 卯도 없다면 천간에 丙이나 丁이 있어서 金을 제(制)한다면 木은 생기(生機)를 찾게 되니 길(吉)하게 된다. 반대로 천간에 壬이나 癸는 없고 戊나 己가 투(透)하거나, 지지에 亥나 子 또는 寅이나 卯는 없고 도리어 辰戌丑未나 또는 申이나 酉가 있어 庚이나 辛을 돕는다면 木은 의지할 곳이 없어지니 흉(凶)하게 된다. 나머지도 같은 방법으로 미루어 추측할 수 있다.

凡物莫不得五行, 戴天履地, 卽羽毛鱗蚧, 亦各得五行專氣而生, 如 羽蟲屬火, 毛屬木, 鱗屬金, 蚧屬水. 惟人屬土, 土居中央, 乃木火 金水中氣所成, 獨是五行之全, 爲貴. 是以人之八字, 最宜四柱流 通, 五行生化 ; 大忌四柱缺陷, 五行偏枯.

만물은 우주에서 오는 오행의 기운을 받으며 하늘과 땅 사이에서 살아간다. 날짐승, 길짐승, 어류, 패류 등은 모두 오행의 기(氣) 중에서 특정한 일부의 기(氣)만 받게 된다. 날짐승은 火에 속하고, 길짐승은 木에 속하며, 어류는 金에 속하고, 패류는 水에 속한다. 사람은 土에 속하는데, 土는 중앙에 있어서 木火金水의 중기(中氣)를 이루니 土가 오행을 완전히 구비하여 귀한 것이다. 이런 까닭에 사람의 팔자는 사주(四柱)가 유통되고 오행(五行)이 생화(生化)되면 바람직하지만, 사주(四柱)에 결함이 있어 오행을 골고루 받지 못하면 *편고(偏枯)되어 삶이 고달프다.

*편고(偏枯) 치우치고 메마름

謬書妄言四戊午者, 是聖帝之造, 四癸亥者, 是張桓侯之造, 究其

理, 皆後人訛傳, 試思自漢至今二千餘載, 週甲循環, 此造不少, 謬
可知矣. 余行道以來, 推過四戊午·四丁未·四癸亥·四乙酉·四辛
卯·四庚辰·四甲戌者甚多, 皆作偏枯論, 無不應驗.

일부의 책에는 팔자의 네 기둥이 모두 같은 4/戊午는 *성제(聖帝)의 사
주이고, 4癸亥는 *장환후(張桓侯)의 사주라고 쓰여 있는데 모두 후인
(後人)에게 잘못 전달된 것이다. 한(漢)나라 때부터 지금까지 이천여
년 동안 육십갑자가 순환하면서 이러한 사주가 적지 않았을 것인데
모두가 같은 삶을 살았다고는 볼 수 없기 때문이다. 이 공부를 하면
서 4戊午, 4丁未, 4癸亥, 4乙酉, 4辛卯, 4庚辰, 4甲戌 등의 사주를 살
펴보았는데 모두 편고된 삶을 살고 있었다.

*성제(聖帝) 어질고 덕이 뛰어난 황제
*장환후(張桓侯) 장비의 시호(諡號)

同邑史姓者有四壬寅者, 寅中火土長生, 食神祿旺, 尚有生化之
情, 而妻財子祿, 不能全美, 只因寅中火土之氣, 無從引出, 以致
幼遭孤苦, 中受饑寒；至三旬外, 運轉南方, 引出寅中火氣, 得際
遇, 經營發財；後竟無子, 家業分奪一空. 可知仍作偏枯論也. 由此
觀之, 命貴中和, 偏枯終於有損；理求平正, 奇異不足爲憑

같은 고을에 사는 사(史) 씨 성을 가진 사람 중에 4壬寅이 있었는데,
寅 중 火土가 장생이고, 식신이 건록으로 왕하여 생화(生化)의 정(情)
이 있었지만 처재(妻財)와 자록(子祿)이 모두 아름답지 못했다. 寅 중

火土의 기(氣)를 인출할 수 없었던 어린 시절에는 외롭고 고달프고 굶주렸으나, 삼십 이후에 운이 남방으로 갈 때 寅 중 화기(火氣)를 인출했을 때는 경영을 통해 발재(發財)하였다. 그러나 결국 자식이 없었고, 가업도 분탈(分奪)되어 텅 비게 되었다. 네 개의 기둥이 모두 같은 글자로 된 팔자는 이름을 날릴지는 몰라도 모두 편고된 것이다. 이런 예들에서 보듯이 중화된 명(命)은 귀하지만, 편고된 명(命)은 결국 손상된 명(命)이 된다. 명(命)의 이치는 평정(平正)하면 무난하지만 기이(奇異)한 것은 종잡을 수 없으니 믿을 수가 없다.

나이스 주

⊙인간은 하늘과 땅 사이에서 존재한다. 사람마다 길흉이 다른 것은 팔자에 오행의 배치가 다르게 되어 있기 때문이다. 순(順)은 서로 상생하여 좋아지는 것을 말하고, 패(悖)는 서로 불화(不和)하여 해(害)가 되는 것을 말한다. 팔자의 오행이 상생하고 조화를 이루면 귀하지만 치우쳐서 균형을 잃으면 귀하지 못하다. 그래서 네 개의 주(柱)가 동일한 팔자는 편중된 것으로 간주한다. 편중된 팔자는 기이한 삶을 살게 되니 역사에 이름을 남길 수는 있지만 순탄한 삶이라고 할 수는 없다. 명(命)을 논했던 선학(先學)들은 잔잔한 사주에 길(吉)이나 정(正)을 붙였고, 파도가 심한 팔자에는 흉(凶)이나 편(偏)을 붙였다.

要與人間開聾瞶 順悖之機須理會
요여인간개농외　　순패지기수리회

사람들의 우매한 귀를 열어주려면 순패(順悖)의 기틀을 깨달아야 한다.

* **농외**(聾瞶) 귀머거리, 어리석고 무지한 사람
* **순패**(順悖) 순(順)하거나 어그러짐, 순수하거나 불순함

原註

不知命者如聾瞶, 知命於順逆之機而能理會之, 庶可以開天下之
聾瞶.

명(命)을 알지 못하는 자는 귀머거리와 같다. 명(命)을 안다는 것은 *순
역(順逆)의 기틀을 아는 것이다. 명(命)을 안다면 천하의 귀머거리라도
깨달음을 얻게 될 것이다.

* **순역**(順逆) 순행과 역행

任氏曰

此言有至理, 惟恐後人學命, 不究順逆之機. 妄談人命, 貽悞不淺,
混看奇格異局, 一切神殺, 荒唐取用, 桃花鹹池, 專論女命邪淫, 受
責鬼神 ; 金鎖鐵蛇, 謬指小兒關煞, 憂人父母 ; 不論日主之衰旺, 總

以財官爲喜, 傷殺爲憎, 定人終身 ; 不管日主之强弱, 盡以食印爲
福, 梟劫爲殃.

이 말은 지극히 이치에 맞는 말이다. 두려운 것은 후인(後人)들이 *순패(順悖)의 기틀을 연구하지도 않고 인명(人命)을 함부로 말하여 잘못을 끼치고 있는 것이다. 각종 기이한 격국을 만들어 내고, 황당한 온갖 신살들을 취하며, 도화(桃花)와 함지(咸池) 등을 들먹이며 여명(女命)이 간사하고 음란하다고 하고, 수책귀신(受責鬼神)이나 금쇄(金鎖)와 철사(鐵蛇)를 소아관살(小兒關煞)이라고 지적하여 아이의 부모들을 근심하게 한다. 또 일간의 쇠왕(衰旺)을 논하지도 않고 무조건 재관은 좋은 것이라고 하고, 상관과 칠살은 나쁜 것이라고 하여 남의 한평생을 단정하기도 한다. 또 일간의 강약은 살피지도 않고 멋대로 식신과 인수는 복(福)으로 여기고, 효신과 겁재는 재앙으로 여기기도 한다.

* **순패**(順悖) 순(順)하거나 어그러짐

不知財官等名, 爲六親取用而列, 竟認作財可養命, 官可榮身, 何其
愚也! 如財可養命, 則財多身弱者, 不爲富屋貧人, 而成巨富 ; 官可
榮身, 則身衰官重者, 不至夭賤, 而成顯貴.

재관(財官) 등의 명칭은 단순히 육친을 취하기 위해 나열한 것임에도 재는 양명(養命)을 가능하게 하고, 관은 영신(榮身)을 가능하게 한다고 하니 얼마나 어리석은가? 만일 재가 양명(養命)하는 것이라면 **재**

다신약(財多身弱)한 팔자는 부옥빈인(富屋貧人)이 아니라 거부(巨富)로 논해야 할 것이고, 또 관이 영신(榮身)을 하게 한다면 **신쇠관중**(身衰官重)의 팔자라도 요절하거나 천(賤)하지 않고 *현귀(顯貴)해야 할 것이다.

***현귀**(顯貴) 지위가 높고 귀함
***입신양명**(立身揚名) 출세하여 세상에 이름을 날림

余詳考古書, 子平之法, 全在四柱五行. 察其衰旺, 究其順悖, 審其進退, 論其喜忌, 是謂理會. 致於奇格異局, 神煞納音諸名目, 乃好事妄造, 非關命理休咎. 若據此論命, 必至以正爲謬, 以是爲非, 訛以傳訛, 遂使吉凶之理, 昏昧難明矣.

고서(古書)를 살펴보면 자평(子平)의 법은 먼저 오행의 쇠왕을 관찰하고, 순패(順悖)를 궁구하며, 오행의 진퇴도 살피면서 희기를 논해야 하는데 이를 *이회(理會)라고 한다. 기격(奇格)이나 이국(異局), 신살(神殺) 또는 납음(納音) 등은 호사가(好事家)들이 함부로 지어낸 것이지 명리의 *휴구(休咎)와는 관계가 없다. 만일 신살이나 납음 등을 근거로 명(命)을 논한다면, 바른 것을 그르다고 하는 등 길흉을 잘못 판단하게 될 것이다.

***이회**(理會) 깨달아 앎, 이해하고 회득
***휴구**(休咎) 길흉, 화복(禍福), 좋고 나쁨

書云 : 用之爲財不可劫, 用之爲官不可傷, 用之印綬不可壞, 用之食神不可奪. 此四句原有至理, 其要在一用字. 無知學命者, 不究用字根源, 專以財官爲重, 不知不用財星盡可劫, 不用官星盡可傷, 不用印綬盡可壞, 不用食神盡可奪.

서(書)에 "용(用)이 재성일 때는 겁탈당해서는 안 되고, 용(用)이 관성일 때는 손상당해서는 안 된다. 그리고 용(用)이 인수일 때에는 파괴되어서는 안 되고, 용(用)이 식신일 때는 빼앗겨서는 안 된다."는 말이 있는데 이 구절은 지극히 이치에 맞다. 핵심은 '용(用)'의 글자에 있는데도 명(命)을 배우는 자들이 '용(用)'의 근원은 연구하지 않고 오로지 재관만을 중요하다고 여기고 있는 것이다. 재성이 용신이 아닐 때에는 겁탈당해도 되고, 관성이 용신이 아닐 때는 손상당해도 되며, 인수가 용신이 아닐 때에는 파괴당해도 되고, 식신이 용신이 아닐 때에는 빼앗겨도 되는데 이를 알지 못하는 것이다.

順悖之機不理會, 與聾聵何異, 豈能論吉凶·辨賢否, 而有功於世哉! 反誤世惑人者多矣!

순패(順悖)의 기틀을 이해하지 못하면 귀머거리와 무엇이 다르겠는가? 순패를 모르고 어떻게 길흉을 논하고 *현부(賢否)를 분별하여 세상에 공(功)을 세울 수 있겠는가? 순패의 기틀을 이해하지 못하면 명(命)을 잘못 판단하게 되어 사람을 헷갈리게 하는 일이 많을 것이다.

*현부(賢否) 어짊과 어리석음

⊙ 명(命)을 알지 못한 자는 귀머거리와 같으니 귀를 열어주려면 순패지기(順悖之氣)를 이해해야 한다. 그렇다면 순패지기(順悖之氣)란 무엇인가? 팔자의 흐름이 자연의 법칙에 맞으면 순(順)이 되고 그렇지 않으면 패(悖)가 된다. 하늘과 땅의 변화를 따르면 순(順)이 되고, 그렇지 못하면 패(悖)가 되는 것이다.

⊙ 대부분의 팔자는 오행이나 천간의 흐름이 자연스럽지 않다. 그래서 여기저기서 나름대로 팔자를 풀어가는 방법을 제시하지만 어느 것만이 옳다고 말할 수는 없다. 변하는 상황에 따라 대처도 달라지기 때문이다.

⊙ 팔자로 모든 것을 알 수는 없다. 그 이유는 팔자가 대운이나 세운 등에 영향을 받고 또 주변 환경의 영향을 받기 때문이다. 시간의 흐름에 따라 변하는 기(氣)의 변화에 개인의 팔자는 속수무책이다. 각 계절의 변화나 태풍이나 폭우, 폭설 등에 개개인의 팔자는 어쩔 수가 없는 것이다.

⊙ 재관인식(財官印食)을 사길신(四吉神)이라고 하고, 살상효인(殺傷梟刃)을 사흉신(四凶神)이라고 하였다. 삶의 파고의 높낮이를 구분할 뿐 부귀와는 상관이 없으니 단어에 집착하면 안 된다. 이는 사길신(四吉神)이든 사흉신(四凶神)이든 성격(成格)이 되면 좋고 파격(破格)이 되면 좋지 않다. 운의 흐름에 순응하며 살아가면 좋다. 봄에는 씨를 뿌리고, 여름에는 일하며, 가을에는 수확하고, 겨울에는 쉬어야 한다. 자연의 흐름에 따라 사는 것이 순(順)이고, 자연의 흐름을 거역하면 패(悖)가 된다.

時	日	月	年
丙	庚	丁	辛
子	午	酉	卯

- 酉월의 庚金으로 양인격이다.

- 辛金이 출간하여 드러난 양인이 되었다.

- 卯酉충, 午酉파, 子午충이 있다.

- 춘하추동의 글자가 모두 있다는 것은 활동 무대가 넓은 것이다.

- 고종 순황제(純皇帝)의 명(命)이다.

時	日	月	年
戊	戊	庚	庚
午	辰	辰	申

- 동중당(董中堂)의 사주이다.

- 중당(中堂)은 재상급 관직 이름이다.

- 辰월의 戊土로 土의 기운이 강하다.

- 비겁의 기운이 강할 때는 식상으로 설기하는 것이 좋다.

- 자기의 강한 힘을 마음껏 사용할 수 있다.

- 子운이 오면 申子辰 삼합이 되어 식신생재(食神生財)로 성격된다.

時	日	月	年
庚	甲	壬	壬
午	寅	寅	辰

- 寅월의 甲寅일주로 건록격이다.
- 건록의 강한 힘을 火 식상으로 설기하면 좋다.
- 寅午 반합이 있다.
- 丙午대운에 십여만금을 축적했다.

時	日	月	年
辛	癸	甲	癸
酉	亥	子	酉

- 子월의 癸亥일주이다.
- 년간에도 癸水가 투하여 水의 기운이 강하다.
- 인수인 金도 강하니 인비가 강한 사주이다.
- 인비(印比)에 종하는 운에 좋아진다.
- 초년 癸亥운에는 甲木의 뿌리가 튼튼하여 조상의 음덕(蔭德)이 넉넉하였다.
- 왕한 수기(水氣)를 극하는 壬戌운에 형벌을 받았다.
- 왕기(旺氣)를 돕는 辛酉, 庚申운에는 재물이 흥왕(興旺)하였다.
- 己未, 戊午운에는 모든 사업이 사라지고 처자(妻子)도 형극(荊棘)하여 외로웠다.
- 土운에는 왕기(旺氣)인 水를 거역하여 불길했음을 알 수 있다.

理承氣行豈有常 進兮退兮宜抑揚
이승기행기유상　　　진혜퇴혜의억양

이(理)는 기(氣)를 이어받아 움직이니 어찌 항상 같을 수가 있겠는가? 진
퇴(進退)에 따라 억양(抑揚)하는 것이 마땅하다.

*억양(抑揚)　억제하거나 도와줌, 억누르거나 들어 올림

闔闢往來皆是氣, 而理行乎其間. 行之始而進, 進之極則爲退之機,
如三月之甲木是也 ; 行之盛而退, 退之極則爲進之機, 如九月之甲
木是也. 學者宜抑揚其淺深, 斯可以言命也.

열고 닫고 오고 가는 것이 기(氣)인데, 이(理)는 그 사이에서 운행된
다. 행(行)이 시작되면 진(進)하게 되고, 진(進)이 극(極)에 이르면 퇴
(退)하게 되는데 3월의 甲木이 그것이다. 행(行)이 성(盛)하면 퇴(退)
하고 퇴(退)가 극(極)에 이르면 진(進)하게 되는데 9월의 甲木이 그것
이다. 학자들은 마땅히 그 심천(深淺)을 파악하여 억양(抑揚)해야 비
로소 명(命)을 말할 수 있다.

進退之機, 不可不知也. 非長生爲旺, 死絕爲衰, 必當審明理氣之進
退, 庶得衰旺之眞機矣. 凡五行旺相休囚, 按四季而定之. 將來者進,
是謂相 ; 進而當令, 是謂旺 ; 功成者退, 是謂休 ; 退而無氣, 是謂
囚. 須辨其旺相休囚, 以知其進退之機.

진퇴의 기틀을 알아야 한다. 장생이라고 왕이 아니고 사절(死絕)이라
고 쇠(衰)가 아니다. 반드시 이기(理氣)의 진퇴를 명확하게 살펴야 쇠
왕의 참된 기틀을 터득할 수 있다. 오행의 **왕상휴수**(旺相休囚)는 사계
절을 기준으로 결정한다. 앞으로 다가올 계절의 오행을 상(相)이라고
하고, 현재의 계절의 오행을 왕(旺)이라고 한다. 공(功)을 이루고 막
물러난 계절의 오행을 휴(休)라고 하고, 물러나서 기(氣)가 없는 현재
의 계절과 반대편 오행을 수(囚)라고 한다. 반드시 왕상휴수를 분별
하여 그 진퇴의 기틀을 파악해야 한다.

爲日主, 爲喜神, 宜旺相, 不宜休囚 ; 爲凶煞, 爲忌神, 宜休囚, 不
宜旺相. 然相妙於旺, 旺則極盛之物, 其退反速, 相則方長之氣, 其
進無涯也. 休甚乎囚, 囚則旣極之勢, 必將漸生 ; 休則方退之氣, 未
能遽復也. 此理氣進退之正論也, 爰擧兩造爲例.

일간과 희신은 왕상(旺相)해야 하고 휴수(休囚)가 되면 좋지 않다. 흉
살과 기신은 휴수되어야 하고 왕상하면 좋지 않다. 그러나 상(相)이
왕보다 더 좋은데 그 이유는 왕은 왕성함이 극(極)에 달하여 이제 내

려갈 일만 남았고, 상(相)은 정상으로 자라나는 기(氣)이기 때문이다. 휴(休)는 수(囚)보다 더 심하게 약한데, 그 이유는 수(囚)는 바닥을 쳤으니 이미 극도로 쇠약하여 앞으로 자라나게 되겠지만, 휴(休)는 이제 막 물러난 기(氣)이므로 내려갈 일만 남았기 때문이다. 이것이 이기(理氣)의 진퇴에 관한 정론(正論)이다.

나이스 주

⊙이(理)는 모든 사물과 관련된 법칙이나 원리 또는 이치를 말하고, 기(氣)는 직접 감각적으로 경험할 수 있는 사물의 구체적 성정을 말한다.

⊙우주의 법칙에는 정해진 흐름이 있지만 각 개인의 팔자는 그렇지 않다. 그래서 팔자에 나타난 오행의 진퇴를 살피면서 더할 것은 더하고 뺄 것은 빼면서 중화를 이루는 운을 찾아야 한다. 중화란 놀이터의 시소처럼 양쪽이 균형을 이루는 것을 말한다. 중화를 이루지 못하고 한쪽으로 치우쳐 편중된 팔자는 활력이 없고 힘든 삶을 살게 된다. 팔자 원국에서 근묘화실 시기에 따라 변화가 있고, 또 대운이나 세운 흐름에 따라 팔자는 변하게 된다. 그에 따라 격(格)도 변하고 강약(强弱)도 변하며 따라서 필요한 용신(用神)도 변한다.

⊙왕상휴수사는 각 계절에 따른 오행의 왕쇠(旺衰)를 표시한 것이다. 사계절과 오행을 적용하는 왕상휴수사보다는 천간과 지지를 기준으로 하는 12운성을 적용해야 훨씬 구체적인 추명을 할 수 있다. 오행으로는 같은 木이라

도 甲木·乙木·寅木·卯木 등이 있는데 모두 다르다.

- 戌월에 甲辰일주로 월간에 庚金이 투하였다.
- 칠살격이다.
- 칠살이 인수로 흘러 살인상생(殺印相生)이 되었다.
- 戌월의 甲木은 水와 庚金이 있으면 좋다고 했다.
- 壬水와 庚金이 뿌리를 가지고 투하여 격이 높아졌다.
- 관인이 일간의 양쪽에서 보좌하니 벼슬길에 올랐다.
- 戌亥천문과 辰戌충이 있다.
- 월일지의 충은 일찍 집을 떠나면 좋다.
- 丁未운에 과거에 급제하였고, 火운에 줄곧 중앙에서 한원(翰苑)의 벼슬을 하였다.
- 칠살을 식상으로 제(制)할 때였다.

- 辰월에 乙木이 투하여 木의 기운이 강하다.

●辰월에 壬水가 투하여 편인격이다.

●그러나 壬水는 辰에서 묘지로 힘이 없다.

●乙庚합과 辰戌충이 있다.

●辰월의 甲木은 庚金과 壬水가 좋은데 庚金이 합거되었다.

●충(沖)은 충돌로 경쟁력이 생기는데, 합(合)은 묶여 역할을 못한다.

●팔자의 글자는 합이 되면 약해진다.

●위 사주와 비슷한데 합과 글자의 배치가 다르다.

●甲辰은 힘이 강하나 甲戌은 힘이 약하다.

●앞의 사주와 비슷해도 사는 것은 힘들었다.

●격(格)이 파괴된 것이다.

06 배합 配合

配合干支仔細詳 斷人禍福與災祥
배합간지자세상   단인화복여재상

간지(干支)의 배합을 자세히 살펴서 사람의 화복(禍福)과 재상(災祥)을 판단해야 한다.

*재상(災祥) 길흉, 좋고 나쁨

原註

天干地支, 相爲配合, 仔細推詳其進退之機, 則可以斷人之禍福災祥矣.

천간과 지지가 서로 배합되어 있는 모습을 보고 그 진퇴의 기틀을 자세히 살피면 그 사람의 화복(禍福)과 재상(災祥)을 판단할 수 있다.

任氏曰

此章乃辟謬之要領也. 配合干支, 必須正理搜尋詳推, 與衰旺喜忌之理, 不可將四柱干支弗論, 專從奇格異局神殺等類妄談, 以致禍福無憑, 吉凶不驗.

이 장(章)은 중요한 내용이다. 배합된 간지는 반드시 올바른 이론으로 쇠왕과 희기를 상세히 추리해야 한다. 사주 간지의 배합을 논(論)

하지 않고 잘못된 이론이나 기이한 격국 그리고 신살 등에 의존해서 화복(禍福)이나 길흉(吉凶)을 판단해서는 안 된다.

命中至理, 只存用神, 不拘財官印綬比劫食傷梟殺, 皆可爲用, 勿以名之美者爲佳, 惡者爲憎. 果能審日主之衰旺, 用神之喜忌, 當抑則抑, 當扶則扶, 所謂去留舒配, 取裁確當, 則運途否泰, 顯然明白, 禍福災祥, 無不驗矣.

명(命) 중의 지극한 이치는 용신에 있다. 재, 관, 인수, 비겁, 식상, 효신, 칠살 등이 모두 용신이 될 수 있다. 용어의 뜻이 좋거나 나쁘다고 해서 팔자가 좋고 나쁜 것은 아니다. 일간의 쇠왕과 용신의 희기를 살펴서 억제할 것은 억제하고 도울 것을 도우면 소위 "보낼 것은 보내고 남길 것은 남겨 서로 적절하게 짝을 지었다."는 **거류서배**(去留舒配)에 해당하는 것이다. 이렇게 한 후에 운의 *비태(否泰)를 대입하면 명백하게 화복(禍福)과 재상(災祥)을 증명할 수 있을 것이다.

***비태**(否泰) 막힌 운과 터진 운, 불운과 행운, 길흉, 화복(禍福)

나이스 주

◉간지(干支)의 배합에 관한 내용이다. 먼저 동주(同柱)의 간지 배합에는 60 甲子가 있다. 또 팔자에서 중요한 역할을 하는 일간과 월지와의 관계도 살펴야 하니 왕상휴수사나 12운성을 알아야 한다.

◦甲子를 예로 들면 천간은 봄인데 지지는 추운 겨울이어서 아직 때를 만나지 못한 것이니 기다려야 한다. 甲木은 子에서 왕상휴수(旺相休囚)로는 상(相)이 되고, 12운성으로는 목욕(沐浴)이 된다. 甲木은 子에서 아직 땅 속에서 자라고 있는 시기이다.

◦이렇게 원국에서 간지의 배합을 살피면서 격국의 종류와 고저 등을 파악한 후 대운이나 세운 등을 적용해 가면 화복(禍福)이나 재상(災祥)을 파악할 수 있다. 간지를 중심으로 한 체(體)의 영역을 먼저 파악하지 않고 신살 등 용(用)의 영역을 적용하려 하면 주객이 바뀐 것이다. 건강하지 않은 사람이 일을 하려고 하는 것과 같다. 재관인식(財官印食) 살상효인(殺傷梟刃) 어느 것이든지 모두 용신이 될 수 있으니 이름에 구애받지 말아야 한다. 억부용신이든지 격국용신이든지 운의 흐름에 따라 각 시기에 사용해야 할 용신이 변할 수 있다.

時	日	月	年
壬	庚	戊	甲
午	申	辰	子

● 申子辰 삼합에 壬水가 투하여 식상의 세력이 강하다.

● 강한 식상을 제(制)하려는 戊土가 투출되어있다.

● 성국간투일관성(成局干透一官星)에 해당되어 삶이 힘들었다.

● 팔자에 하나의 오행이 강하면 미약한 오행은 피해를 입기 쉽다.

● 식상이 강하니 관인은 약해지고, 甲木도 부목(浮木)이 된다.

- 조업(祖業)에 실패하고 처자(妻子)를 형극(荊棘)하여 고달팠다.

- 『난강망』에서도 辰월의 庚金은 甲木과 丁火를 용한다.

- 이 사주는 庚金과 丁火가 강한 水에 의해 쓸모가 없어져서 격이 낮아
  졌다.

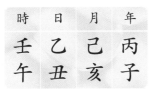

- 亥子丑 방합에 壬水가 투하여 인성이 강하다.

- 인성으로 강해진 일간의 힘이 식재(食財)로 흐르면 좋다.

- 亥월의 乙木은 丙火와 戊土가 있으면 격이 좋아진다.

- 중년 동남운에 수석으로 과거에 합격하였다.

- 壬寅 운에 한원(翰苑)에 들어갔다.

- 없는 글자를 찾지 말고 팔자의 주도적인 세력을 사용해야 한다.

07 천간 天干

五陽皆陽丙爲最 五陰皆陰癸爲至
오양개양병위최　　　오음개음계위지

다섯 개의 양간 중에서 丙火가 양간의 대표이며, 다섯 개의 음간 중에서
는 癸水가 음간의 대표이다.

原註

甲丙戊庚壬爲陽, 獨丙火秉陽之精, 而爲陽中之陽 ; 乙丁己辛癸爲
陰, 獨癸水秉陰之精, 而爲陰中之陰.

甲·丙·戊·庚·壬이 모두 양(陽)에 속하지만 오직 丙火만이 양(陽)의
정(精)을 주도하므로 양(陽) 중의 양(陽)이다. 乙·丁·己·辛·癸가 모
두 음(陰)에 속하지만 오직 癸水만이 음(陰)의 정(精)을 따르므로 음
(陰) 중의 음(陰)이다.

任氏曰

丙乃純陽之火, 萬物莫不由此而發, 得此而斂 ; 癸乃純陰之水, 萬
物莫不由此而生, 得此而茂. 陽極則陰生, 故丙辛化水 ; 陰極則陽
生, 故戊癸化火. 陰陽相濟, 萬物有生生之妙.

丙火는 순양(純陽)의 火이다. 만물은 丙火에서 활짝 펼쳐지고, 펼쳐진 다음에는 거두어진다. 癸水는 순음(純陰)의 水이다. 만물은 癸水로 부터 생하고, 생한 후에는 무성해진다. 양(陽)이 극(極)에 이르면 음(陰)이 생기니 丙火와 辛金이 만나 水가 생기고, 음(陰)이 극(極)에 이르면 양(陽)이 생기니 癸水와 戊土가 만나 火가 생긴다. 이렇게 음(陰)과 양(陽)이 만나 *상제(相濟)하니 만물은 끊임없이 생생(生生)하는 묘함이 있다.

***상제**(相濟) 서로 돕고 조화를 이루다

夫十干之氣, 以先天言之, 固一原同出, 以後天言之, 亦一氣相包. 甲乙一木也, 丙丁一火也, 戊己一土也, 庚辛一金也, 壬癸一水也, 卽分別所用, 不過陽剛陰柔, 陽健陰順而已.

대체로 십간의 기(氣)는 본래 하나의 근원에서 나왔다. 즉 甲木과 乙木이 하나의 木이고, 丙火와 丁火가 하나의 火이다. 戊土와 己土는 하나의 土이고, 庚金과 辛金은 하나의 金이며, 壬水와 癸水는 하나의 水인데 각각 음양으로 나뉘어 쓰이므로 잘 분별해야 한다. 양(陽)은 강하고 음(陰)은 부드럽고, 양(陽)은 굳세고 음(陰)은 순하다는 차이가 있다.

竊怪命家作爲歌賦, 比擬失倫, 竟以甲木爲梁棟, 乙木爲花果；丙作太陽, 丁作燈燭；戊作城牆, 己作田園；庚爲頑鐵, 辛作珠玉；

壬爲江河, 癸爲雨露. 相沿已久, 牢不可破, 用之論命, 誠大謬也.

명(命)을 논하는 사람들이 괴이하게도 주변의 물상(物象)에 빗대어 말하기도 한다. 가령 甲木을 동량(棟樑)이라 하고, 乙木을 꽃과 열매라고 하며, 丙火를 태양이라고 한다. 丁火는 등촉(燈燭)이라 하고, 戊土를 성(城)이나 담〔경계〕이라고 하며, 己土는 전원으로 간주한다. 庚金을 무쇠라고 하고, 辛金을 주옥(珠玉)이라고 하며, 壬水를 강하(江河)라고 하고, 癸水는 우로(雨露)라고 한다. 이러한 주장은 너무 오래되고 견고하여 깨뜨릴 수 없지만 이런 식으로 명(命)을 논한다면 크게 어긋나게 된다.

如謂甲爲無根死木, 乙爲有根活木, 同是木而分生死, 豈陽木獨稟死氣, 陰木獨稟生氣乎? 又謂活木畏水泛, 死木不畏水泛, 豈活木遇水且漂, 而枯槎遇水反定乎? 論斷諸干, 如此之類, 不一而足, 當盡避之, 以絶將來之謬.

또 甲木을 뿌리 없는 사목(死木)이라 하고, 乙木을 뿌리가 있는 활목(活木)이라고 하여 생(生)과 사(死)를 구분하는데 어찌 양목(陽木)인 甲木만이 사기(死氣)를 받고 음목(陰木)인 乙木은 생기(生氣)를 받는다는 말인가? 또 활목(活木)은 水의 범람을 두려워하고 사목(死木)은 水의 범람을 두려워하지 않는다고 하니, 왜 활목(活木)은 水를 만나면 표류하고 마른 나무는 물을 만나면 도리어 안정된단 말인가? 천간을 논함에 있어서 이와 같은 부류가 한두 가지가 아니니 모두 물리쳐서 장래에는 오류를 없애야 할 것이다.

나이스 주

◎양간의 대표는 丙火이고 음간의 대표는 癸水이다. 五陽皆陽丙爲最_오양개 양병위최 五陰皆陰癸爲至_오음개음계위지는 가장 널리 알려져 있는 『적천 수(滴天髓)』 문구 중 하나이다. 木은 소양(少陽), 火는 태양(太陽), 金은 소 음(少陰), 水는 태음(太陰)이 되니 이론적으로 양(陽)중의 양(陽)은 丙火가 되고 음(陰)중의 음(陰)은 癸水가 되는 것이다.

◎양(陽)이 시작하고 음(陰)이 마무리를 한다. 木火가 시작하고 金水가 마무 리를 한다. 土는 양과 음의 중간에 있다. 그래서 甲乙丙丁戊는 양운동을 하 고, 己庚辛壬癸는 음운동을 한다. 癸水를 지나면 다시 양운동인 甲木으로 간다. 그래서 다른 각도에서 보면 양의 기운이 가장 많은 천간은 戊土이고, 음의 기운이 가장 많은 천간은 壬水라는 것을 알 수 있다.

◎명리의 입문 단계에서는 이해를 돕기 위해서 십간을 주변의 물상(物象)에 대입하기도 한다. 이른바 물상론(物象論)이다. 그러나 대자연의 기운이나 변화를 오행이나 간지의 글자로 표시했기 때문에 그 글자들이 나타내고자 하는 대자연의 큰 모습을 헤아려야 한다. 즉, 모든 시작하는 기운을 木이라 고 볼 때 木을 단지 나무로만 생각한다면 木이 나타내고자 하는 큰 뜻을 놓 칠 수 있다. 다른 글자들도 마찬가지이다.

五陽從氣不從勢 五陰從勢無情義
오양종기부종세   오음종세무정의

오양간(五陽干)은 기(氣)를 따르고 세력을 따르지 않는데, 오음간은 세력
만 따르니 정(情)이나 의(義)가 없다.

五陽得陽之氣, 卽能成乎陽剛之勢, 不畏財殺之勢；五陰得陰之
氣, 卽能成乎陰順之義, 故木盛則從木, 火盛則從火, 土盛則從
土, 金盛則從金, 水盛則從水. 於情義之所在者, 見其勢衰, 則忌之
矣, 蓋婦人之情也. 如此, 若得氣順理正者, 亦未必從勢而忘義, 雖
從亦必正矣.

오양간(五陽干)은 강(剛)한 세(勢)를 득하여 재(財)와 살(殺)을 두려워
하지 않지만 오음간은 순(順)한 의(義)를 이루어 木이 성(盛)하면 木을
따르고, 火가 성(盛)하면 火를 따르고, 土가 성(盛)하면 土를 따르고,
金이 성(盛)하면 金을 따르고, 水가 성(盛)하면 水를 따른다. 오음간은
정(情)과 의(義)가 있고 기세가 쇠약한 곳은 꺼리니 마치 부인의 정
(情)과 비슷하다. 그러나 음간이라도 기(氣)를 득하고 순리(順理)가 바
른 경우에는 세력을 따르더라도 정당한 도리는 잊지 않는다. 비록 세
력에 종(從)하더라도 올바른 것이다.

五陽氣避, 光亨之象易觀；五陰氣翕, 包含之蘊難測. 五陽之性剛

健, 故不畏財煞, 而有惻隱之心, 其處世不苟且; 五陰之性柔順, 故
見勢忘義, 而有鄙吝之心, 其處世多驕諂. 是以柔能剋制剛, 剛不能
制剋柔也.

오양간(五陽干)은 열려 있어서 광형(光亨)의 상(象)으로 쉽게 보이지
만 오음간은 닫혀 있어서 심오한 속내를 헤아리기가 어렵다. 오양간
의 성정은 강건(剛健)하므로 재(財)와 살(殺)을 두려워하지 않고 측은
지심(惻隱之心)이 있어서 그 처세가 구차하지 않다. 그러나 오음간의
성정은 유순(柔順)하므로 세력을 보면 의리를 잊으며 천박하고 속된
마음이 있어서 교만하고 아첨이 많다. 이 때문에 유(柔)는 강(剛)을 극
제할 수 있으나 강(剛)은 유(柔)를 제극할 수 없다.

大抵趨利忘義之徒, 皆陰氣之爲戾也; 豪俠慷慨之人, 皆陽氣之獨
鍾. 然尚有陽中之陰·陰中之陽, 又有陽外陰內·陰外陽內, 亦當辨
之. 陽中之陰, 外仁義而內奸詐; 陰中之陽, 外凶險而內仁慈; 陽外
陰內者, 包藏禍心; 陰外陽內者, 秉持直道. 此人品之端邪 故不可
以不辨.

대체로 이익을 따르고 의(義)를 잊는 사람들은 음기(陰氣)가 어지러
운 경우이고, 호협(豪俠)하고 강개(慷慨)한 사람들은 양기(陽氣)가 한
곳으로 모인 경우이다. 그러나 양(陽) 중에 음(陰)이 있고 음(陰) 중에
양(陽)이 있는 경우가 있고, 또 양(陽)은 밖에 있고 음(陰)이 안에 있거
나 음(陰)은 밖에 있고 양(陽)이 안에 있는 경우도 있으니 마땅히 잘

분별해야 한다. 양(陽) 중에 음(陰)이 있으면 밖으로는 인의(仁義)를 내세우지만 안으로는 간사(奸詐)하며, 음(陰) 중에 양(陽)이 있으면 밖으로는 흉험(凶險)하지만 안으로는 인자(仁慈)하다. 또 양(陽)이 밖에 있고 음(陰)이 안에 있는 경우에는 남을 해칠 마음을 품고 있을 수 있으나, 음(陰)이 밖에 있고 양(陽)이 안에 있는 경우에는 바른 도리를 지키게 된다. 이러한 것들을 파악하여 인품의 단정함과 간사함을 잘 분별해야 한다.

要在氣勢順正, 四柱五行停勻, 庶不偏倚, 自無損人利己之心. 凡持身涉世之道, 趨避必先知人, 故云擇其善者而從之, 卽此意也. 凡持身涉世之道, 趨避必先知人, 故云擇其善者而從之, 卽此意也.

요(要)는 기세가 순하고 바르거나 사주 오행이 치우치거나 기울지 않고 균등하면 남에게 손해를 끼치고 자신만을 이롭게 하는 마음은 없다. 무릇 처신과 처세를 잘 하며 피흉취길(避凶取吉)하려면 반드시 먼저 사람을 알아야 한다. 공자께서도 "그 가운데 선(善)한 자를 택하여 그를 따르라."고 했는데 바로 이러한 뜻이다.

나이스 주

◉『적천수(滴天髓)』원문은 시적(詩的)으로 표현되어 있어 원론적이고 추상적이며 짧게 쓰여 있다. 그래서 후대에 많은 명리인(命理人)들이 보충 해설

서를 내놓았다. 물론 각 해설서는 저자의 실력이나 사회적 경험 그리고 저자의 팔자에 따라 같은 문장이라도 다르게 해석된 경우가 있다.

⊙양(陽)은 기분에 취해 소비하고 확산시키며, 음(陰)은 세력을 따르면서 응집하고 실속을 취한다. 양(陽)에게는 의(義)가 있지만 음(陰)에게는 의(義)나 정(情)은 없다. 음양은 시소의 양쪽 날개처럼 서로 균형을 이루고 한쪽이 올라가면 다른 쪽은 반드시 내려와야 한다. 원시(原詩)는 음간과 양간을 이분법적으로 설명하여 놓았다. 그러나 구체적으로 들어가면 음 중에 양이 있고 양 중에 음이 있으며 또 음양이 섞여 혼잡한 경우도 많다.

⊙마지막에 《논어(論語)》〈술이편(述而篇)〉에 나오는 공자의 말씀이 나왔다. 三人行必有我師焉 擇其善者而從之 其不善者而改之 "세 사람이 길을 가면 반드시 내 스승이 있다. 선(善)한 것을 택하여 따르고 불선(不善)한 것은 고쳐서 바로 잡아야 한다."라는 뜻이다.

甲木
갑목

甲木參天 脫胎要火 春不容金 秋不容土 火熾乘龍
갑목참천　　　탈태요화　　　춘불용금　　　추불용토　　　화치승용

水蕩騎虎 地潤天和 植立千古
수탕기호　　　지윤천화　　　식립천고

甲木은 하늘을 뚫고 올라가려는 성질이 있는데 껍질을 벗으려면 火가 필
요하다. 봄에는 金을 용납하지 않고, 가을에는 土를 용납하지 않는다. 火
가 치열하면 용(龍)을 타야 하고, 水가 범람하면 호(虎)를 타야 한다. 땅이
윤택하고 하늘과 조화를 이루면 甲木은 천년토록 오래 살 것이다.

原註

純陽之木, 參天雄壯. 火者木之子也, 旺木得火而愈敷榮. 生於春則
欺金, 而不能容金也 ; 生於秋則助金, 而不能容土也. 寅午戌, 丙丁
多見而坐辰, 則能歸 ; 申子辰, 壬癸多見而坐寅, 則能納. 使土氣不
乾, 水氣不消, 則能長生矣.

甲木은 순양(純陽)의 木으로 하늘로 치솟아 웅장하다. 火는 木의 자
식이므로 왕목(旺木)이 火를 얻으면 더욱 번성한다. 甲木이 봄에 생
하면 金을 업신여기니 金을 수용할 수 없고, 가을에 생하면 金을 돕
는 土를 수용할 수 없다. 甲木은 寅午戌에 丙丁火를 보면 辰土에 앉
아야만 왕한 화기(火氣)를 거두어들일 수 있고, 申子辰에 壬癸水를
보면 寅木에 앉아야만 왕한 수기(水氣)를 받아들일 수 있다. 토기(土

氣)가 메마르지 않고 수기(水氣)가 없어지지 않으면 甲木은 오래 살아갈 수 있다.

甲爲純陽之木, 體本堅固, 參天之勢, 又極雄壯. 生於春初, 木嫩氣寒, 得火而發榮；生於仲春, 旺極之勢, 宜泄其菁英. 所謂強木得火, 方化其頑. 剋之者金, 然金屬休囚, 以衰金而剋旺木, 木堅金缺, 勢所必然, 故春不容金也.

甲木은 순양(純陽)의 木으로서 체(體)는 견고하고, 참천(參天)의 기세를 가지고 있으며 지극히 웅장하다. 춘초(春初)에 생하면 어리고 기후는 차가우니 火를 만나야 성장하고 꽃을 피운다. 중춘(仲春)에 생하면 木이 극왕(極旺)하니 그 기세를 설기하는 것이 마땅하다. 그러므로 강목(强木)은 火를 만나야만 그 완고함을 설기시킬 수 있다. 봄에는 金이 휴수되므로 쇠약한 金으로 왕한 木을 극하게 되면 오히려 쇠금(衰金)이 이지러지니 *목견금결(木堅金缺)이라고 한다. 봄에는 金을 용납하지 않는 것이다.

***목견금결**(木堅金缺) 木이 견고하여 金이 일그러짐

生於秋, 失時就衰, 但枝葉雖凋落漸稀, 根氣郤收斂下達, 受剋者土. 秋土生金泄氣, 最爲虛薄. 以虛氣之土, 遇下攻之木, 不能培木之根, 必反遭其傾陷, 故秋不容土也.

甲木이 가을에 생하면 실시(失時)하여 쇠하다. 그러나 가지와 잎은 비록 시들어도 근기(根氣)는 수렴되어 아래로 내려가니 土가 극을 받게 된다. 가을의 土는 金을 생하면서 설기되어 허약하고 메마르다. 기(氣)가 허(虛)한 土는 하강하는 木을 만나면 木의 뿌리를 배양하지 못하고 반대로 허물어져 버린다. 그래서 가을의 甲木은 土를 용납하지 않는다.

柱中寅午戌全, 又透丙丁, 不惟泄氣太過, 而木且被焚, 宜坐辰, 辰爲水庫, 其土濕, 濕土能生木泄火, 所謂火熾乘龍也. 申子辰全又透壬癸, 水泛木浮, 宜坐寅, 寅乃火土生地, 木之祿旺, 能納水氣, 不致浮泛, 所謂水宕騎虎也. 如果金不銳, 土不燥, 火不烈, 水不狂, 非植立千古而得長生者哉!

사주 중에 寅午戌이 전부 있고 또 丙丁火가 투출했다면 甲木의 설기가 너무 지나치다. 이렇게 되면 木이 타버리므로 辰土가 있으면 좋다. 辰土는 水의 고(庫)로 습토(濕土)이니 木을 생하고 火를 설기할 수 있으므로 火가 치열할 때는 辰土가 도움이 된다. 만일 팔자에 申子辰이 전부 있고 또 壬癸水가 투출했다면 **수범목부**(水泛木浮)가 되니 마땅히 甲木의 뿌리인 寅木이 있어야 한다. 寅木은 火土의 장생지이며 木의 록왕지이니 강한 뿌리를 내리며 수기(水氣)를 거두게 된다. 그래서 水가 범람할 때는 寅木이 있어야 한다. 만약 金이 예리하지 않고, 土가 건조하지 않으며, 火가 맹렬하지 않고, 水가 광란하지 않는다면 甲木은 천년토록 살 수 있을 것이다.

*****수범목부**(水泛木浮) 水가 범람하여 木이 물에 뜸 = 수다목부(水多木浮)

⊙甲木은 하늘로 치솟는다. 꽁꽁 언 땅이나 단단한 가지를 뚫고 나오는 새싹이다. 木은 火로 나아가니 甲木은 丙火를 보면 *탈태(脫胎)한다. 봄에는 木이 드러나 활동하고 金은 내부에서 휴식을 취한다. 봄에는 金이 안에서 활동하니 나무가 견고해지고 어린이의 뼈가 단단해진다.

⊙봄철의 어린 甲木은 火가 강하면 시들게 된다. 이때는 辰土가 필요하다. 辰土는 甲木의 뿌리가 되며 강한 火를 흡수하면서 甲木이 자라기 좋은 땅이 된다. 甲木은 水가 너무 많으면 물에 떠서 활동이 위축되니 寅木이라는 뿌리를 가지면 좋다. 甲木은 지지에 水가 있어야 윤택해지고, 천간에는 丙火가 있어야 화창해진다. 그러면 땅에서부터 수생목(水生木), 목생화(木生火)가 되어 오랜 기간 우뚝 서 있을 수 있다.

⊙임철초(任鐵樵)는 '寅木은 火土의 장생이며 木의 록왕이다.' 라고 설명한다. 장생이나 록왕은 12운성의 용어이다. 火土의 장생이나 木의 록왕이라는 설명은 오행을 기준으로 하고 있는데, 12운성은 오행이 아닌 천간 지지 중심의 용어이니 헷갈리지 않도록 잘 구별할 필요가 있다. 명리 고전 책들

은 천간과 지지 중심 설명보다 오행 중심으로 설명되어 있는 경우가 많다.
명리 고전들을 무조건 추종하면 안 되는 이유이다.

*탈태(脫胎) 껍질을 벗고 싹이 트고 자람

乙木
을목

乙木雖柔 刲羊解牛 懷丁抱丙 跨鳳乘猴 虛濕之地
乙木수유　　규양해우　　회정포병　　과봉승후　　허습지지

騎馬亦憂 藤蘿繫甲 可春可秋
기마역우　　등라계갑　　가춘가추

乙木은 비록 부드럽지만 양(羊)을 잡고 소[牛]를 도살할 수 있다. 丁火를
몸에 지니고 丙火를 품에 안으면 봉황[酉]이나 원숭이[申]를 올라탈 수
있지만, 허(虛)하고 습(濕)한 곳에서는 말[午]을 타더라도 근심이 있다.
등라계갑(藤蘿繫甲)이 되면 봄에도 좋고 가을에도 좋다.

原註

乙木者，生於春如桃李，夏如禾稼，秋如桐桂，冬如奇葩. 坐丑未能
制柔土，如割宰羊‧解割牛然，只要有一丙丁，則雖生申酉之月，亦
不畏之；生於子月，而又壬癸發透者，則雖坐午，亦難發生. 故益知
坐丑未月之爲美. 甲與寅字多見，弟從兄義，譬之藤蘿附喬木，不畏
斫伐也.

乙木은 봄에 생하면 복숭아나 자두나무와 같고, 여름에 생하면 곡식과 같으며, 가을에 생하면 오동나무나 계수나무와 같고, 겨울에 생하면 기이한 꽃과 같다. 乙木이 丑土나 未土에 앉으면 양(未)을 잡고 소(丑)를 도살하는 것처럼 土를 제(制)할 수 있다. 乙木은 하나의 丙火나 丁火만 있으면 비록 申酉월에 생하더라도 金을 두려워하지 않지만, 子월에 생하고 다시 壬水나 癸水가 투출할 때는 비록 午火가 있다 하더라도 생을 발(發)하기 힘들다. 그래서 丑월이나 未월에 태어나면 좋다. 乙木일간 팔자에 甲木과 寅木이 많을 때는 등나무 덩굴이 높은 나무에 붙어 있는 것과 같고, 아우가 형을 따르는 것과 같아 두려움이 없게 된다.

任氏曰

乙木者, 甲之質, 而承甲之生氣也. 春如桃李, 金剋則凋;夏如禾家, 水滋得生;秋如桐桂, 金旺火制;冬如奇葩, 火濕土培. 生於春宜火者, 喜其發榮也;生於夏宜水者, 潤地之燥也;生於秋宜火者, 使其剋金也;生於冬宜火者, 解天之凍也.

乙木은 甲木의 질(質)이며 甲木의 생기(生氣)를 계승한다. 봄의 乙木은 복숭아나 자두나무와 같은데 金이 극(剋)하면 시들게 된다. 여름 乙木은 곡식과 같은데 水로 적셔주면 좋고, 가을 乙木은 오동나무나 계수나무와 같은데 金이 왕할 때는 火로 제(制)해야 한다. 겨울의 乙木은 기이한 꽃과 같은데 火와 습토(濕土)로 배양하면 좋다. 乙木이 봄에 생하면 火가 있어야 성장하고 꽃이 피며, 여름에 생하면 水가 있어야 땅의 건조함을 적시게 된다. 乙木이 가을에 생하면 火가 있어야 강한 金을 극할 수 있고, 겨울에 생하면 火가 있어야 한랭한 기후를 해동시킬 수 있다.

割羊解牛者, 生於丑未月, 或乙未乙丑日, 未乃木庫, 得以蟠根, 丑乃濕土, 可以受氣也. 懷丁抱丙, 跨鳳乘猴者, 生於申酉月, 或乙酉日, 得丙丁透出天干, 有水不相爭剋, 制化得宜, 不畏金强. 虛濕之地, 騎馬亦憂者, 生於亥子月, 四柱無丙丁, 又無戌未燥土, 卽使年支有午, 亦難發生也.

乙木일간이 丑월이나 未월에 생하거나 혹은 乙未일이나 乙丑일에 생하면 乙木은 丑이나 未를 다스릴 수 있다. 그 이유는 未土는 木이 뿌리를 내릴 수 있고, 丑土는 습토(濕土)이니 木이 그 기(氣)를 받을 수 있기 때문이다. 乙木은 丁火나 丙火가 있으면 봉황[酉]이나 원숭이[申]를 탈 수 있다는 뜻은 乙木일간이 申월이나 酉월에 생하거나 혹은 乙酉일에 태어났을 때 丙火나 丁火가 천간에 투출하면, 水가 있어도 서로 쟁극(爭剋)이 없고 제화(制化)가 적당하여 金이 강해도 두려워하지 않는다는 것이다. 또 乙木은 허(虛)하고 습(濕)한 곳에서는 午火가 있다 하더라도 근심한다고 했는데, 즉 乙木이 亥월이나 子월에 생하고 사주에 丙火나 丁火 또는 戌이나 未土가 없다면 설령 년지에 午火가 있다 하더라도 생발(生發)하기 어렵기 때문이다.

天干甲透, 地支寅藏, 此謂藤蘿松柏, 春固得助, 秋亦合扶, 故可春可秋, 吉四季皆可也.

천간에 甲木이 투출하고 지지에 寅木이 있으면 담쟁이덩굴이 송백(松柏)을 타고 올라가는 모습과 같아 봄에도 가을에도 좋으니 *가춘가추(可春可秋)라고 하였다. 사계절 모두 좋다는 의미이다.

*가춘가추(可春可秋) 봄, 여름만이 아닌 일년 내내

나이스 주

◦乙木은 木운동을 마무리한다. 甲木이 두터운 땅이나 껍질을 뚫고 나온다면, 乙木은 잎이 나고 잔가지가 나며 옆으로 퍼져 나간다. 甲木이 우직하고 직선적이라면, 乙木은 부드럽고 유연하다. 甲木이 우직한 직선이라면 乙木은 부드러운 곡선이다.

◦甲木이 기(氣)라면 乙木은 질(質)이니 乙木이 甲木보다 목극토(木剋土)를 더 잘한다. 丙火보다 丁火가 화극금(火剋金)을 더 잘하는 것과 같다. 未土와 丑土는 양운동과 음운동이 바뀌는 곳이다. 여기서 말하는 丑土와 未土는 팔괘의 간토(艮土)와 곤토(坤土)이다. 乙木은 未土에 통근하고 있고 木운동의 마무리는 乙木이 하므로 그 힘은 막강하다.

◦乙木에게 丙丁火는 식상이다. 乙木이 丙丁火를 본다면 식상이 강하니 지지

에서 申酉의 관살을 보아도 두렵지 않다. 그러나 乙木이 지지에 많은 水를 만나면 습해져서 午火가 있다 하더라도 식상이 약해지니 필요한 화기(火氣)를 사용할 수 없다. 특히 겨울철 출생이라면 더욱 그렇다.

⊙乙木은 甲木을 타고 올라간다. 천간에 甲木이나 지지에 寅木이 있다면, 乙木은 계절에 상관없이 등라계갑(藤蘿繫甲)이 되어 좋은 환경을 갖게 된다. 물론 甲木과 乙木이 균형을 이루었을 경우이다.

丙火
병화

丙火猛烈 欺霜侮雪 能煆庚金 逢辛反怯 土衆生慈
병화맹렬   기상모설   능하경금   봉신반겁   토중생자

水猖顯節 虎馬犬鄉 甲來焚滅
수창현절   호마견향   갑래분멸

丙火는 기세가 사납고 세차서 서리와 눈을 업신여기며 庚金을 단련시킬 수 있지만 辛金을 만나면 도리어 겁(怯)을 낸다. 土가 많으면 자비심이 생기고, 水가 창궐하면 절개를 드러낸다. 丙火에 寅午戌이 있을 때 또 甲木을 만난다면 반드시 불타 없어진다.

原註

火陽精也, 丙火灼陽之至, 故猛烈, 不畏秋而欺霜, 不畏冬而侮雪. 庚金雖頑, 力能煆之, 辛金本柔, 合而反弱. 土其子也, 見戊己多而成慈愛之德 ; 水其君也, 遇壬癸旺而顯忠節之風. 至於未遂炎上之性, 而遇寅午戌三位者, 露甲木則燥而焚滅也.

火는 양(陽)의 정(精)이며, 丙火는 양(陽) 중의 양(陽)이므로 기세가 맹렬(猛烈)하다. 丙火는 가을을 두려워하지 않아 서리를 무시하고, 겨울을 두려워하지 않아 눈을 업신여긴다. 丙火는 *완둔(頑鈍)한 庚金은 단련시킬 수 있지만, 유순한 辛金을 만나면 오히려 겁을 낸다. 辛金을 만나 丙辛합이 되면 유순해지니 평화를 이룬다. 土는 丙火의 자식이므로 戊己土가 많으면 자애로운 덕(德)을 이루지만, 水는 자신의 군주가 되므로 壬癸水가 왕하면 충절(忠節)의 기풍이 나타난다. 丙火가 未土를 만나면 염상(炎上)의 성정을 이루고, 寅午戌 삼위(三位)를 만났을 때 甲木까지 드러나면 분멸(焚滅)되기 쉽다.

*완둔(頑鈍) 완고하고 무디다

任氏曰

丙乃純陽之火, 其勢猛烈, 欺霜侮雪, 有除寒解凍之功. 能煅庚金, 遇强暴而施剋伐也 ; 逢辛反怯, 合柔順而寓和平也. 土衆成慈, 不凌下也 ; 水猖顯節, 不援上也. 虎馬犬鄉者, 支坐寅午戌, 火勢已過於猛烈, 若再見甲木來生, 轉致焚滅也.

丙火는 순양(純陽)의 火이므로 그 기세가 사납고 세차니 서리와 눈을 업신여긴다. 또 추위를 제거하고 언 것을 녹이는 공(功)이 있다. 丙火는 강폭한 庚金을 만나면 극벌(剋伐)을 가하여 단련시키지만, 유순(柔順)한 辛金을 만나면 합이 되어 평화(平和)를 이룬다. 많은 土를 보면 자애로운데 그 이유는 윗자리에 있으면서도 아랫사람을 업신여기지 않기 때문이다. 丙火가 水의 창궐(猖獗)을 만나면 충절(忠節)을 드러내는데 그 이유는 아래에 있으면서도 윗사람에게 매달리지 않기 때문이다. 丙火가 지지에 寅午戌을 만나면 火의 기세가 맹렬해지는데 다시 甲木이 와서 생조하면 분멸(焚滅)하고 말 것이다.

由此論之, 泄其威, 須用己土 ; 遏其焰, 必要壬水 ; 順其性, 還須辛金. 己土卑濕之體, 能收元陽之氣 ; 戊土高燥, 見丙火而焦坼矣. 壬水剛中之德, 能制暴烈之火 ; 癸水陰柔, 逢丙火而熯乾矣. 辛金柔軟之物, 明作合而相親, 暗化水而相濟 ; 庚金剛健, 剛又逢剛, 勢不兩立. 此雖擧五行而論, 然世事人情, 何莫不然!

강한 丙火의 위세를 설기하려면 반드시 己土를 써야 하고, 丙火의 불꽃을 막으려면 壬水가 필요하며, 또 丙火의 성정을 순하게 하려면 辛金을 쓰면 좋다. 己土는 낮고 습한 土의 체(體)이므로 丙火의 기(氣)를 거둘 수 있지만, 戊土는 지나치게 건조하므로 丙火를 보면 불타서 갈라진다. 壬水는 *강중지덕(剛中之德)이 있어 폭열(暴烈)하는 丙火를 제(制)할 수 있지만, 癸水는 음유(陰柔)하기 때문에 丙火를 보면 말라버린다. 辛金은 유연(柔軟)하여 겉으로는 丙火와 합을 이루지만 속으로는 水로 화(化)하여 *상제(相濟)가 되고, 丙火가 庚金을 만나면 강(剛)이 또 강(剛)을 만나니 그 세(勢)가 양립(兩立)할 수 없게 된다. 이것은 비록 오행을 예로 들어 논한 것이지만 세상사 인정(人情)도 마찬가지이다.

*강중지덕(剛中之德) 강(剛)함 속에 덕(德)이 있다
*상제(相濟) 서로 돕는 것, 서로 조화를 이루다

나이스 주

◦양간(陽干)의 대표인 丙火도 辛金을 보면 겁을 낸다. 丙火가 辛金을 만나면
丙辛합水가 되어 丙火에게 불리하기 때문이다. 土는 火 기운을 흡수하니
丙火는 土를 만나면 불평하지 않고 자신을 희생하며 자비를 베푼다. 음양
은 시소의 양쪽처럼 균형을 이룰 때 가장 활기(活氣)가 있다. 그래서 丙火
와 壬水, 甲木과 庚金이 균형을 이루면 좋다. 丙火는 水가 창궐해도 양간의
대표로서 절개를 지킨다. 그러나 丙火가 癸水를 만나거나 癸水가 丙火를
만나면 좋은 관계는 아니다. 癸水가 丙火를 만나면 증발되고, 丙火가 癸水
를 만나면 빛이 가리기 때문이다. 그러나 丙火와 癸水의 강약을 보면서 살
펴야 하니 단정적으로 말할 수는 없다.

◦丙火는 寅午戌을 만나면 활활 타오른다. 여기에 甲木이 더해지면 스스로
폭발하여 멸(滅)하게 된다. 『적천수(滴天髓)』에서는 규양해우(刲羊解牛)
나 과봉승후(跨鳳乘猴) 그리고 호마견(虎馬犬) 등의 문구를 볼 수 있는데,
지지 글자를 동물로 표현한 것으로 흥미로운 표현이다.

丁火
정화

丁火柔中 內性昭融 抱乙而孝 合壬而忠 旺而不烈
정화유중　　내성소융　　포을이효　　합임이충　　왕이불렬

衰而不窮 如有嫡母 可秋可冬
쇠이불궁　　여유적모　　가추가동

丁火는 부드럽고 중용을 이루며 내면의 성정이 밝고 화창하다. 乙木을 품에 안아 효도하고, 壬水와 합하면 충성한다. 왕성해도 맹렬하지 않고 쇠약해도 궁(窮)하지 않으며, 만일 적모(嫡母)인 甲木만 있으면 가을도 좋고 겨울도 좋다.

原註

丁干屬陰, 火性雖陽, 柔而得其中矣. 外柔順而內文明, 內性豈不昭融乎? 乙非丁之嫡母也, 乙畏辛而丁抱之, 不若丙抱甲而反能焚甲木也, 不若己抱丁而反能晦丁火也, 其孝異乎人矣.

丁火는 천간으로 음(陰)에 속한다. 火의 성정은 비록 양(陽)이지만 丁火는 부드러워 중용(中庸)을 이루고, 겉은 유순(柔順)하지만 내면의 성정은 밝고 화창하다. 乙木은 丁火의 적모(嫡母)는 아니지만 乙木이 辛金을 두려워하면 丁火는 辛金을 제(制)하여 乙木을 감싸안게 된다. 이는 丙火가 甲木을 품에 안으면 甲木을 태워버리는 것과는 다르고, 己土가 丁火를 품으면 도리어 丁火를 어둡게 하는 것과는 같지 않으니, 丁火가 乙木을 대하는 효성은 남다른 것이다.

壬爲丁之正君也, 壬畏戊而丁合之, 外則撫恤戊土, 能使戊土不欺
壬也, 内則暗化木神, 而使戊土不敢抗乎壬也, 其忠異乎人矣. 生於
夏令. 雖逢丙火. 特讓之而不助其焰. 不至於烈矣. 生於秋冬, 得一甲
木, 則倚之不滅, 而焰至無窮也, 故曰可秋可冬. 皆柔之道也.

壬水는 丁火의 정군(正君)이다. 만일 戊土가 壬水를 극하면 丁火는
戊土를 생하는 척하면서 壬水와 합하여 목기(木氣)를 만들어 戊土가
壬水를 업신여기지 못하게 한다. 내부적으로 합화(合化)하여 목기(木
氣)를 만들어 戊土가 壬水를 극하지 못하게 하니 그 충성심이 남다른
것이다. 여름에 생한 丁火가 丙火를 만나면 *병탈정광(丙奪丁光)이
되어 丁火의 불꽃은 세차지 않다. 또 丁火는 추동(秋冬)에 생하더라
도 甲木만 하나 있다면 꺼지지 않는 불멸(不滅)의 상(象)이 되니 가추
가동(可秋可冬)이라고 하였다. 丁火에게는 부드러운 도(道)가 있다.

*병탈정광(丙奪丁光) 丙火가 丁火의 광채를 빼앗아간다

任氏曰

丁非燈燭之謂, 較丙火則柔中耳. 内性昭融者, 文明之象也. 抱乙而
孝, 明使辛金不傷乙木也; 合壬而忠, 暗使戊土不傷壬水也. 惟其柔
中, 故無太過不及之弊, 雖時當乘旺, 而不至赫炎; 卽時値就衰, 而
不至於熄滅. 干透甲乙, 秋生不畏金; 支藏寅卯, 冬産不忌水.

丁火는 등불이나 촛불을 말하는 것이 아니다. 丙火와 비교하면 丁火
는 유중(柔中)하며 문명지상(文明之象)을 이룬다. 丁火는 辛金으로

하여금 乙木을 손상하지 못하게 하고, 壬水와 합하여 목기(木氣)를 만들어 戊土를 제(制)하여 戊土가 壬水를 손상하지 못하게 한다. 丁火는 부드러우면서 어느 한쪽으로 치우치지 않으니 태과나 불급의 폐단이 없다. 丁火는 火가 왕성한 시절일지라도 걷잡을 수 없는 지경에까지 이르지는 않고, 설령 火가 약한 때일지라도 불꽃이 완전히 꺼지지는 않는다. 만일 천간에 甲乙木이 투(透)하면 가을생이라도 金을 두려워하지 않고, 만일 지지에 寅卯가 있다면 겨울생이라도 水를 꺼리지 않는다.

나이스 주

⊙丁火는 丙火가 시작한 火운동을 마무리한다. 丁火는 음간(陰干)이니 유(柔)하게 보이지만 내부적으로는 뜨겁다. 숯불이고 장작불이고 화롯불이다. 丙火가 빛이라면 丁火는 열(熱)이다. 丁火의 모친인 乙木은 辛金에게 꼼짝 못하고, 辛金은 丁火에게 꼼짝 못한다. 그래서 자식인 丁火는 모친인 乙木을 辛金으로부터 보호하니 효도한다고 했다.

⊙보통 정관은 임금을 상징한다. 丁火가 壬水를 만나면 충성을 다하는데 서로 합이 되어 새로운 목기(木氣)를 만들어 壬水를 극하는 戊土를 제(制)해 壬水를 戊土로부터 보호하기 때문이다. 丁火는 많아도 맹렬하지 않고, 시들어도 초라하지 않다. 丁火에게 甲木이 있다면 火의 근원이 있으니 가을에도 겨울에도 좋다.

⊙乙木과 丁火는 음간이라고 하지만 크게 보면 양(陽)에 속한다. 木火가 양(陽)이고 金水가 음(陰)이기 때문이다.

戊土
무토

戊土固重 旣中且正 靜翕動闢 万物司命 水潤物生
무토고중　　기중차정　　정흡동벽　　만물사명　　수윤물생

火燥物病 若在坤艮 怕沖宜靜
화조물병　　약재곤간　　파충의정

戊土는 단단하고 두터우며 치우치지 않고 올바르다. 고요하면 닫히고 움
직이면 열리는데 만물의 명(命)을 담당한다. 戊土가 水로 자윤(滋潤)되면
만물이 생하고, 火로 건조되면 만물이 병(病)든다. 만약 戊土가 곤간(坤艮)
에 있으면 충을 두려워하니 조용히 있는 것이 좋다.

原註

戊土非城牆堤岸之謂也, 較己特高厚剛燥, 乃己土發源之地, 得乎
中氣而且正大矣. 春夏則氣辟而生萬物, 秋冬則氣翕而成萬物, 故爲
萬物之司命也. 其氣屬陽, 喜潤不喜燥, 坐寅怕申, 坐申怕寅. 蓋沖
則根動, 非地道之正也, 故宜靜.

戊土는 성벽이나 제방을 말하는 것이 아니다. 己土와 비교해 보면 戊
土는 높고 두터우며 굳세고 건조하다. 戊土는 己土의 발원이 되는 땅
이고, 중(中)의 기(氣)를 얻었으니 정대(正大)하다. 戊土는 춘하(春夏)

에는 기(氣)를 열어서 만물을 생하고, 추동(秋冬)에는 기(氣)를 닫아서
만물을 완성시키면서 만물의 명(命)을 담당한다. 戊土의 기(氣)는 양
(陽)에 속하며 水로 윤택해져야 좋고 건조하면 좋지 않다. 戊土가 寅
에 앉으면 申을 두려워하고, 申에 앉으면 寅을 두려워한다. 戊土의
지지가 충이 되어 근(根)이 동(動)하면 올바른 땅의 도리가 아니므로
정(靜)하게 있는 것이 마땅하다.

任氏曰

戊爲陽土, 其氣固重, 居中得正. 春夏氣動而闢, 則發生, 秋冬氣靜
而翕, 則收藏, 故爲萬物之司命也. 其氣高厚, 生於春夏, 火旺宜水
潤之, 則萬物發生, 燥則物枯 ; 生於秋冬, 水多宜火暖之, 則萬物
化成, 濕則物病.

戊土는 양토(陽土)로서 그 기(氣)가 고중(固重)하고, 음(陰)과 양(陽)의
중간에 있어서 올바르다. 춘하(春夏)에 戊土의 기(氣)가 동(動)하여 열
리면 만물이 발육 생장하고, 추동(秋冬)에 기(氣)가 정(靜)하여 닫히면
만물이 수장(收藏)되므로 戊土는 만물의 명(命)을 다스리게 된다. 戊
土는 기(氣)가 높고 두터우니 戊土가 춘하(春夏)에 생하고 火가 왕하
면 水로 적셔주어야 만물을 발육 생장시킬 수 있다. 만일 戊土에 水
가 없어서 건조하다면 만물은 시들고 만다. 戊土가 추동(秋冬)에 생
하고 水가 많으면 마땅히 火로 따뜻하게 해야 만물이 변화하고 완성
된다. 만일 추동(秋冬)의 戊土가 水가 지나쳐 습(濕)하다면 만물은 병

(病)들게 된다.

艮坤者, 寅申之月也. 春則受剋, 氣虛宜靜 ; 秋則多泄, 體薄怕沖.
或坐寅申日, 亦喜靜忌沖. 又生四季月者, 最喜庚申辛酉之金, 秀氣
流行, 定爲貴格, 己土亦然. 如柱見木火, 或行運遇之, 則破矣.

간곤(艮坤)은 寅월과 申월이다. 봄에는 극을 당하여 기(氣)가 허(虛)하
므로 조용히 있어야 하고, 가을에는 설기가 많아서 체질이 약하므로
충을 두려워한다. 혹 일주가 戊寅일이나 戊申일이라면 지지가 충으
로 동(動)하는 것을 꺼리고 정(靜)한 것을 좋아한다. 또 戊土가 辰戌丑
未월에 출생했을 때는 庚이나 辛, 또는 申이나 酉를 좋아하는데 그
이유는 수기(秀氣)가 유행하여 귀격(貴格)이 될 수 있기 때문이다. 己
土와 마찬가지로 이때 木火가 있거나 혹은 행운에서 木火를 만난다
면 파격(破格)이 된다. 수기(秀氣)를 유행하게 하는 金을 훼손하기 때
문이다.

나이스 주

◎戊土는 비유하자면 산의 정상을 눈앞에 두고 올라가는 마지막 힘든 시기로
   내부적으로 양(陽)의 기운이 극(極)에 이른다. 그래서 戊土는 굳고 두텁고
   메마르다. 戊土는 넓은 사막처럼 넓고 묵직하니 중정(中正)의 기품이 있다.
   土의 역할은 만물을 키우고 거두는 것이다. 戊土가 메마르면 만물이 죽게

되니 水가 있어야 만물을 생할 수 있다. 그래서 戊土는 癸水만 보면 바로 합을 한다. 癸水가 없으면 차선으로 壬水라도 필요하다.

⊙戊土가 간토(艮土)와 곤토(坤土)를 만나면 충을 싫어하고 정(靜)함을 좋아 한다. 여기서 간곤(艮坤)은 寅과 申을 말한다. 더 정확히 말하면 간(艮)은 丑寅이고 곤(坤)은 未申이다. 땅은 흔들리지 않는 것이 좋다.

己土卑濕 中正蓄藏 不愁木盛 不畏水狂 火少火晦
기토비습　　중정축장　　불수목성　　불외수광　　화소화회

金多金光 若要物昌 宜助宜幫
금다금광　　약요물창　　의조의방

己土는 낮고 습하지만 치우치지 않고 올바르며 만물을 축장(蓄藏)하는 성 질이 있다. 木이 왕성해도 근심하지 않고 水가 광란(狂亂)해도 두려워하 지 않는다. 火가 약할 때는 화기(火氣)를 어둡게 하고, 金이 많을 때는 金 을 빛나게 한다. 만일 만물이 창성하기를 바란다면 己土를 방조(幫助)하 는 것이 좋다.

原註

己土卑薄軟濕, 乃戊土枝葉之地, 亦主中正而能蓄藏萬物. 柔土能生 木, 非木所能剋, 故不愁木盛；土深而能納水, 非水所能蕩, 故不畏水狂. 無根之火, 不能生濕土, 故火少而火反晦；濕土能潤金氣, 故金多而金光彩, 反清瑩可觀. 此其無爲而有爲之妙用. 若要萬物充盛長旺, 惟土勢深固, 又得火氣暖和方可.

己土는 낮고 엷고 부드럽고 습하다. 己土는 戊土의 지엽(枝葉)이 되는 땅으로 중정(中正)의 성정을 가지고 있어서 만물을 축장(蓄藏)할 수 있다. 유(柔)한 己土는 木이 성(盛)해도 근심하지 않고, 土가 깊으면 水를 간직할 수 있으니 水의 광란을 두려워하지 않는다. 약한 火는 습한 土를 만나면 도리어 화기(火氣)가 약해지고 불꽃도 시들게 된다. 또 습토(濕土)는 금기(金氣)를 윤택하게 할 수 있어서 金이 많을 때는 金이 광채(光彩)가 나고 맑고 밝아지는 것을 볼 수 있다. 이러한 己土에 관한 현상들은 특별한 이유가 없어도 묘하게 저절로 이루어진다. 만일 만물이 충분히 왕성하기를 바란다면 土의 기세가 깊고 두터워야 하며 또 화기(火氣)를 얻어 완화(緩和)해져야 비로소 가능하다.

任氏曰

己土爲陰濕之地, 中正蓄藏, 貫八方而旺四季, 有滋生不息之妙用焉. 不愁木盛者, 其性柔和, 木藉以培養, 木不剋也. 不畏水狂者, 其體端凝, 水得以納藏, 水不沖也. 火少火晦者, 丁火也, 陰土能斂火, 晦火也. 金多金光者, 辛金也, 濕土能生金, 潤金也. 柱中土氣深固, 又得丙火去其陰濕之氣, 更足以滋生萬物, 所謂宜助宜幫者也.

己土는 음습(陰濕)한 땅으로 중정(中正)의 성질을 가지고 있어 만물을 모아 간직한다. 또한 己土는 팔방(八方)으로 통해 있고 사계(四季)에서 왕하며, 만물을 생하기 위해 쉬지 않고 움직이는 묘한 작용이 있다. 己土는 木이 성(盛)해도 근심하지 않는데 그 이유는 木은 부드럽고 온화한 己土에서 배양되기 때문이다. 또 己土는 水의 광란(狂亂)을 두려워하지 않는데 그 이유는 己土가 水를 받아들여 저장할 수 있어서 水와 충돌하지 않기 때문이다. 丁火가 적을 경우에는 불빛이 己土에 흡수되어 어두워지는데, 음토(陰土)는 화기(火氣)를 수렴하기 때문이다. 己土는 辛金이 많을 경우에는 辛金을 빛나게 하는데 습토(濕土)는 金을 생하고 金을 윤택하게 하기 때문이다. 사주 중에 土가 깊고 견고할 때 丙火가 있다면 음습(陰濕)한 기운을 제거하여 만물을 자생(滋生)하게 한다. 그래서 己土를 생조하고 방조(幇助)하는 것이 마땅하다.

나이스 주

⊙천간의 土는 戊土와 己土가 있다. 산의 정상으로 올라가는 방향이 木火라면 戊己土는 정상 부근이고 金水는 산의 정상에서 내려오는 방향이다. 정상 부근에서 戊土는 올라가는 쪽이고, 己土는 내려가는 쪽이다. 己土는 음운동을 시작하니 음(陰)의 土라고 한다. 己土는 습토(濕土)가 아니다. 습토(濕土)는 지지의 辰土와 丑土를 말한다.

◦戊土는 金을 생하기 어렵지만 己土는 음(陰)의 土이니 金을 생할 수 있다.
己土 역시 木火와 金水 사이에 있으니 중정(中正)의 뜻을 함유하고 있다.
土의 역할은 생명체인 木을 키우는 일인데 반드시 火와 水가 필요하다. 戊
土는 메말라 있어서 水가 있어야 木을 키울 수 있지만, 己土는 음토(陰土)
이니 水가 없어도 木을 키울 수 있다.

◦만물이 왕성하게 자라기를 바라거든 己土를 도와주어야 한다. 己土는 삶의
터전이기 때문이다. 己土가 사계(四季)에서 왕하다는 설명은 辰戌丑未를
같은 土로 보기 때문이다. 土에는 천간에 戊土와 己土가 있고, 지지에는 辰
戌丑未土가 있다. 팔자를 설명할 때는 오행으로 하지 말고 천간과 지지로
하는 습관을 들여야 한다.

庚金帶殺 剛强爲最 得水而淸 得火而銳 土潤卽生
경금대살　강강위최　득수이청　득화이예　토윤즉생

土乾卽脆 能勝甲兄 輸於乙妹
토건즉취　능승강협　수어을매

庚金은 살기(殺氣)를 지니고 있어 강강(剛强)함이 최상이다. 水를 얻으면
청해지고, 火를 얻으면 예리해진다. 庚金은 土가 윤택하면 살아나고, 土가
건조하면 물러진다. 형(兄)인 甲木은 이기지만 乙木 누이는 이기지 못한다.

庚金乃天上之太白, 帶殺而剛健. 健而得水, 則氣流而清 ; 剛而得
火, 則氣純而銳. 有水之土, 能全其生 ; 有火之土, 能使其脆. 甲木
雖强, 力足伐之 ; 乙木雖柔, 合而反弱.

庚金은 살기(殺氣)를 지니고 있고 강건(剛健)하다. 水를 만나면 기(氣)
가 유통되어 청하고, 火를 만나면 기(氣)가 순수하고 예리해진다. 水
를 지닌 土는 庚金을 온전하게 생하지만, 火를 지닌 土는 庚金을 연
약하게 한다. 庚金은 강한 甲木도 벨 수 있지만, 연약한 乙木을 만나
면 합이 되어 도리어 약해진다.

庚乃秋天肅殺之氣, 剛健爲最. 得水而清者, 壬水也, 壬水發生, 引
通剛殺之性, 便覺淬屬晶瑩. 得火而銳者, 丁火也, 丁火陰柔, 不與
庚金爲敵, 良冶銷熔, 遂成劍戟, 洪爐煅煉, 時露鋒砥. 生於春夏,
其氣稍弱, 遇丑辰之濕土則生, 逢未戌之燥土則脆. 甲木正敵, 力能
伐之 ; 與乙相合, 轉覺有情. 乙非盡合庚而助暴, 庚亦非盡合乙而反
弱也, 宜詳辨之.

庚金은 가을 하늘의 숙살지기(肅殺之氣)로서 강건함이 최고이다. 庚
金이 壬水를 만나면 청해지는데 그 이유는 壬水가 庚金의 강건하고
숙살하는 성정을 유통시키고 빛나게 하기 때문이다. 또 庚金은 丁火
를 만나면 예리해지는데 그 이유는 丁火가 庚金을 제련하여 예리한

칼과 창을 만들 수 있기 때문이다. 庚金의 기(氣)는 춘하(春夏)에 생했을 경우에는 약해지지만 丑土나 辰土의 습토(濕土)를 만나면 다시 생기(生氣)를 얻는다. 그러나 조토(燥土)인 未土나 戌土를 만나면 연약해진다. 庚金은 甲木을 힘으로 제압할 수 있지만, 乙木과는 상합(相合)이 되므로 오히려 유정(有情)해진다. 乙木은 庚金과 합하여 庚金의 난폭함을 돕는 것이 아니며, 庚金도 역시 乙木과 합하여 약해지는 것이 아니니 잘 분별해야 한다.

나이스 주

⊙己土에서 시작된 음운동은 庚金에서 본격화되니 己土와 庚金은 좋은 관계가 된다. 토생금(土生金)은 戊土가 아닌 己土가 庚金을 생하는 것을 말한다. 庚金은 다듬어지지 않은 金이라 매섭고, 살기(殺氣)를 띠고 강건(剛健)하다. 庚金이 익지 않은 풋과일이라면, 辛金은 완전히 익은 과일이다. 庚金이 辛金으로 변하려면 丁火가 필요하다.

⊙庚金이 나아가는 목적지는 水이다. 그래서 水를 얻으면 청해진다. 목화상관(木火傷官)과 금수상관(金水傷官)은 화토상관(火土傷官)이나 토금상관(土金傷官)보다 수기(秀氣)가 빼어나다. 土는 전환기라서 기운이 순수하지 못하기 때문이다.

⊙庚金은 거칠기 때문에 火로 단련하면 예리해져서 좋다. 火중에서도 丁火가 좋다. 庚金은 甲木을 극할 수 있지만 乙木과는 합이 된다. 천간합의 관계는 시소의 양쪽으로 이해하면 좋다. 서로 대립하면서도 음양운동을 활발하게 하여 활력을 불러일으키니 좋은 관계가 된다.

辛金軟弱 溫潤而淸 畏土之疊 樂水之盈 能扶社稷
신금연약　온윤이청　외토지첩　낙수지영　능부사직

能救生靈 熱則喜母 寒則喜丁
능구생령　열즉희모　한즉희정

辛金은 부드럽고 약하며 온화하고 윤택하며 맑다. 土가 중첩되는 것을 두려워하고, 水가 가득 찬 것을 즐거워한다. 사직(社稷)을 도울 수 있고 백성을 구원할 수 있으며, 더울 때는 土를 좋아하고 추울 때에는 丁火를 좋아한다.

原註

辛乃陰金, 非珠玉之謂也. 凡溫軟淸潤者, 皆辛金也. 戊己土多而能埋, 故畏之; 壬癸水多而必秀, 故樂之. 辛爲丙之臣也, 合丙化水, 使丙火臣服壬水, 而安扶社稷; 辛爲甲之君也, 合丙化水, 使丙火不焚甲木, 而救援生靈.

辛金은 음(陰)의 金이지 주옥(珠玉)이 아니다. 辛金은 온화하고 부드러우며 맑고 윤택하다. 戊己土가 많으면 매몰될 수 있으니 두려워하고, 壬癸水가 많으면 수기(秀氣)가 뛰어나니 즐거워한다. 辛金은 丙火의 신하인데 丙火와 합으로 수기(水氣)가 나오면 丙火를 극하게 된다. 그래서 丙火가 壬水에게 복종하여 신하의 예를 지키도록 하기 때문에 사직(社稷)을 돕는다고 하였다. 또 辛金은 甲木의 군주인데 丙火와 합하여 화기(化氣)인 水가 丙火를 제(制)하여 丙火가 甲木을 태우지 못하도록 하고, 합화(合化) 기운인 水가 甲木을 도우니 백성인 *생령(生靈)을 구원한다고 했다.

*생령(生靈) 백성의 뜻, 인성(印星)

生於九夏而得己土, 則能晦火而存之 ; 生於隆冬而得丁火, 則能敵寒而養之. 故辛金生於冬月, 見丙火則男命不貴, 雖貴亦不忠 ; 女命剋夫, 不剋亦不和. 見丁男女皆貴且順.

辛金은 한여름에 생하더라도 己土를 만나면 火가 어두워지니 자신을 보존할 수 있고, 겨울생일 때는 丁火를 만나면 추위와 대적하며 자신의 기(氣)를 기를 수 있다. 그러나 辛金이 동월(冬月)에 태어나서 丙火를 만나면 남명(男命)은 귀하지 않고 비록 귀하더라도 충성하지 않는다. 여명(女命)은 극부(剋夫)하고 만일 극부(剋夫)하지 않으면 불화(不和)하게 된다. 丙火가 아닌 丁火를 만나면 남녀 모두 귀하게 되고 모든 일이 순조롭다.

辛金乃人間五金之質, 故清潤可觀. 畏土之疊者, 戊土太重, 而涸水
埋金;樂水之盈者, 壬水有餘, 而潤土養金也.

辛金은 인간사회의 오금(五金), 즉 금·은·구리·철·주석의 다섯 가
지 금속의 질(質)로서 맑고 윤택하여 볼만하다. 辛金은 土가 중첩된
것을 두려워하는데 그 까닭은 戊土가 많으면 水를 마르게 하고 金을
매몰시키기 때문이다. 辛金이 水가 가득한 것을 좋아하는 까닭은 壬
水가 유여(有餘)하면 土를 적셔 金을 배양하기 때문이다.

辛爲甲之君也, 丙火能焚甲木, 合而化水, 使丙火不焚甲木, 反有
相生之象;辛爲丙之臣也, 丙火能生戊土, 合丙化水, 使丙火不生
戊土, 反有相助之美. 豈非扶社稷救生靈乎?

辛金은 甲木의 정관이므로 군주가 되는데 丙火가 甲木을 태우려고
할 때 丙火와 합하여 수기(水氣)를 만들어 丙火가 甲木을 태우지 못
하게 한다. 또 辛金은 丙火의 신하가 되는데, 丙火가 戊土를 생할 때
辛金이 丙火와 합이 되면 丙火는 戊土를 생할 수 없게 된다. 그래서
辛金과 丙火는 서로 돕는 아름다움이 있어 사직(社稷)을 돕고 백성을
구원한다고 하였다.

生於夏而火多, 有己土則晦火而生金;生於冬而水旺, 有丁火則溫
水而養金. 所謂熱則喜母, 寒則喜丁也.

辛金이 여름에 생하고 火가 많을 때 己土가 있으면 火를 어둡게 하고 金을 생하니 좋고, 辛金이 겨울에 생하고 水가 왕할 때에는 丁火가 있으면 水를 따뜻하게 하고 金을 기르니 좋다. 즉, 더울 때는 모토(母土)인 己土를 좋아하고 추울 때는 丁火를 좋아한다.

나이스 주

⊙辛金은 늦가을의 서릿발과 같아 흔히 숙살지기(肅殺之氣)라고 한다. 辛金은 보석처럼 깔끔하고 세련된 면도 있지만 차가움과 매서움도 있다. 그래서 온윤(溫潤)함을 만나면 더욱 청해질 것이다.

⊙辛金은 맑고 순수하니 土로 더럽혀지는 것을 꺼린다. 그리고 水로 씻어지는 것을 좋아한다. 金은 水를 좋아한다. 辛金은 특히 壬水를 좋아한다.

⊙辛金은 丙火와 합이 되어 水 기운을 만든다. 丙辛합水이다. 辛金은 丙火에 몸을 던져 水를 만들어 새로운 木을 만들 발판을 마련한다. 그래서 사직(社稷)을 이어가게 된다. 辛金의 백성은 재성인 木이다. 辛金은 丙辛합水하여 생긴 水 기운으로 수생목(水生木)을 하니 생령(生靈)을 구할 수 있다. 생령(生靈)이란 일반 백성을 말한다.

⊙辛金의 청함은 土에 의하여 사라지기 때문에 土의 중첩을 두려워한다. 辛金은 丙火에게 극을 당하는데 丙辛합이 되면 水가 만들어져서 丙火는 辛金

을 극하지 못하게 된다. 또 丙火가 戊土를 생하면 아주 건조한 땅이 되는데 辛金이 있어 丙辛합이 되면 丙火는 戊土를 생하지 못하게 된다. 그리고 丙辛합으로 만들어진 水는 戊土를 윤택하게 한다. 이는 서로 상생이 되니 사직(社稷)을 구한다고 표현했다.

◉辛金은 더울 때는 모(母)인 土를 좋아하고 추울 때는 丁火를 좋아한다. 辛金은 土로 더럽혀지는 것을 싫어하지만 여름에 태어나 뜨거우면 모(母)에 해당하는 己土를 기뻐한다. 이때 土는 강한 火를 설기시키면서 金을 생하는 통관 역할을 한다. 火를 흡수하는 데에는 土만한 것이 없다.

◉만일 겨울 출생으로 춥다면 丁火가 필요하다. 丁火가 있으면 水가 따뜻해져서 좋은 것이다. 辛金이 겨울에 태어나고 丙火와 합이 되면 화(化)하여 식상의 기운이 강해진다. 그래서 남명(男命)은 귀하지 않고 여명(女命)은 극부(剋夫)하게 된다. 그러나 丁火를 만나면 합이 되지 않으니 남녀 모두 귀하다.

壬水通河 能洩金氣 剛中之德 周流不滯 通根透癸
임수통하　능설금기　강중지덕　주류불체　통근투계

沖天奔地 化則有情 從則相濟
충천분지　화즉유정　종즉상제

壬水는 황하(黃河)로 통하고, 금기(金氣)를 설기시킬 수 있다. 굳세고 중정한 덕(德)이 있으며 두루 흘러 정체되지 않는다. 壬水가 지지에 통근하고 또 癸水까지 투(透)하면 충천분지(沖天奔地)를 이룬다. 화(化)하면 유정(有情)하고 종(從)하면 상제(相濟)된다.

原註

壬水卽癸水之發源, 崑崙之水也 ; 癸水卽壬水之歸宿, 扶桑之水也. 有分有合, 運行不息, 所以爲百川者此也, 亦爲雨露者此也, 是不可歧而二之. 申爲天關, 乃天河之口, 壬水長生於此, 能泄西方金氣. 周流之性, 沖進不滯, 剛中之德猶然也. 若申子辰全而又透癸, 則其勢沖奔, 不可遏也. 如東海本發端於天河, 每成水患, 命中遇之, 若無財官者, 其禍當何如哉!

壬水는 癸水의 발원지이고 *곤륜(崑崙)의 水이다. 癸水는 壬水의 귀숙지(歸宿地)이고 *부상(扶桑)의 水이며, 나누어지고 합쳐지면서 쉬지 않고 흘러 모든 천(川)을 이룬다. 또 우로(雨露)를 이루기도 하니 壬水와 癸水는 두 개로 나눌 수 없다. 壬水가 장생하는 申金은 *천관(天關)이고 은하수(銀河水)의 입구이다. 壬水는 申金에서 장생하니 서방(西方)의 금기(金氣)를 설기시킬 수 있다. 壬水의 두루 흐르는 성정은 부딪치며 나아가면서도 정체되지 않으니 굳세고 중정한 덕(德)으로 표현한다. 만일 申子辰이 전부 갖추어지고 癸水까지 투출하면 그 기세가 거세져서 막을 도리가 없다. 본래 *천하(天河)에서 시작된 동해(東

海)가 수해(水害)로 인한 근심이 많았던 것처럼 만일 명(命)이 이렇게 강한 水를 억제할 재관이 없다면 그 재앙은 이루 말할 수가 없다.

合丁化木, 又生丁火, 則可謂有情；能制丙火, 不使其奪丁之愛, 故爲夫義而爲君仁. 生於九夏, 則巳午未中火土之氣, 得壬水熏蒸而成雨露, 故雖從火土, 未嘗不相濟也.

壬水는 丁火와 합하면 木으로 화(化)하여 다시 丁火를 생하니 사사로운 정(情)에 이끌릴 수 있고, 丙火를 제압하여 丙火가 丁火의 애정〔빛〕을 빼앗지 못하게 할 수도 있다. 그러므로 남편의 의(義)가 되고 군주의 인(仁)이 되는 것이다. 壬水가 한여름인 巳午未월에 태어나서 火土의 기(氣)가 壬水를 뜨겁게 데우면 우로(雨露)로 변하게 된다. 이렇게 되면 壬水는 火土와 상제(相濟)가 된다.

任氏曰

壬爲陽水. 通河者, 卽天河也, 長生在申, 申在天河之口, 又在坤方, 壬水生此, 能泄西方肅殺氣, 所以爲剛中之德也. 百川之源, 周流不滯, 易進而難退也. 如申子辰全, 又透癸水, 其勢泛濫, 縱有戊己之土, 亦不能止其流, 若强制之, 反沖激而成水患, 必須用木泄之, 順其氣勢, 不至於沖奔也.

壬水는 양(陽)의 水이다. 통하(通河)란 은하수(銀河水)를 말한다. 申金에서 壬水는 장생이 되니 申金은 천하(天河)의 입구에 있다고 할 수있다. 또 申金은 곤방(坤方)으로 壬水는 여기에서 서방의 숙살지기(肅殺之氣)를 설기시키는 강중지덕(剛中之德)이 있다. 壬水는 모든하천의 근원이 되어 두루 흐르고 막히지 않으므로 나아가기는 쉬워도 물러서기는 어렵다. 만일 申子辰이 온전히 있고 또 癸水까지 투출되면 水의 세력이 범람하여 戊己土가 있다 하더라도 그 흐름을 저지할 수 없다. 만일 강제로 그것을 제(制)하려고 하면 그 충격(沖激)으로인한 水의 재난이 생기게 된다. 水가 이처럼 왕할 때는 반드시 木으로 설기시켜 그 기세를 순하게 해야 *충분(沖奔)에 이르지 않는다.

*충분(沖奔) 솟구쳐 날뜀, 충천분지(沖天奔地)의 준말

合丁化木, 又能生火, 不息之妙, 化則有情也. 生於四五六月, 柱中火土竝旺, 別無金水相助. 火旺透干則從火, 土旺透干則從土, 調和潤澤, 仍有相濟之功也.

壬水가 丁火와 합하여 木으로 화(化)하면 다시 火를 생하여 丁火가꺼지지 않는 묘(妙)가 있으니 화(化)하면 유정(有情)하다. 壬水가 巳午未월에 생하여 사주 중에 火와 土가 왕하고 별도로 金水의 도움이 없을 때에는 火와 土 중에서 강한 세력을 따라야 한다. 즉 火가 왕하고천간에 투(透)했다면 火를 따르고, 土가 왕하고 천간에 투(透)했다면

土를 따라야 한다. 이렇게 조화를 이루고 윤택하게 되면 상제(相濟)의 공(功)이 있다.

⊙壬水에서 시작되는 水운동은 癸水에서 마무리된다. 水는 겨울이고 밤이고 머무름이고 휴식이다. 辛金은 金의 일을 마무리하면서 壬水를 생하게 되니 辛金과 壬水는 좋은 관계가 된다. 壬水는 숙살지기(肅殺之氣)인 金 기운을 설기시키는 덕(德)이 있다. 壬水가 지지에 수국(水局)을 이루고 癸水까지 더해지면 왕양(汪洋)하여 이때는 戊土도 소용없게 된다.

⊙모든 것이 상대적이다. 강자가 약자를 이긴다. 토극수(土剋水)라고 하지만 水가 많으면 水가 土를 이긴다. 하나의 오행(五行)이 지나치면 극하기보다는 설기시키는 것이 바람직하다. 특히 양간(陽干)이 그렇다. 水가 많으면 木으로 흐르게 하는 것이 좋은 것이다.

⊙만일 丁壬합이 되어 木으로 화(化)하면 壬水는 木으로 흘러 유정(有情)하게 된다. 지지에 화국(火局)이나 토국(土局)을 이룰 때는 壬水가 火土에 종(從)하면 바람직하다. 종(從)이란 어떤 세력이 차고 넘쳐 그 기운을 거역할 수 없을 때 그 강한 세력을 따르는 경우를 말한다.

⊙丙火는 丁火의 빛을 빼앗는다. 그러나 壬水가 丙火를 극하면 丙火는 丁火
의 빛을 빼앗지 못하니 壬水는 짝인 丁火와 유정(有情)하게 된다. 그래서
남편의 의(義)가 되고 군주의 인(仁)이 된다고 하였다.

癸水至弱 達於天津 得龍而運 功化斯神 不愁火土
계수지약　　 달어천진　　 득룡이운　　 공화사신　　 불수화토

不論庚辛 合戊見火 化象斯眞
불론경신　　 합무견화　　 화상사진

癸水는 지극히 약하지만 천진(天津)에 도달한다. 용(龍)을 만나 운행하면
공(功)과 조화(造化)가 신묘(神妙)하다. 火土를 근심하지 않고, 庚辛金을
논하지 않으며, 戊土와 합하고 火를 보면 진화(眞化)가 된다.

原註

癸水乃陰之純而至弱, 故扶桑有弱水也. 達於天津, 隨天而運, 得龍
以成雲雨, 乃能潤澤萬物, 功化斯神. 凡柱中有甲乙寅卯, 皆能運水
氣, 生木制火, 潤土養金, 定爲貴格,

癸水는 순수한 음(陰)으로 지극히 약하다. 동쪽 *부상(扶桑)에 있는 약
한 水인 것이다. 천진(天津)에 도달하고 하늘을 따라 흐르며 용(龍)을
만나서 구름과 비를 이루면 만물을 윤택하게 할 수 있으니 공(功)과

조화(造化)가 신묘(神妙)하다. 사주에 甲乙木이나 寅卯木이 있으면 수기(水氣)가 木을 생하고 火를 억제하며 土를 윤택하게 하고 金을 기르므로 반드시 귀격(貴格)이 된다.

*부상(扶桑) 해가 뜨는 바다에 있다는 신성(神聖)스러운 상상의 나무, 해 뜨는 동쪽

火土雖多不畏. 至於庚金, 則不賴其生, 亦不忌其多. 惟合戊土化火何也, 戊生寅, 癸生卯, 皆屬東方, 故能生火. 此固一說也, 不知地不滿東南, 戊土之極處, 卽癸水之盡處, 乃太陽起方也, 故化火. 凡戊癸得丙丁透者, 不論衰旺秋冬皆能化火, 最爲眞也.

癸水는 火土가 많더라도 두려워하지 않는다. 庚金의 생은 바라지 않지만 庚金이 많아도 꺼리지는 않는다. 癸水가 戊土와 합이 되면 왜 火가 되는가? 戊土는 寅에서 장생이고 癸水는 卯에서 장생이니 모두 동방(東方)에 속해 火를 생할 수 있다고 하는데 이것은 한 가지 설에 불과하다. 동남쪽은 戊土가 극(極)에 달하고 癸水가 다한 곳에서 태양이 뜨니 火로 화(化)하는 곳이다. 戊癸합이 될 때 丙丁火가 뿌리를 두고 투출했다면 쇠왕(衰旺)과 추동(秋冬)을 논할 것 없이 모두 합화(合化)가 되니 이렇게 되면 가장 참된 것이다.

任氏曰

癸水非雨露之謂, 乃純陰之水. 發源雖長, 其性極弱, 其勢最靜, 能潤土養金, 發育萬物, 得龍而運, 變化不測. 所謂逢龍卽化, 龍卽辰也, 非眞龍而能變化也. 得辰而化者, 化辰之原神發露也, 凡十干逢辰位, 必干透化神, 此一定不易之理也.

癸水는 우로(雨露)를 말하는 것이 아니고 순수한 음(陰)의 水이다. 발원은 비록 길지만 성정은 극약(極弱)하고 그 형세는 고요하다. 癸水는 土를 윤택하게 하여 金을 기르고 또 만물을 발육시킨다. 癸水가 용(龍)을 만나 운행하면 그 변화가 헤아릴 수 없이 많다. 용(龍)을 만나면 화(化)가 되는데 이때 용(龍)은 辰土이다. 진짜 용(龍)은 아니지만 辰土를 얻으면 변화할 수 있다. 용(龍)을 얻으면 변화한다는 것은 辰의 원신(原神)이 밖으로 드러나 합화(合化)하는 경우를 말한다. 십간이 辰土를 만나면 천간에 화신(化神)이 투출되는데 이것은 변치 않는 이치이다.

不愁火土者, 至弱之性, 見火土多卽從化矣; 不論庚辛者, 弱水不能泄金氣, 所謂金多反濁, 癸水是也. 合戊見火者, 陰極則陽生, 戊土燥厚, 柱中得丙火透露, 引出化神, 乃爲眞也. 若秋冬金水旺地, 縱使支遇辰龍, 干透丙丁, 亦難從化, 宜細詳之.

癸水가 약할 때 많은 火土를 만나면 종화(從化)해야 하니 火土를 근심하지 않는다고 하였다. 또 약한 水는 금기(金氣)를 설기하지 못하므로 金이 많으면 도리어 癸水가 탁해지니 庚辛金을 논하지 않는다고 하였다. 음(陰)이 다하면 양(陽)이 생기는 것이니 癸水는 戊土와 합하고 또 火를 보면 戊土가 건조하고 두터워진다. 이때 합이 된 戊癸

가 천간에 드러난 丙火를 만나면 화신(化神)이 인출(引出)된 것이니 이렇게 되면 진화(眞化)가 되는 것이다. 그런데 추동(秋冬)에 태어나서 金水가 왕할 경우에는 지지에서 辰土를 만나고 천간에 丙丁火가 투(透)하더라도 종화(從化)가 되기 어려우니 자세히 살펴야 한다.

![나이스 주]

⊙壬水가 시작한 일을 癸水는 마무리를 한다. 癸水는 甲木을 향하게 되니 癸水와 甲木과의 관계는 모자(母子)의 관계처럼 좋다. 癸水가 辰土를 만나면 다른 土를 만나도 두려워 하지 않는데 辰土는 癸水를 창고에 넣어 안전하게 보호해 주기 때문이다.

⊙오행에서 양(陽)이 음(陰)으로 바뀔 때는 土가 필요하지만, 음(陰)이 양(陽)으로 바뀔 때는 土가 필요하지 않다. 그것은 음양의 성질 차이에서 오는 것으로, 양(陽)은 극(極)에 이르렀을 때 土의 힘을 빌려 음(陰)으로 전환되지만, 음(陰)은 극(極)에 이르면 스스로 팽창하여 양(陽)으로 바뀌기 때문이다. 그래서 癸水의 후반부에는 甲木의 성향이 많이 나타난다. 金이 생한다고 해도 癸水가 강해지지 않으니 금생수(金生水)가 되지 않는다. 癸水는 甲木을 지향하는 것이다.

⊙癸水가 戊土를 보면 동(動)하지 않고 정(靜)해도 스스로 합한다. 戊土는 마른 土이므로 癸水를 보면 저절로 합이 되는데 이는 다른 천간합(天干合)과

는 다른 성질이다. 다른 천간합보다 戊癸합이 특히 잘 일어나는 이유이다. 그래서 癸水가 戊土를 보고 월지에서 火를 보거나 천간에 丙火가 투하면 진화(眞化)가 될 가능성이 커진다.

◆ 참고   천간끼리의 관계

다음 십간론은 천간끼리 일반적인 관계를 논한 것이다. 예를 들면 양과 양 또는 음과 음보다는 음양이 더 좋다고 말하지만 얼마든지 예외가 있을 수 있는 것과 같다. 십간론도 각 글자의 강약이나 위치에 따라 다른 통변으로 나타날 수 있다. 팔자를 볼 때는 특정 글자만 보고 격이나 신살 등을 적용하여 판단하는 것은 금물이다. 월령을 중심으로 팔자 전체를 살피도록 연습해야 할 것이다.

甲木

甲甲 쌍목위림(雙木爲林) : 甲木이 앞으로 나아가는 기질이니 두 개 있으면 추진력이 막강하다. 친구, 동료, 형제들이 경쟁력을 기르는 데 도움이 된다. 언행이 과장된 경우가 많다.

甲乙 등라계갑(藤蘿繫甲) : 소나무에 담쟁이가 타고 오르는 모습이다. 적당한 조화를 이루었을 때 좋다. 甲木은 乙木이 없어도 혼자 잘 살 수 있다. 甲木이 손해 보는 느낌이다.

甲丙 청룡반수(靑龍返首) : 소나무는 햇빛을 보며 성장한다. 그러나 丙火가 너무 강하면 甲木은 시든다. 식신 활동이 활발해진다.

甲丁 유신유화(有薪有火) : 장작에 불이 붙었다. 丁火에게는 甲木이 필요하다. 상관의 활동이 활발해진다. 학문 또는 예술적 능력이 탁월하다. 균형을 이루었을 경우이다.

甲戊 독산고목(禿山孤木) : 민둥산 위의 고목이다. 사막의 나무들이다. 재성이 안정감이 없다. 주변에 물이 있다면 좋다. 甲壬戊는 좋은 관계이다.

甲己 양토육목(壤土育木) : 논밭의 초목이다. 논밭의 곡식이다. 甲己는 좋은 관계이니 정재가 좋은 모습이다. 물론 균형을 이루었을 경우이다. 甲木이 많으면 己土는 압박을 받는다.

甲庚 흔목위재(欣木爲財) : 봄의 甲木과 가을의 庚金이 만났다. 음양의 조화로 활력이 강해진다. 도끼로 장작을 패는 물상이다. 편관과 좋은 관계이다.

甲辛 목곤쇄편(木棍碎片) : 甲木을 면도칼 辛金으로 자른다. 정관이지만 좋은 모습이 아니다. 칼자루에 비해 날이 너무 작다.

甲壬 횡당유영(橫塘柳影) : 바닷가에 있는 소나무이고, 호수 옆에 있는 버드나무이다. 인성이 좋은 모습이니 명예나 인기를 누린다. 여기에 丙火가 뜨면 더욱 좋다.

甲癸 수근로수(樹根露水) : 소나무에 비가 온다. 甲木의 성장에 癸水는 꼭 필요하다. 정인이 좋은 모습이니 인기가 좋다. 丙火도 있으면 좋겠다.

乙木

乙甲 등라계갑(藤蘿繫甲) : 소나무를 타고 올라가는 담쟁이덩굴이다. 乙木에게 甲木이 있으면 동료들의 도움이 있다.

乙乙 복음잡초(伏吟雜草) : 담쟁이끼리 서로 엉켰다. 형제나 동료의 간섭이 해(害)가 될 수 있다. 동업하면 안 된다. 주변의 다른 글자도 참고해야 한다.

乙丙 염양려화(艷陽麗花) : 초목에 태양이 내리쬔다. 밝고 화려하다. 甲木이든 乙木이든 木은 丙火를 좋아한다. 상관이 좋은 역할을 하니 표현력이 뛰어나다.

乙丁 화소초원(火燒草原) : 불타는 초원이다. 식신이지만 좋은 관계가 아니다. 표현력이 약하고 재능을 인정받지 못한다.

乙戊 선화명병(鮮花名瓶) : 사막의 풀이다. 乙戊는 원만한 관계로 자기 능력으로 부(富)를 이룬다. 乙木은 친화력이 좋다.

乙己 양토배화(壤土培花) : 논밭의 곡식이고 들판의 초목이다. 乙己는 좋은 관계로 사교성으로 부(富)를 이룬다.

乙庚 백호창광(白虎猖狂) : 초목을 바위가 짓누르는 형상으로 乙木에게는 재앙이다. 甲庚은 좋지만 乙庚은 합이라도 좋지 않다. 乙木이 庚金을 만나면 정신 이상이 있을 수 있다. 물론 乙木과 庚金의 경중을 살펴야 한다.

乙辛 이전최화(利剪催花) : 칼로 잎을 자르는 모습이다. 연약한 乙木이 辛金에게 잘리니 뇌, 신경계, 간질 등을 조심한다. 싹을 솎아낸다는 의미로 좋을 수도 있다. 항상 주변 상황을 봐야 한다.

乙壬 출수부용(出水芙蓉) : 호수에 떠 있는 연꽃이다. 귀인의 조력으로 상류사회로 간다. 두 글자의 적절한 조화는 필수적이다.

乙癸 청초조로(靑草朝露) : 초목이 비를 맞고 있다. 봄비이다. 편인을 활용하여 남의 도움으로 쭉쭉 발전한다. 월지 계절을 반드시 참고해야 한다.

丙火

丙甲 비조부혈(飛鳥趺穴) : 소나무에 태양이 내리쬔다. 丙火는 木을 키우는 역할을 하니 甲木이나 乙木을 좋아한다. 일생동안 행운이 따라 다닌다.

丙乙 염양려화(艶陽麗花) : 초목을 비추는 태양이다. 乙木과 丙火도 좋은 관계

이다. 木은 火를 좋아하고, 火는 木을 좋아한다.

丙丙 복음홍광(伏吟洪光) : 밝은 태양이 두 개 떴다. 눈부시다. 눈을 뜰 수가 없다. 가진 실력을 다 사용하지 못한다. 친구의 도움이 쓸모가 없다.

丙丁 삼기순수(三奇順遂) : 태양과 달이니 음양이 만났다. 아이 손을 잡은 어른이다. 친밀감이 있다. 겁재이지만 조화롭게 어울리는 한 쌍이다.

丙戌 월기득사(月奇得使) : 대지를 비추는 태양이다. 대지는 태양을 받아 만물을 키운다. 土에게는 火가 필요하다. 양의 기운이 강한 식신으로 평생 일을 하게 된다.

丙己 대지보조(大地普照) : 土는 火가 필요하다. 논밭에 햇볕이 내리쬔다. 여기에 癸水만 있으면 곡식이 잘 자란다. 丙火가 己土를 보면 상관으로 표현 능력이 우수하다.

丙庚 형혹입백(熒惑入白) : 바위에 내리쬐는 태양이다. 丙火는 庚金을 녹일 수 없다. 뜨겁기만 한다. 편재라고 좋아할 일이 아니다.

丙辛 일월상회(日月相會) : 보석 위에 반짝이는 태양이다. 辛金은 보석이고 칼이고 서릿발이다. 햇빛을 보면 반짝반짝 빛난다. 정재가 좋은 역할을 한다.

丙壬 강휘상영(江暉相暎) : 넓은 호수, 넓은 바다에 태양이 내리쬔다. 스케일이 크다. 편관으로 직장생활에서 두각을 나타낸다.

丙癸 흑운차일(黑雲遮日) : 구름이 태양을 가린다. 정관이지만 조직에서 두각을 나타내지 못한다. 물론 丙火가 지나치면 癸水가 좋은 역할을 한다.

丁火

丁甲 유신유화(有薪有火) : 장작에 불이 붙었다. 丁火는 甲木을 필요로 한다. 정인으로 사물에 대한 이해가 빠르다. 그러나 甲木이 습목(濕木)일 때는 좋

지 않다.

丁乙 건시열화(乾柴烈火) : 초목에 뜨거운 열이 가해지니 초목이 마른다. 인성이지만 학문적 성취가 좋지 못하다. 너무 요령만 피운다.

丁丙 항아분월(姮娥奔月) : 달 옆에 태양이 있어 음양의 화합이다. 겁재의 강한 힘과 끈기로 신속한 성과가 있다. 규모가 크지는 않다.

丁丁 양화위염(兩火爲炎) : 촛불, 화롯불은 함께 있으면 좋다. 친구가 도움이 된다.

丁戊 유화유로(有火有爐) : 뜨거운 열이 土에 가해진다. 가마 속의 불이다. 상관의 재능을 마음껏 발휘한다. 너무 뜨거워 오래 가지는 못한다.

丁己 성타구진(星墮勾陳) : 丁火는 己土에게 설기 당하니 식신이 좋지 않다. 하고 싶은 일이 자신의 뜻대로 되지 않는다.

丁庚 화련진금(火鍊眞金) : 庚金은 丁火로 단련하면 좋다. 丁火는 쇠를 달구는 불이고 과일을 익게 하는 열이다. 丁庚이 있으면 자기의 재능을 충분히 발휘하여 성공한다.

丁辛 소훼주옥(燒毀珠玉) : 보석이나 서릿발에 열을 가하는 물상이다. 세상 물정을 모르니 답답하다. 편재가 좋지 않게 작용한다.

丁壬 성기득사(星奇得使) : 달이 호수나 바다 위에 떴으니 좋은 그림이다. 정관이 좋게 작용한다. 丙壬과 丁壬 모두 좋다. 호수 위의 햇빛, 호수 위의 달빛이다.

丁癸 주작투강(朱雀投江) : 촛불에 비가 온다. 달을 구름이 가렸다. 좋을 수가 없다. 조직생활에 잘 적응을 하지 못해 승진이 어렵다.

戊土

戊甲 거석압목(巨石壓木) : 사막에 있는 소나무이다. 甲木은 잘 성장하지 못한다. 출세가 힘들다. 甲木은 己土를 좋아한다.

戊乙 청룡합령(靑龍合靈) : 사막에도 풀들은 생존한다. 乙木은 친화력이 좋다. 윗사람의 도움이 있다.

戊丙 일출동산(日出東山) : 사막에 태양이 내리쬔다. 지리산에 태양이 솟아오른다. 처음에 고생해도 나중에는 크게 성공한다.

戊丁 유화유로(有火有爐) : 사막의 열기가 뜨겁다. 가마솥의 불이다. 정인으로 머리가 좋아 기획력이 뛰어나고 일을 잘 처리한다.

戊戊 복음준산(伏吟峻山) : 사막의 연속이다. 큰 산의 연속이다. 꿈만 크고 실속이 없으며 고집이 세다. 비견도 글자에 따라 모두 성질이 다르다.

戊己 물이류취(物以類聚) : 사막 옆에 논밭이다. 산속에 있는 논밭으로 좋은 관계는 아니다. 겁재이니 타인과 융화가 힘들다.

戊庚 조주위학(助紂爲虐) : 사막이나 산속에 있는 바위이다. 효용가치가 없다. 식신이지만 좋은 관계가 아니다. 일을 해도 결과가 좋지 않다. 土와 金은 좋은 관계는 아니다.

戊辛 반음설기(反吟洩氣) : 사막이나 산에 숨어 있는 보석이다. 보석은 壬水로 씻어 丙火로 빛나게 해야 한다. 상관이 좋은 작용을 하지 않는다. 말이 많아 해가 있다.

戊壬 산명수수(山明水秀) : 사막 옆의 큰 오아시스이다. 태백산 옆의 동해바다이다. 스케일이 크고 경치가 좋다. 편재가 그릇이 크니 대성할 구조이다.

戊癸 암석침식(岩石侵蝕) : 사막에 비가 온다. 메마른 戊土에 비가 오면 곧바로 증발한다. 정재의 효용성이 떨어진다.

己土

己甲 목강토산(木强土山) : 논밭에 심어진 소나무이다. 己土가 木을 키우는 역할을 하고 또 천간합이 되지만 己土 입장에서는 극을 당한다. 위장병에 조심해야 한다.

己乙 야초난생(野草亂生) : 논밭에 심어진 초목이다. 乙木이 많다면 잡초가 된다. 편재의 행운이 따르지 않는다. 己土와 乙木의 강약을 보면서 통변한다.

己丙 대지보조(大地普照) : 土는 丙火를 좋아하니 인수가 도움이 된다. 윗사람의 도움으로 경쟁에서 승리한다. 종교나 철학을 하면 좋다. 그러나 丙火가 너무 강하면 논밭이 메마를 것이다.

己丁 주작입묘(朱雀入墓) : 논밭은 따뜻해야 한다. 丁火는 己土에게 설기 당하지만 己土는 丁火가 있어야 한다. 편인이 도움이 된다. 그러나 丁火가 지나치면 己土는 마를 것이다.

己戊 경련상배(硬軟相配) : 산 옆에 있는 논밭이다. 흔히 볼 수 있는 광경이다. 己土 입장에서는 덕을 보지만 戊土에게는 부담이 된다. 동료와의 관계가 원만하다.

己己 복음연약(伏吟軟弱) : 논밭이 나란히 있는 평야이다. 물도 거름도 나누어야 한다. 비견의 해로움이 나타날 수 있다. 친구의 도움이 크지 않다.

己庚 전도형격(顚倒刑格) : 논밭에 바위가 있다. 土와 金의 관계는 별로 좋지 못하다. 상관으로 말이 많고 참견이 심하다.

己辛 습니오옥(濕泥汚玉) : 논밭 속에 보석이 있다. 土와 金의 관계는 좋지 못하니 식신이 좋은 결과를 내지 못한다. 물론 金이 약하다면 土가 도움이 될 때도 있다.

己壬 기토탁임(己土濁壬) : 호수가 탁해진다. 정재이지만 재물 운이 나쁘고 여

자문제를 일으킨다.

己癸 옥토위생(玉土爲生) : 논밭에 비가 내린다. 癸水가 너무 많으면 壬水처럼 논에 물이 고인다. 글자의 균형을 보아야 한다. 편재가 되니 큰 부자를 기대한다.

庚金

庚甲 복궁최잔(伏宮摧殘) : 庚金과 甲木은 음양을 이루니 좋은 관계이다. 봄에는 庚金으로 새싹을 솎아주거나 가지치기를 한다. 가을에는 도끼로 장작을 만든다.

庚乙 백호창광(白虎猖狂) : 무딘 庚金이 연약한 乙木을 짓이기는 모습으로서 갑작스런 재앙이 있다. 정재라고 모두 좋은 것은 아니다. 정재에도 열 가지 종류가 있다.

庚丙 태백입형(太白入熒) : 丙火로는 庚金을 녹이지 못한다. 관성이지만 직장생활이 적합하지 않다. 재능을 발휘하지 못한다. 庚金은 丁火와 좋은 관계를 이룬다. 물론 힘이 균형을 이루었을 때이다.

庚丁 정정지격(亭亭之格) : 庚金을 丁火로 제련하면 화련진금(火鍊眞金)이 되어 자기의 재능을 충분히 발휘한다. 그러나 丁火가 너무 거세다면 화열금용(火烈金熔)이 되어 庚金은 녹아 없어진다.

庚戊 토다금매(土多金埋) : 戊土가 많으면 庚金은 묻히고 말 것이다. 다른 사람의 도움이 해(害)가 된다. 보통 土와 金은 좋은 관계가 아니다.

庚己 관부형격(官府刑格) : 논밭에 철이나 바위가 있다. 타인의 도움이 오히려 방해가 된다. 庚金과 戊土와 己土는 좋은 관계가 아니다. 정인이라 하더라도 모두 좋은 것이 아니다.

庚庚 양금상살(兩金相殺) : 金끼리 있으면 살벌한 느낌이 있다. 일생에 한번은 크게 다친다고 한다. 비견이니 동료들이 도움이 안 된다. 동업은 안 된다.

庚辛 철추쇄옥(鐵鎚碎玉) : 金끼리 함께 있으면 한기(寒氣)가 돈다. 살벌하다. 무서운 성격 드러나면 큰 사고를 일으킬 수 있다.

庚壬 득수이청(得水而淸) : 庚壬이나 辛壬은 金을 물로 깨끗이 씻는 모습이다. 식신이 제 역할을 하여 지식의 흡수가 뛰어나다.

庚癸 보도사로(寶刀已老) : 庚癸나 辛癸는 철이 녹스는 모양으로 좋은 관계가 아니다. 식신이지만 참견이 심해 해(害)가 된다.

辛金

辛甲 월하송영(月下松影) : 면도칼로 큰 나무를 자를 수는 없다. 재성을 얻기가 쉽지 않으니 재적 성취가 힘들다. 庚甲은 좋은 관계로 본다.

辛乙 이전최화(利剪催花) : 면도칼로 초목을 자른다. 초목이 쉽게 잘려 나간다. 재물이 신속하게 흩어진다. 재성이 있다고 좋아하면 안 된다. 아주 작은 규모로는 가능하다.

辛丙 간합패사(干合佩師) : 보석이 태양을 보니 빛난다. 위엄이 있다. 정관을 잘 쓴다.

辛丁 화소주옥(火燒珠玉) : 보석을 열로 녹이니 어리석다. 丙火는 빛이고 丁火는 열이다. 보석을 몰라 보니 세상 물정을 너무 모른다. 편관이 나쁘게 작용하는 경우이다.

辛戊 반음피상(反吟被傷) : 보석이 산속에 묻혔다. 土가 辛金의 빛을 잃게 한다. 타인의 도움이 해가 된다. 보통 辛金이나 庚金은 土를 싫어한다. 묻히기 때문이다.

辛己 입옥자형(入獄自刑) : 보석에 흙이 묻었다. 칼날에 녹이 슬었다. 타인의 도움이 해(害)가 된다. 인덕이 없다.

辛庚 백호출력(白虎出力) : 辛金이든 庚金이든 金끼리 만나면 무섭다. 양인의 폭력성도 잠재한다. 스스로 조절해야 한다.

辛辛 복음상극(伏吟相剋) : 날카로운 칼이 두 개이니 살벌하다. 辛金은 잊지 않고 기억한다. 복수심이 강하다. 잔인하다. 金끼리의 만남은 융합이 잘 안 된다.

辛壬 도세주옥(陶洗珠玉) : 보석 辛金은 壬水를 만나면 깨끗하게 씻기어진다. 상관의 능력을 잘 발휘한다.

辛癸 천뢰화개(天牢華蓋) : 辛金은 壬水는 좋아하지만 癸水를 만나면 녹슨다. 식신의 재능을 발휘하지 못한다. 식신도 천간의 글자에 따라 열 가지가 있다. 모두 다르게 나타난다.

壬水

壬甲 수중유영(水中柳影) : 호수에 있는 버드나무, 해수욕장에 있는 소나무 숲이다. 식신이 좋은 역할을 하니 자신의 재능을 충분히 발휘한다.

壬乙 출수홍련(出水紅蓮) : 호수의 연꽃이니 서로 조화를 이루면 좋을 것이다. 壬甲, 壬乙의 관계는 좋다. 상관의 능력을 마음껏 발휘한다.

壬丙 강휘상영(江暉相暎) : 동해에 뜨는 태양으로 스케일이 크다. 재운이 있어 큰 부자가 된다. 물론 두 글자로만 단식판단을 하면 안 된다.

壬丁 간합성기(干合星奇) : 촛불 켜진 밤이고 달이 뜬 밤하늘이다. 정재로 재물이 차곡차곡 모인다. 丁壬이 합하면 생명체가 생겨난다.

壬戊 산명수수(山明水秀) : 사막의 큰 오아시스이다. 동해바다와 태백산이다.

산수가 아름답고 스케일이 크다. 관이 좋으니 직장에서 성공한다. 리더십도 있다.

壬己 기토탁임(己土濁壬) : 壬水는 고인물이다. 호수에 흙이 들어가서 흙탕물이 되었다. 관운이 좋지 않다.

壬庚 경발수원(庚發水源) : 바위 옆에 있는 호수이다. 庚金은 壬水의 발원지가 된다. 창조력이나 기획력이 뛰어나다. 다른 사람의 도움을 쉽게 받는다.

壬辛 도세주옥(陶洗珠玉) : 물로 보석을 씻는다. 辛金은 壬水와 丙火와 좋은 관계를 이룬다. 물론 균형을 이루어야 한다. 학업이 우수하고 총명하다.

壬壬 왕양대해(汪洋大海) : 천지가 물이다. 큰 바다를 이루었다. 홍수가 났다. 실패를 자주한다. 음양의 균형이 깨졌다.

壬癸 천진지양(天津地洋) : 바다와 강이다. 고인물과 흐르는 물이다. 호수에 비가 온다. 겁재가 부정적으로 작용한다.

癸水

癸甲 양류감로(楊柳甘露) : 버드나무에 비가 내린다. 소나무에 비가 온다. 겨울에서 봄으로 가니 신이 난다. 상관으로 표현능력이 뛰어나고 지능이 높다.

癸乙 이화춘우(梨花春雨) : 초원에 비가 온다. 식신을 잘 활용한다. 乙木과 癸水의 강약을 비교하면서 통변하면 된다.

癸丙 화개패사(華蓋佩師) : 구름이 태양을 가렸으니 좋은 관계가 아니다. 재물의 손실이 많다.

癸丁 등사요교(騰蛇妖嬌) : 장작불이나 촛불이 비를 맞는다. 편재가 나쁜 작용을 하니 재운이 좋지 못하다.

癸戊 천을회합(天乙會合) : 사막에 비가 온다. 癸水가 적으면 증발할 것이다.

정관과 관계가 좋으니 직장에서 두각을 나타낸다.

癸己 습윤옥토(濕潤玉土) : 논밭에 비가 온다. 癸水가 己土에 좋은 일을 한다. 직장생활에 적합하다.

癸庚 반음침백(反吟浸白) : 철에 물이 묻어 녹슨다. 윗사람의 덕이 없다. 인성은 윗사람이다.

癸辛 양쇠음성(陽衰陰盛) : 보석이나 칼날에 물이 묻었다. 庚金 辛金은 癸水와 만나면 녹슨다. 윗사람 덕이 없으니 자력으로 일어서야 한다.

癸壬 충천분지(沖天奔地) : 비가 호수에 내린다. 음양의 균형이 깨졌다. 癸水와 壬水가 만나면 홍수가 난다. 겁재에 해당하니 건강이나 재산상의 손실에 주의한다.

癸癸 복음천라(伏吟天羅) : 비가 많이 온다. 개울물이 철철 흐른다. 일을 할 수가 없으니 진척이 없다. 동료가 도움이 안 된다.

08 지지 地支

陽支動且强 速達顯災祥 陰支靜且專 否泰每經年
양지동차강　　속달현재상　　음지정차전　　비태매경년

양(陽)의 지지는 동적(動的)이며 강하여 재상(災祥)이 신속히 나타나지만, 음(陰)의 지지는 정적(靜的)이고 전(專)하여 길흉이 매번 년을 경과하여 나타난다.

*재상(災祥) 길흉, 좋고 나쁨
*전(專) 오로지, 전일하다. 오롯하다

原註

子寅辰午申戌, 陽也, 其性動, 其勢强, 其發至速, 其災祥至顯；
丑卯巳未酉亥, 陰也, 其性靜, 其氣專, 發之不速, 而否泰之驗, 每至經年而後見.

子·寅·辰·午·申·戌은 양(陽)으로 그 성정은 동적(動的)이고 그 세(勢)가 강하여 그 발달이 지극히 신속하므로 재상(災祥)이 신속하게 나타난다. 丑·卯·巳·未·酉·亥는 음(陰)으로 그 성정은 정적(靜的)이고 그 기(氣)는 *전일(專一)하여 발달이 빠르지 않아 길흉의 결과가 늘 년(年)을 경과한 뒤에 나타난다.

*전일(專一) 섞이지 않고 순수한

地支有以子至巳爲陽，午至亥爲陰者，此從冬至陽生·夏至陰生論
也；有以寅至未爲陽，申至丑爲陰者，此分木火爲陽，金水爲陰也.
命家以子寅辰午申戌爲陽，丑卯巳未酉亥爲陰. 若子從癸午從丁，是
體陽而用陰也；巳從丙，亥從壬，是體陰而用陽也.

지지는 子에서 巳까지를 양(陽)으로 삼고, 午에서 亥까지를 음(陰)으로
삼는 경우가 있다. 이는 동지(冬至)에서 일양(一陽)이 생기고, 하지(夏
至)에서 일음(一陰)이 생기기 때문이다. 또 寅에서 未까지를 양(陽)으로
삼고 申에서 丑까지를 음(陰)으로 삼는 경우가 있으니, 이것은 木火를
양(陽)으로 삼고 金水를 음(陰)으로 삼기 때문이다. 또 일부는 子·寅·
辰·午·申·戌을 양(陽)으로 삼고 丑·卯·巳·未·酉·亥를 음(陰)으로
삼기도 한다. 이는 子는 癸를 따르고, 午는 丁을 따르니 결국 체(體)는
양(陽)이고 용(用)은 음(陰)이기 때문이며, 巳는 丙을 따르고 亥는 壬을
따르는데, 이는 체(體)가 음(陰)이고 용(用)은 양(陽)이기 때문이다.

分別取用，亦惟剛柔健順之理，與天干無異，但生剋制化，其理多
端，蓋一支所藏或二干，或三干故耳. 然以本氣爲主，寅必先甲而後
及丙，申必先庚而後及壬，餘支皆然. 陽支性動而強，吉凶之驗恒
速；陰支性靜而弱，禍福之應較遲. 在局在運，均以此意消息之.

지지의 강유(剛柔)와 건순(健順)의 이치는 천간과 다르지 않다. 다만
지지의 생극제화(生剋制化)의 이치가 복잡한 것은 각 지지에 소장된

지장간이 두세 개씩 있어서 전일(專一)하지 않기 때문이다. 각 지지의 지장간은 본기(本氣)를 위주로 살펴야 한다. 예를 들면 寅은 甲木을 용한 후에 丙火를 용하고, 申은 庚金을 용한 후에 壬水를 용한다. 나머지 지지도 다 마찬가지이다. 양(陽)의 지지는 동적(動的)이고 강하므로 길흉의 결과가 빠르고, 음(陰)의 지지는 정적(靜的)이고 약하므로 화복(禍福)의 응험(應驗)이 비교적 더디다. 지지를 볼 때는 원국이나 운에서나 이러한 점을 염두에 두고 길흉을 파악해야 한다.

나이스 주

⊙양(陽)은 동적(動的)이어서 그 결과를 바로 알 수 있지만, 음(陰)은 정적(靜的)이어서 일정한 시간이 경과한 후에 그 결과를 알 수 있다.

⊙양(陽)이 시작하고 음(陰)이 마무리를 한다. 양(陽)은 펼쳐지고 음(陰)은 수축한다. 양(陽)은 木火이니 양(陽)의 지지는 寅·卯·辰·巳·午·未이고, 음(陰)은 金水이니 申·酉·戌·亥·子·丑이다. 그러나 각 계절별로 살펴보면 봄은 寅卯이고, 여름은 巳午이다. 가을은 申酉이고, 겨울은 亥子이다. 각 계절이 바뀌는 환절기에는 辰未戌丑이 있다. 계절을 음양으로 나누어 보면 춘하(春夏)는 양(陽)이고, 추동(秋冬)은 음(陰)이며, 양(陽)의 시기를 마무리하는 未土와 음(陰)의 시기를 마무리하는 丑土가 음(陰)이 된다. 그리고 소양(少陽)을 태양(太陽)으로 바꾸는 辰土와 소음(少陰)을 태음(太陰)으로 바꾸는 戌土는 양(陽)이 된다.

⊙지지에는 또 하나의 음양을 구분하는 기준이 있는데 子와 午를 기준으로 한다. 子에서 일양(一陽)이 시작되니 子에서 巳까지를 양(陽)으로 보고, 午에서 일음(一陰)이 시작되니 午에서 亥까지를 음(陰)으로 보는 것이다. 한 해의 시작을 입춘으로 보는 사람들이 있고, 동지로 보는 사람들이 있는데 이러한 이유 때문이다.

生方怕動庫宜開 敗地逢沖仔細裁
생방파동고의개   패지봉충자세재

생방(生方) 寅巳申亥는 동(動)하는 것이 두렵고, 고지(庫地) 辰戌丑未는 개고되는 것이 마땅하다. 패지(敗地) 子午卯酉가 충을 만났을 때에는 자세히 살펴야 한다.

原註

寅申巳亥生方也, 忌沖動; 辰戌丑未四庫也, 宜沖開. 子午卯酉四敗也, 有逢合而喜沖者, 不若生地之必不可沖也; 有逢沖而喜合者, 不若庫地之必不可閉也. 須仔細詳之.

생방(生方) 寅巳申亥는 충으로 동하는 것을 꺼리지만, 사고(四庫) 辰戌丑未는 *충개(沖開)해야 한다. 사패(四敗) 子午卯酉는 합이 되면 충을 기뻐하는 경우가 있는데 이는 생지(生地)가 충을 꺼리는 것과는 다르다. 또 子午卯酉는 충이 되었을 때 합을 기뻐하는 경우가 있는데 이는 고지(庫地)가 개고되어야 하는 것과는 다르니 상세히 살펴야 한다.

*충개(沖開) 충하여 지장간을 연다

舊說云, 金水能沖木火, 木火不能沖金水, 此論天干則可, 論地支則不可. 蓋地支之氣多不專, 有他氣藏在內也. 須看他氣乘權得勢, 卽木火亦豈不能沖金水乎? 生方怕動者, 兩敗俱傷也. 假如寅申逢沖, 申中庚金, 尅寅中甲木, 寅中丙火, 未嘗不尅申中庚金; 申中壬水, 尅寅中丙火, 寅中戊土, 未嘗不尅申中壬水. 戰尅不靜故也.

옛말에 金水는 木火를 충할 수 있으나 木火는 金水를 충할 수 없다고 하였다. 이 말은 천간에게는 맞지만 지지를 논할 때는 맞지 않다. 지지의 기(氣)는 전일(專一)하지 않고 다른 기운도 함께 있으니 다른 글자도 함께 보아야 한다. 장간에는 본기(本氣) 외의 타기(他氣)도 소장되어 있으므로 만일 타기(他氣)가 *승권(乘權)하고 득세했다면 木火가 어찌 金水를 충할 수 없겠는가? 생방(生方)이 *충동(沖動)을 두려워하는 이유는 충하는 두 글자 모두 패(敗)하고 상(傷)하기 때문이다. 가령 寅과 申이 충을 할 때는 申 중 庚金이 寅 중 甲木을 극하고, 寅 중 丙火가 申 중 庚金을 극하게 된다. 또 申 중 壬水가 寅 중 丙火를 극할 때, 寅 중 戊土가 申 중 壬水를 극하게 된다. 이렇게 싸우고 극제하면 안정감이 없게 된다.

*승권(乘權) 월령을 차지하다, 사령(司令)을 얻다. 권세를 잡다
*충동(沖動) 충으로 동(動)하는 것

庫宜開者, 然亦有宜不宜, 詳在雜氣章中. 敗地逢沖仔細推者, 子午卯酉之專氣也, 用金水則可沖, 用木火則不可沖. 然亦須活看, 不可執一. 倘用春夏之金水, 則金水之氣休囚, 木火之勢旺相, 金水豈不反傷乎? 宜參究之.

'사고(四庫)는 개고되어야 한다.'는 것은 맞을 때도 있고 그렇지 않을 때도 있는데 이는 〈잡기장(雜氣章)〉에 자세히 설명되어 있다. 또 패지(敗地)가 충이 되면 자세히 헤아려야 한다고 했는데 사패지인 子午卯酉는 전일(專一)한 기(氣)이기 때문이다. 이 경우 金水를 쓸 때에는 충해도 되지만 木火를 쓸 때에는 충하면 안 된다고 되어 있다. 그러나 이 말도 예외가 발생할 수 있으니 반드시 융통성 있게 보아야지 한 가지만 고집하면 안 된다. 만일 춘하(春夏)에 金水를 쓴다면 金水의 기(氣)는 휴수되고 木火의 세(勢)는 왕상하게 되는데 어찌 金水가 손상되지 않을 것인가? 이러한 점을 잘 참고하여 연구해야 한다.

時	日	月	年
癸	癸	壬	甲
亥	巳	申	寅

●寅巳申亥가 모두 있어 순탄하지 않은 삶을 예고한다.

●형충의 고난을 이겨내면 강력한 경쟁력이 생긴다.

●모든 프로들의 삶은 형충을 견뎌낸 사람들이다.

●申월에 壬癸水가 투하여 록겁격이다.

●申월의 癸水는 丁火와 甲木이 있으면 격이 좋아진다.

- 甲木은 년간에 있고 丁火 대신 戊土가 장간에 있다.

- 비겁이 강하면 재관이 약해지니 처자와 인연이 약하다.

- 세 처(妻)를 극하고 자식도 없었다.

- 戊寅, 己卯대운에는 천간의 癸水와 甲木이 합거되고 지지가 식상운 이다.

- 강한 비겁의 기운이 식상으로 흘러가서 먹고 사는 것이 풍족했다.

- 庚辰대운 癸酉년에 사망하였다.

時	日	月	年
壬	甲	癸	癸
申	寅	亥	巳

- 亥월에 태어난 甲寅일주로 壬癸水가 투하였다.

- 지지에 寅巳申亥가 있다.

- 인성이 강하면 미약한 식재는 손상을 받는다.

- 초반 辛酉, 庚申대운에 노력해도 성과가 없었다.

- 亥월의 甲木은 庚金과 火가 있으면 좋다.

- 庚金과 火가 모두 장간에 있다.

- 40 이후 己未, 戊午대운에 수만금의 재물을 모았다.

- 첩을 얻어 자식도 네 아들을 얻었다.

- 인성으로 강해진 일간이 식재운을 잘 활용하였다.

時	日	月	年
戊	戊	丁	辛
午	子	酉	卯

● 지지에 子午卯酉가 모두 있다.

● 酉월에 戊土일간으로 辛金이 투하였다.

● 상관격이다.

● 상관이 강하면 미약한 관인은 손상을 받는다.

● 문장이 훌륭하고 품격이 있고 서법에 능통했다.

● 학업에서 목적하는 바를 이루지 못했다.

● 월간의 인성이 상관 辛金과 떨어져 있었으면 좋았을 것이다.

● 중년 金水운에는 식재로 흐르니 학문의 뜻을 펼치지 못했다.

● 酉월의 戊土는 丙火와 癸水가 격을 높인다.

● 손상되지 않고 통근하여 투하면 제일 좋지만 장간에라도 있으면 좋다.

時	日	月	年
壬	戊	辛	辛
戌	辰	丑	未

● 지지에 辰戌丑未가 있다.

● 지지에 춘하추동이 있다는 것은 활동 무대가 넓다는 것이다.

● 丑월에 辛金과 壬水가 투하였다.

● 상관과 재가 강하다.

- 丑월에 戊土는 丁火와 甲木을 용한다.

- 장간에 丁火가 있고 甲木 대신 乙木이 있다.

- 酉운에 辛金이 뿌리를 얻어 향시(鄕試)에 급제하였다.

- 상관의 좋은 머리를 활용하였다.

- 그 후 남방운에 과거를 보았으나 실패하였다.

- 원국이 식재로 흐르니 운에서 오는 인성운도 한계가 있었다.

- 辰戌丑未가 있다.

- 戌월에 戊己土가 투하여 인수가 강하다.

- 인수가 강하니 식재가 약해진다.

- 戌월의 辛金은 壬水와 甲木이 손상되지 않고 있을 때 좋다.

- 처를 극하고 자식도 없었다.

- 사고(四庫)가 충해야 쓸모가 있다는 말은 맞지 않다.

- 사고(四庫)가 충이 되면 입묘로 인한 많은 변화가 일어난다.

나이스 주

⊙ 고전명리와 현대명리는 차이가 있다. 어느 학문이나 처음에는 체(體)의 영역에 중점을 두고 체(體)가 형성된 후에 용(用)의 영역으로 나아가기 때문

이다. 명리 고전인 『자평진전(子平眞詮)』, 『난강망(欄江網)』, 『적천수(滴天髓)』 등은 주로 명리의 체(體)를 다루고 있다.

◎ 『적천수(滴天髓)』에 생지(生地)는 동(動)하는 것을 두려워하고, 고지(庫地) 는 개고되어야 하며, 패지(敗地)의 충은 자세히 살펴야 한다고 설명하고 있 다. 그러나 일상생활에서 일어나는 여러 가지 변화는 지지의 형충파해(刑 沖破害) 등으로 일어나는데 이러한 용(用)을 다루는 내용은 부족한 편이다.

◎ 寅申巳亥 생지의 충은 어린이의 싸움과 같고, 子午卯酉 왕지의 충은 어른들 의 싸움과 같으며, 辰戌丑未 고지의 충은 노인들의 붕충(朋沖)과 같다. 생지 의 충은 빈번히 일어나도 큰 타격이 없는 것은 생지의 지장간이 모두 양간 이기 때문이다. 왕지의 충은 천간 글자와 상관없이 子午충이나 卯酉충에서 개고된 지장간끼리 합거(合去) 현상이 일어나 지지에 손상이 오니 두렵다고 표현하였다. 지지는 현실을 나타내기 때문에 지지가 동하면 살아가는 환경 에서 소란이나 소동이 일어나게 된다. 고지의 충에서 辰戌충이나 丑未충 (沖)은 지장간의 개고로 인한 합거(合去)는 없다. 辰 중 戌癸는 이미 합이 되 어 있어 개고되어도 辰 중 癸水와 戌 중 戊土가 합하지 않는다.

◎ 명리 고전책에 나오는 내용뿐만 아니라 임철초의 반론도 오행 중심으로 되 어 있는 경우가 많다. 위 내용 중에도 이와 같은 말이 있는데 "옛말에 金水 는 木火를 충할 수 있으나 木火는 金水를 충할 수 없다고 하였다. 이 말은

천간에 적용하면 맞지만 지지를 논할 때는 맞지 않다."의 경우이다. 반복하지만, 팔자는 천간과 지지로 되어 있으니 오행으로 통변하지 말고 천간과 지지 중심으로 통변해야 한다.

支神只以沖爲重 刑與穿兮動不動
지신지이충위중　　　형여천혜동부동

지지는 단지 충이 중(重)하다. 형(刑)과 천(穿)은 동(動)할 때도 있고 동(動)하지 않을 때도 있다.

原註

沖者必是相剋, 及四庫兄弟之沖, 所以必動；至於刑穿之間, 又有相生相合者存, 所以有動不動之異.

충(沖)은 서로 극하는 것이다. 사고(四庫)의 충은 형제의 충으로 반드시 동(動)해야 하지만, 형(刑)과 천(穿)은 상생할 때도 있고 상합(相合)할 때도 있으니 동(動)하기도 하고 동(動)하지 않기도 한다.

任氏曰

地支逢沖, 猶天干之相剋也, 須視其强弱喜忌而論之. 至於四庫之沖, 亦有宜不宜, 如三月之辰, 乙木司令, 逢戌沖, 則戌中辛金, 亦能傷乙木；六月之未, 丁火司令, 逢丑沖, 則丑中癸水, 亦能傷丁火. 按三月之乙·六月之丁, 雖屬退氣, 若得司令, 竟可爲用, 沖則受傷, 不足用矣. 所謂暮庫逢沖則發者, 後人之謬也.

지지의 충은 천간의 상극과 같은데 강약과 희기를 보고 논해야 한다. 사고(四庫)의 충은 마땅한 경우와 그렇지 않은 경우가 있다. 예를 들면 辰월은 乙木이 사령을 맡는데 辰戌충이 되면 戌 중 辛金이 乙木을 손상한다. 未월은 丁火가 사령을 맡는데 丑未충이 되면 丑 중 癸水가 丁火를 손상한다. 辰월의 乙木과 未월의 丁火는 비록 퇴기(退氣)이지만 사령을 맡으면 용신이 될 수 있다. 그러나 충이 되면 용신으로 쓰기에는 적절하지 못하다. 소위 묘고(墓庫)는 충을 만나야 발(發)한다는 것은 후세 사람들의 잘못된 설명이다.

墓者, 墳墓之意 ; 庫者, 木火金水收藏埋根之地, 譬如得氣之墳, 未有開動而發福者也. 如木火金水之天干, 地支無寅·卯·巳·午·申·酉·亥·子之祿旺, 全賴辰戌丑未之身庫通根, 逢沖則微根拔盡, 未有沖動而强旺者也. 如不用司令, 以土爲喜神, 沖之有益無損, 蓋土動則發生矣.

묘(墓)는 무덤이라는 뜻이고, 고(庫)는 木火金水가 수장(收藏)되어 뿌리를 묻는 곳이다. 천간의 木火金水가 寅卯·巳午·申酉·亥子 등 록왕의 글자에 통근하지 않고 辰戌丑未에 통근하고 있을 때 만일 충을 만나면 미약한 뿌리가 다 뽑히는 것이지 묘(墓)가 동(動)하여 발복하지는 않는다. 또 충으로 동(動)하여 강왕(强旺)해지는 경우도 없다. 그러나 사령한 글자를 용신으로 쓰지 않고 土를 희용신으로 써야 할 경우에는 土의 글자를 충하면 이로움만 있고 해로움은 없다. 왜냐하면

土는 충하면 동(動)하여 활발히 움직이기 때문이다.

刑之義無所取, 如亥刑亥 · 辰刑辰 · 酉刑酉 · 午刑午, 謂之自刑, 本
支見本支, 自謂同氣, 何以相刑? 子刑卯, 卯刑子, 是謂相生, 何
以相刑? 戌刑未, 未刑丑, 皆爲土氣, 更不當刑. 寅刑巳, 亦是相
生, 寅申相刑, 卽沖何必再刑? 又曰子卯一刑也, 寅巳申二刑也, 丑
戌未三刑也, 故稱三刑, 又有自刑, 此皆俗謬, 姑置之.

형(刑)은 취하지 않는다. 亥가 亥를 형(刑)하고, 辰이 辰을 형(刑)하고,
酉가 酉를 형(刑)하고, 午가 午를 형(刑)하면 자형(自刑)이라고 한다.
그러나 동기(同氣)가 왜 서로 해치겠는가? 子가 卯를 형(刑)하고, 卯
가 子를 형(刑)하면 상생 관계인데 왜 해치겠으며, 戌이 未를 형(刑)하
고, 未가 丑을 형(刑)하는 것은 같은 土인데 형(刑)한다는 것은 더욱
말이 안 된다. 寅과 巳는 상생 관계이고, 寅申은 이미 서로 충인데 왜
형(刑)이 되겠는가? 子卯를 일형(一刑), 寅巳申을 이형(二刑), 丑戌未
를 삼형(三刑)이라고 하고, 또 자형(自刑)이라는 것도 있지만 모두 속
서에서 잘못 표기한 것이니 더 이상 말을 할 필요가 없다.

穿, 卽害也, 六害由六合而來, 沖我合神, 故爲之害, 如子合丑而
未沖, 丑合子而午沖之類. 子未之害, 無非相剋, 丑午寅亥之害, 乃
是相生, 何以爲害? 且刑旣不足爲憑, 而害之義, 尤爲穿鑿. 總以論
其生剋爲是, 至於破之義, 非害卽刑也, 尤屬不經, 削之可也.

천(穿)은 해(害)이고, 육해(六害)는 육합(六合)에서 온 것이다. 합하려는 글자를 충으로 방해하니 그것을 해(害)라고 한다. 예를 들면 子丑합을 할 때 未가 丑未충을 하거나 午가 子午충을 하는 것과 같다. 子未해는 상극이 되고, 丑午해와 寅巳해는 상생 관계인데 왜 해(害)가 되겠는가? 결론적으로 형(刑)도 말이 안 되지만 해(害)는 더욱 억지를 부리는 것이고, 파(破)는 모두 해(害)가 아니면 형(刑)에 속하는 것들이므로 더욱 불합리하다. 모두 삭제해야 한다.

時	日	月	年
癸	壬	辛	丙
卯	子	卯	子

● 丙辛합과 子卯형이 있다.

● 卯월에 壬水일간으로 상관격이다.

● 격이란 팔자에서 가장 강한 세력을 말한다.

● 그러나 월지에서 투하지 않으면 강한 세력이 아니다.

● 합국(合局)등으로 강한 세력이 있으면 그것을 격으로 잡는다.

● 甲午운에 과거에 합격하여 그 후 벼슬길이 순탄하였다.

● 식상운이 활발해지는 때였다.

● 겨울이 지나고 봄이 온 것이다.

時	日	月	年
丁	庚	乙	辛
亥	辰	未	未

- 未월에 丁火가 투하여 정관격이다.
- 未월에 乙木도 투하여 정재격도 겸하여 정관용재(正官用財)로 성격
  되었다.
- 일생 동안 흉한 일이나 험한 일이 없었다.
- 未월에 庚金은 丁火와 甲木이 손상되지 않고 있으면 격이 높아진다.
- 亥 중 甲木은 장생이다.
- 壬辰대운에 식신이 투했을 때 향시(鄕試)에 합격하였다.
- 식신은 하고자 하는 일이다.
- 金水를 식상으로 쓰면 두뇌활동이 활발하다.
- 그 후 사마(司馬)의 직책까지 올라갔다.

時	日	月	年
丁	庚	乙	辛
丑	辰	未	丑

- 위 사주와 비슷하다.
- 丑未충과 丑辰파가 있다.
- 丑未충이 午未합으로 해소되는 甲午운에 조상의 음덕(蔭德)이 있었다.
- 癸巳운에 형상(刑喪)과 파모(破耗)를 겪었다.

- 壬辰운에 처자가 모두 죽고 가업이 탕진되었다.
- 그 후 절로 들어가서 승도가 되었다.
- 같은 壬辰운이라도 원국의 丑未충이 불길하게 작용한 것이다.

⊙사주팔자는 원칙적으로 천간은 천간끼리 지지는 지지끼리 반응한다. 때로는 천간과 지지가 서로 영향을 미치기도 한다. 천간끼리 작용하는 것에는 천간합이나 극이 있고, 지지끼리 작용하는 것에는 형충회합과 파해(破害) 그리고 여러 가지 신살이 있다. 천간과 지지끼리 작용하는 것으로는 공망이나 12운성, 그리고 몇 가지 신살이 있다. 여기서는 『적천수』 원문에 나오는 형충파해(刑沖破害)에 대한 내용을 알아본다.

⊙대개 명리 고전들은 충을 제외한 형·파·해 등은 취하지 않는 경향이 있다. 위에 나오는 임철초(任鐵樵)의 설명도 마찬가지이다. 앞에서 설명하였듯이 명리 고전들은 주로 체(體)의 영역을 다루므로 용(用)의 영역인 형충파해(刑沖破害)나 신살 등을 무시하는 경향이 있고 그 이론적 근거를 오행의 상생상극에 두는 경우가 많다.

충(沖)

충에는 子午충, 卯酉충, 寅申충, 巳亥충, 辰戌충, 丑未충이 있다. 충은 싸운다는 부정적인 의미도 되지만, 또 한편으로는 강한 경쟁력을 기를 수 있다는 긍정적인 의미도 있다. 충이 되면 지장간에 감춰진 속마음들이 드러나게 된다. 이것을 개고(開庫)라고 한다. 지장간이 개고되면 드러난 지장간과 천간 글자들이 반응하면서 여러 현상을 만들어 낸다.

형(刑)

형(刑)에는 寅巳申, 丑戌未 삼형, 子卯형, 그리고 辰辰, 午午, 酉酉, 亥亥의 자형(自刑)이 있다. 형(刑)은 잘못된 것을 고쳐보고자 하는 시도이다. 임철초(任鐵樵)의 말대로 무조건 부정할 일이 아니다. 천간 지지는 오행으로 설명할 수 없는 더 구체적인 내용들이 있다. 子卯형과 자형(自刑)은 형(刑)의 에너지가 강하지 않아 개고 현상이 일어나지 않지만 寅巳申과 丑戌未 삼형의 글자는 개고가 일어나 많은 삶의 변화를 일으킨다.

파(破)

파(破)에는 子酉파, 丑辰파, 寅亥파, 午卯파, 巳申파, 戌未파가 있다. 파(破)는 말 그대로 깨졌다는 뜻이다. 사용할 수는 있지만 흠이 있는 전자제품이나 중고자동차 등에 비유할 수 있다. 팔자에 형충파해(刑沖破害)가 있으면 삶의 변화는 많을지라도 그런 환경에 노출되고 익숙하니 문제가 있어도 드러내지 않고 참고 사는 경우가 많다.

해(害)

해(害)에는 子未해, 丑午해, 寅巳해, 卯辰해, 申亥해, 酉戌해가 있다.

해(害)는 해롭다는 뜻이다. 해(害)는 합을 충으로 방해하는 글자이다.

예를 들면 子丑합일 때 子나 丑을 충하는 글자가 해(害)가 되니 子未

해, 丑午해가 된다. 그래서 해(害)는 합을 방해하는 글자로 정리하면

된다. 해(害)는 천(穿)이라고도 한다.

暗沖暗會尤爲喜 彼沖我兮皆沖起
암충암회우위희　　　피충아혜개충기

암충(暗沖)과 암회(暗會)는 더욱 좋다. 상대방이 나를 충하면 모두 충기

(沖起)한다.

*__암충__(暗沖) 운의 글자가 원국의 글자를 충하는 것
*__암회__(暗會) 사주원국의 글자와 운의 글자가 합하는 것

原註

如柱中無所缺之局, 取多者暗沖暗會, 沖起暗神, 而來會合暗神, 比
明沖明會尤佳, 子來沖午, 寅與戌會午是也. 是日爲我, 提綱爲彼;
提綱爲我, 年時爲彼; 四柱爲我, 運途爲彼; 運途爲我, 歲月爲彼.
如我寅彼申, 申能剋寅, 是彼沖我; 我子彼午, 子能剋午, 是我沖
彼, 皆爲沖起.

사주에 형충의 결함이 없을지라도 암충(暗沖)과 암회(暗會)는 많이

발생하게 된다. 암신(暗神)이 충기(沖起)하거나 회합(會合)하게 되면

명충(明沖)이나 명회(明會)보다 더욱 살감나는데 예를 들면 子가 와서 午를 충기(沖起)하거나 寅이나 戌이 와서 午와 회합(會合)하는 경우이다.

충(沖)을 할 때는 피아(彼我)를 구분해야 한다. 일간이 나라면 제강은 상대방이고, 제강이 나라면 년(年)과 시(時)가 상대방이다. 사주가 나라면 대운이 상대방이고, 대운이 나라면 세월(歲月)이 상대방이다. 내가 寅이고 상대가 申이라면 이것은 상대방이 나를 충하는 것이다. 내가 子이고 상대방이 午일 때는 내가 상대방을 충하는 것인데 이렇게 되면 모두 충기(沖起)하게 된다.

![任氏曰]

支中逢沖, 固非美事, 然八字缺陷者多, 停勻者少. 木火旺, 金水必乏矣; 金水旺, 木火必乏矣. 若旺而有餘者沖去之, 衰而不足者會助之爲美. 如四柱無沖會之神, 得歲運暗來沖會尤爲喜也. 蓋有病得良劑以生也. 然沖有彼我之分, 會有去來之理, 彼我者, 不必分年時爲彼, 日月爲我, 亦不必分四柱爲我, 歲運爲彼也.

지지에 충이 있다는 것은 좋은 일은 아니지만 팔자에는 결함이 있을 수밖에 없다. 가령 木火가 왕하면 金水가 부족하고, 金水가 왕하면 木火가 반드시 부족하게 된다. 왕하여 유여한 경우에는 그것을 충하여 제거하면 좋고, 쇠하여 부족한 경우에는 그것을 회합(會合)하여 돕는 것이 좋다. 만일 사주원국에 충이나 회합하는 글자가 없더라도 세운에서 충이나 회합이 되는 글자가 오면 병(病)이 있을 때 약(藥)을 얻은 것과 같으니 좋아진다. 충에는 충하는 '상대방과 나'의 구분이 있고, 회합에는 '가고 오는' 이치가 있다. 이때 '상대방과 나'라는 것은 원주(原註)에서 말하는 것처럼 년(年)과 시(時)가 상대방이고 일(日)과 월(月)이 나라는 말은 아니다. 또 사주가 나라면 세운이 상대방이라는 말도 아니다.

總之喜神是我, 忌神爲彼可也. 如喜神是午, 逢子沖, 是彼沖我, 喜與寅戌會爲吉 ; 喜神是子逢午沖, 是我沖彼, 忌寅與戌會爲凶. 如喜神是子, 有申得辰會而來之爲吉 ; 喜神是亥, 有未得卯會而去之則凶. 寧可我去沖彼, 不可彼來沖我. 我去沖彼, 謂之沖起 ; 彼來沖我, 謂之不起. 水火之沖會如此, *餘可類推.

결론적으로 말하면 희신이 나이고 기신은 상대방이다. 가령 희신이 午일 때 子가 와서 충하면 그것은 상대방이 나를 충한 것이다. 만일 희신인 午가 寅이나 戌과 회합하면 길(吉)하지만, 희신이 子일 때 午가 와서 충이 되면 그것은 내가 상대방을 충한 것이다. 기신인 午가 寅이나 戌과 회합하여 힘을 얻는다면 흉(凶)하지만, 희신인 子가 申이나 辰을 만나 수국(水局)으로 회합하면 희신의 힘이 강해지니 길(吉)하게 된다. 그러나 희신이 亥일 때 未나 卯를 만나 목국(木局)으로 회합이 되면 흉(凶)하다. 희신인 亥가 제 역할을 못하고 木으로 변했기 때문이다. 내가 가서 상대방을 충하는 것은 괜찮지만 상대방이 와서 나를 충하면 좋지 않다. 내가 가서 상대를 충하는 것을 충기(沖起)라고 하고, 상대가 와서 나를 충하면 불기(不起)라고 한다. 水火의 충(沖)과 회(會)를 예로 들었지만 나머지도 똑같이 추론할 수 있다.

*여가유추(余可類推) 나머지도 미루어 짐작할 수 있다

나이스 주

⊙암충(暗沖)과 암회(暗會)는 기쁘다고 하였다. 그렇다면 암충(暗沖)과 암회(暗會)란 무엇인가? 암충(暗沖), 암회(暗會)는 팔자 원국의 글자와 운의 글자로 작용하는 충과 합을 말한다. 팔자에 있는 충이나 합은 명충(明沖) 명합(明合)이라고 한다.

⊙팔자 원국은 정적(靜的)이다. 팔자는 운의 글자에 의해 동적(動的)으로 변하여 현실에서 일어나는 모든 일들이 일어나게 된다. 그래서 운의 글자에 의해 국(局)의 희신이 동(動)하거나 희신이 합국(合局)을 이루어 세력이 강해지면 좋은 것이고, 반대로 기신이 합국(合局)을 이루어 세력을 이루면 좋지 않다. 내가 가서 기신인 상대방을 충하는 것은 좋지만, 기신인 상대방이 와서 나를 충하면 좋지 않다. 임철초(任鐵樵)는 나의 글자가 상대를 충하는 것을 충기(沖起)라고 하고, 상대방이 나의 글자를 충하는 것은 불기(不起)라고 하였다.

時	日	月	年
庚	甲	乙	庚
午	寅	酉	戌

- 乙庚합과 寅酉원진 그리고 寅午 반합이 있다.

- 酉월에 庚金이 투하여 칠살격이다.

- 년간의 庚金은 乙庚합으로 무력화되었다.

- 酉월의 甲木은 丁火와 庚金이 있으면 좋다.

- 庚金은 투해 있고 丁火는 장간에 있다.

- 戊子운에 장원급제하였다.

- 子水 인수로 칠살의 힘을 빼면서 식상이 강해질 때였다.

時	日	月	年
丙	丁	癸	丁
午	卯	丑	巳

- 丑월에 丁火일간으로 火 비겁의 기운이 강하다.

- 강한 비겁의 글자를 극하는 칠살 癸水가 힘이 있다.

- 초운 壬子, 辛亥대운에는 조상의 음덕(蔭德)이 있었다.

- 庚戌운에 午戌 반합으로 火의 기운이 더욱 강해져서 형벌, 상해, 파산
  이 있었다.

- 강한 火의 기운이 식재로 설기되는 己酉대운에는 십여만금을 모았다.

時	日	月	年
辛	丙	辛	庚
卯	寅	巳	寅

- 巳월에 庚辛金이 투하여 재격이다.

- 일간의 뿌리도 튼튼하니 재를 잘 사용할 수 있다.

- 壬午, 癸未운에 일간이 강해지니 물려받은 사업이 풍부하였다.

- 그러나 이때 寅巳형이 동하여 형상(刑喪)도 당했다.

- 甲申대운에 초반 인성이 강할 때 처자를 형극했으나 후반 좋아졌다.

- 乙酉대운에 물려받은 재산을 몇 배로 불렸다.

- 丙戌대운 丙子년에 풍병을 얻어 일어나지 못했다.

旺者沖衰衰者拔 衰者沖旺旺神發
왕자충쇠쇠자발　　　　쇠자충왕왕신발

왕(旺)한 글자가 쇠한 글자를 충하면 쇠한 글자는 발(拔)하고, 쇠한 글자

가 왕신을 충하면 왕신이 발(發)한다.

原註

子旺午衰, 沖則午拔不能立 ; 子衰午旺, 沖則午發而爲福. 餘倣此.

子가 왕하고 午가 쇠할 때 충이 되면 午는 뿌리가 뽑힌다. 子가 쇠하

고 午가 왕할 때 충이 되면 午가 발(發)하여 복(福)이 된다. 나머지도

마찬가지이다.

十二支相沖, 各支中所藏互相沖剋, 在原局爲明沖, 在歲運爲暗沖.
得令者沖衰則拔, 失時者沖旺無傷. 沖之者有力, 則能去之, 去凶神
則利, 去吉神則不利 ; 沖之者無力, 則反激之, 激凶神則爲禍, 激
吉神雖不爲禍, 亦不能獲福也. 如日支是午, 或喜神是午, 支中有寅
卯巳未戌之類, 遇子沖謂衰神沖旺, 無傷 ; 日支午, 或喜神是午, 支
中有申酉亥子丑辰之類, 遇子沖, 謂旺者沖衰則拔. 餘支皆然.

지지의 충은 각 지지의 지장간이 서로 충극하는 것이다. 사주 원국에
있는 지지끼리 충하면 명충(明沖)이라고 하고, 세운에서 원국의 글자
를 충하면 암충(暗沖)이라고 한다. 득령을 한 지지가 쇠한 지지를 충
하면 쇠한 지지는 뿌리가 뽑히고, 득령을 하지 못한 지지가 왕한 지
지를 충하면 왕한 지지는 손상이 없다. 충을 가하는 지지가 힘이 있
으면 상대방을 제거할 수 있는데, 흉신이 제거되면 유리하지만 길신
이 제거되면 불리하다. 충을 가하는 지지가 힘이 없으면 도리어 왕한
상대방이 동(動)하게 되는데, 왕한 흉신이 동(動)하면 재앙이 되고 왕
한 길신이 동(動)하면 충을 맞아 복이 감소된다. 가령 일지가 午이고
희신일 경우에 다른 지지에 木火의 종류인 寅卯巳未戌 등이 있다고
했을 때 子가 午를 충하면 쇠자(衰者)가 왕신을 충하는 것이다. 이때
왕신은 충을 받아도 손상이 없다. 그러나 일지가 午이면서 희신일 경
우에 지지에 申酉亥子丑辰 등 金水의 종류가 있다고 했을 때 子가 와
서 午를 충하면 왕신이 쇠자(衰者)를 충하는 것이니 이때는 쇠한 午

의 뿌리가 뽑혀 나가게 된다. 나머지 다른 지지도 마찬가지이다.

然以子午卯酉寅申巳亥八支爲重, 辰戌丑未較輕. 如子午沖, 子中癸水沖午中丁火, 如午旺提綱, 四柱無金而有木, 則午能沖子 ; 卯酉沖, 酉中辛金, 沖卯中乙木, 如卯旺提綱, 四柱有火而無土, 則卯亦能沖酉 ; 寅申沖, 寅中甲木丙火, 被申中庚金壬水所剋, 然寅旺提綱, 四柱有火, 則寅亦能沖申矣 ; 巳亥沖, 巳中丙火戊土, 被亥中甲木壬水所剋, 然巳旺提綱, 四柱有木, 則巳亦能沖亥矣. 必先察其衰旺, 四柱有無解救, 或抑沖, 或助沖, 觀其大勢, 究其喜忌, 則吉凶自驗矣.

왕지(旺地)와 생지(生地)에 속하는 子午 卯酉와 寅申, 巳亥 등의 충은 비교적 중(重)하고, 고지(庫地)에 속하는 辰戌, 丑未의 충은 비교적 가볍다. 예를 들면 子午충은 子 중 癸水가 午 중 丁火를 충하는데 만일 午가 제강에 있어 왕할 때 사주에 金이 없고 木만 있으면 午가 子를 충할 수 있다. 卯酉충은 酉 중 辛金이 卯 중 乙木을 충하는 것이다. 만일 卯가 제강에 있어 왕할 때 사주에 火만 있고 土가 없으면 卯가 酉를 충할 수 있다. 또 寅申충은 寅 중 甲木과 丙火가 申 중 庚金과 壬水에게 충극을 당하는데, 寅이 제강에 있어 왕하고 사주에 火가 있으면 寅이 申을 충할 수 있다. 巳亥충은 巳 중 丙火와 戊土가 亥 중 甲木과 壬水에게 충극을 당하는데, 巳가 사령을 얻어 왕하고 사주에 木이 있으면 巳가 亥를 충할 수 있다. 이처럼 충이 있다고 모두 같은 것이 아니기 때문에 왕쇠(旺衰)와 해구(解救)의 유무(有無)를 살피고 또 충을 억제하는지 돕는지를 보면서 그 희기를 연구하여 길흉을 판단해야 한다.

至於四庫兄弟之沖, 其蓄藏之物, 看其四柱干支, 有無引出. 如四柱之干支, 無所引出, 及司令之神, 又不關切, 雖沖無害, 合而得用亦爲喜. 原局與歲運皆同此論.

사고(四庫)의 충은 형제의 충이라고 하는데, 지장간이 사주 간지에 인출(引出)되었는지 보아야 한다. 만일 사고(四庫)의 지장간이 간지에 인출되지 않거나, 사령지신과 관련도 없으면 충이 되어도 해(害)가 없고, 합이 되어 용(用)할 수 있다면 오히려 기쁘게 된다. 사주 원국과 세운의 관계도 모두 이런 논리를 취한다.

나이스 주

⊙이 구절은 쉽게 이해할 수 있다. 충이 있고 없고가 중요한 것이 아니다. 충의 모습이 어떻게 생겼는가가 중요하다. 희신이 충을 당하면 나쁘고, 기신이 충을 당하면 좋을 것이다.

⊙왕자충쇠쇠자발(旺者沖衰衰者拔)의 의미는 바위〔旺者〕로 계란〔衰者〕을 치면 계란〔衰者〕이 깨지는 것과 같다. 그리고 쇠자충왕왕신발(衰者沖旺旺神發)은 쥐〔衰者〕가 잠자는 호랑이〔旺神〕를 건들면 호랑이〔旺神〕가 발동

(發動)하는 의미와 같다.

⊙오행의 상생상극은 교과서적인 이론에 불과하다. 현실에서는 강한 것이 약한 것을 충하면 약한 것은 깨지고, 약한 것이 강한 것을 충하면 약한 것이 깨지고 강한 것은 동(動)하게 된다.

●子는 왕하고 午는 쇠하다.

●子午충이 동하면 午는 깨지고 子는 동한다.

●午는 왕하고 子는 쇠하다.

●子午충이 동하면 子는 깨지고 午는 동한다.

● 丙辛합과 辰酉합이 있다.

● 酉월에 辛金이 투하여 정재격이다.

● 월지에 뿌리를 둔 글자가 강하다.

● 甲子운에 가산을 탕진하고 몸을 망쳤다.

● 子辰 반합, 子酉파, 子午충 등이 일어나던 때였다.

● 子午충으로 개고되면 일간을 제외한 천간의 모든 글자가 합거된다.

● 천간의 모든 글자가 합거되면 죽은 목숨과 같다.

時	日	月	年
癸	丁	壬	庚
卯	卯	午	寅

● 丁壬합과 寅午 반합과 午卯파가 있다.

● 午월의 丁火로 일간이 힘이 있다.

● 寅午 반합이 있어 일간의 뿌리는 튼튼하다.

● 뿌리가 튼튼하면 외부의 충격에도 견딜 수 있다.

● 午월의 丁火는 壬水와 庚金이 있으면 격이 좋아진다.

● 사업에 성공하고 장수하였다.

● 甲申, 乙酉대운에 막대한 재산을 모았다.

● 인성도 강해지고 재성도 강해지는 때이다.

팔자의 글자들은 주변에 있는 글자들의 영향을 받는다. 가까울수록 그 영향력은 크다. 지지는 살아가야 할 환경이다.

子水

子子 깊은 겨울이고 깊은 밤이다. 어둡고 추우니 움직임도 없다. 밤이나 지하에서 생활하는 모습이다. 왕지 글자의 모임이니 영향력이 강하다.

子丑 子丑합이다. 지축의 가장 아랫부분이다. 춥지만 곧 봄이 올 것이다. 봄을 준비해야 한다. 子는 丑을 만나면 힘을 잃는다. 지지합이 되면 묶이니 답답하다. 덜 녹은 축축한 땅이다. 구멍 속 쥐의 물상이다.

子寅 격각이다. 水운동과 火운동을 하니 작은 공간에서 충과 비슷한 일이 일어난다. 일에 일관성이 없어진다. 겨울에서 여름으로 넘어갈 때의 환절기의 충격이다. 장간에 戊癸합이 있다.

子卯 겨울과 봄의 왕지가 만나 子卯형이 된다. 왕지의 글자들끼리 타협은 없다. 현침을 이용하는 주사, 침술, 바느질, 성교, 봉제 등의 물상으로 통변한다.

子辰 子辰 반합이다. 장간에 戊癸합이 있다. 水의 기운이 강해진다. 水의 왕지와 묘지의 만남으로 일시적으로 강해졌던 水의 기운은 점차 약해진다.

子巳 子水와 巳火는 반대 계절이다. 지장간에 戊癸암합이 있어 속으로 그리워한다. 여름에는 겨울이, 겨울에는 여름이 그립다.

子午 여름과 겨울의 왕지의 충이다. 큰 싸움이 된다. 서로 피해를 입을 가능성이 크다. 丁壬암합이 있어 여름에는 겨울이 그립고 겨울에는 여름이 그립다. 물상으로는 쥐와 말, 현침, 수술, 성교, 낙태, 교통사고 등을 그려볼 수

있다.

子未 겨울과 여름의 글자의 만남으로 장간에 丁壬합이 있다. 서로 그리워하는 마음은 있다. 그러나 겉으로는 여름과 겨울이니 子未해가 된다. 물상으로는 틀에 갇힌 쥐로 본다. 현침의 날카로움도 있다.

子申 申子辰 삼합에서 반합이다. 장간에 戊癸합이 있다. 水와 金 출신의 다른 글자들이 만나 水의 일을 한다. 乙木과 己土의 천을귀인이다.

子酉 겨울과 가을의 왕지의 글자들이 만났다. 서로 양보할 수 없는 싸움이며 모두 金水의 왕지로서 자궁 또는 술병의 물상이다. 子酉파가 된다.

子戌 쓸쓸하고 춥다. 격각이다. 水와 火의 일을 하기에 살아가는 방식이 다르다. 상문살, 조객살이 격각에 해당한다. 장간에 가을과 겨울을 잇는 戊癸합, 丁壬합이 있다.

子亥 어두운 밤이고 추운 겨울이다. 움직임이 없다. 水가 강하니 火는 무척 약해질 것이다. 장간에 戊癸합이 있다.

丑土

丑子 子丑합이다. 子는 시간이 감에 따라 결국 丑 속으로 흡수된다. 丑에서 겨울이 끝나는 것이다. 장간에 암합은 없다.

丑丑 丑은 겨울에서 봄으로 넘어가는 때이다. 아직은 추우나 내부적으로는 봄이 움튼다. 서두르면 안 된다. 환절기엔 조심해야 한다.

丑寅 겨울이 지나고 봄을 맞는다. 내부적으로 지장간에 戊癸합, 丙辛합, 甲己합으로 얽혀 있다. 봄이 올 때나 동이 틀 때는 많은 에너지가 소모된다. 잠에서 깨어 출근하는 것과 같다.

丑卯 지지가 한 칸 뛰면 격각이라 하여 하는 일이 달라진다. 각각 金운동과

木운동의 정반대 일을 하니 화합이 될 리가 없다. 지장간에 甲己합이 있다.

丑辰 丑辰파이다. 水와 金의 묘지의 만남이다. 장간에 戊癸합으로 암합되어 있다. 변화를 나타내는 土로 개축(改築)을 암시한다. 전환기의 글자들 모임으로 위장이나 맹장 등을 조심해야 한다.

丑巳 巳酉丑 삼합에서 가운데 왕지가 빠졌다. 출신은 달라도 金의 일을 한다. 장간에 戊癸합, 丙辛합이 있다. 운에서 酉가 오면 삼합이 되어 金운동이 활발해질 것이다.

丑午 丑午해, 丑午원진, 丑午귀문이다. 金과 火의 활동을 한다. 직접 싸우지는 않지만 서로 화합하지 못한다. 丙辛암합이 있다. 원진은 충과 비슷하게 해석한다. 수술 수가 있다.

丑未 지지의 반대 방향 글자들은 충이다. 丑未충이다. 음양이 교차하는 시기이기 때문에 辰戌충보다 강도가 세다. 丑未는 甲木, 戊土, 庚金의 천을귀인이다. 金木의 입묘, 水火의 입고로 물상을 논한다. 변화를 대비해야 한다.

丑申 庚金을 묘지에 담는 丑이다. 申金에는 庚金이 많이 들어 있다. 약간 우울하다. 내부적으로 戊癸합이 있다. 토생금이라 하여 오행적으로 해석하지 말아야 한다.

丑酉 酉丑 반합이다. 丑은 酉를 보면 생기를 얻지만 酉가 丑을 보면 점차 힘을 잃는다. 酉丑에는 장간의 합이 없다.

丑戌 丑戌형이다. 묘지끼리의 만남이다. 戊癸암합이 있다. 충이 동하여 개고되면 지장간들이 여러 변화를 보일 것이다. 백호나 괴강, 입묘 현상을 곁들여 통변한다.

丑亥 지지가 하나 건너뛰면 격각이다. 글자가 金운동과 木운동을 한다. 체는 겨울의 글자들이지만 하는 일은 정반대이다. 격각이 되면 하는 일이 꼬

이거나 작은 변화가 생긴다. 장간에 戊癸합, 甲己합이 있다.

寅木

寅子 격각이다. 子는 水의 왕지이고 寅은 火의 생지이니 서로 반대편 쪽의 일을 하려 하니 잘 될 리가 없다. 장간에 戊癸합이 있다.

寅丑 丑을 거쳐 봄의 운동이 활발해진다. 장간에 봄의 활력을 넣는 戊癸합, 丙辛합, 甲己합이 있다.

寅寅 초봄의 새싹들 움직임이 생동감 있다. 생지 글자의 모임으로 귀염성이 있다. 甲甲처럼 경쟁력이 강하다.

寅卯 봄 글자의 모임으로 생동감 있다. 움직임이 좋다. 그러나 어리다. 같은 木이지만 가는 길은 다르다. 寅은 火의 일을 하고 卯는 木의 일을 한다.

寅辰 방합에서 가운데 글자가 없다. 일이 시들하다. 격각이다. 격각은 상문살, 조객살에 해당하여 불길하다. 辰은 장간에 戊癸합이 있다.

寅巳 봄과 여름의 생지 글자들의 만남이다. 火와 金의 서로 다른 방향 운동을 한다. 寅巳형이다. 물상으로 불에 타는 나무, 자동차, 비행기, 전기, 전자 등이다.

寅午 寅午 반합이다. 火의 기운이 강해진다. 삼합은 직업 등 사회활동과 관계가 있다. 출신은 木火로 다르지만 함께 火의 일을 한다. 辛金의 천을귀인이다.

寅未 未는 甲木의 묘지이다. 寅에는 甲木이 많이 들어 있다. 寅의 활동은 점차 약화된다. 장간에 甲己합이 있다. 寅未귀문이다.

寅申 초봄과 초가을의 반대편 글자로 충이다. 생지끼리 싸움이다. 생지의 충은 발전의 원동력이다. 자극이다. 寅이 새싹이라면 申은 첫 낙엽이다. 물

상으로는 철과 나무가 결합된 모습으로 방앗간, 농기구, 출판, 무술, 장작과 도끼 등이다.

寅酉 寅酉원진으로 火운동과 金운동이 서로 곁눈질한다. 내부적으로 丙辛 합이 있어 미워하면서 함께 있다.

寅戌 寅午戌에서 午가 없다. 寅은 火운동을 시작하나 戌로 약해진다. 왕지 가 없어 시작만 하고 대충 끝나버린다. 丙辛암합이 있다.

寅亥 寅亥합, 寅亥파가 된다. 서로 묶여 있어 결국 파손이 일어난다. 지지 합이라도 내부적인 암합이 없어 속마음을 주고받는 것은 아니다. 물상으로 는 물 위에 뜬 나무, 물에 빠진 호랑이, 수족이나 신장을 의미한다.

卯木

卯子 왕지의 글자끼리 강한 힘이 나온다. 子卯형이다. 水운동과 木운동으 로 가는 방향이 다르다. 현침을 활용하여 물상으로는 침이나 주사, 바늘, 수 술 등으로 통변한다.

卯丑 격각이다. 金운동과 木운동으로 서로 반대편 운동을 하니 줄다리기를 하는 것처럼 일이 잘 안 된다. 장간에 甲己합이 있다.

卯寅 봄의 왕지와 생지가 만나 木 기운이 강하다. 성장과 발전이다. 생동감 있고 귀엽다. 푸르다. 서로 같은 木이지만 寅은 火의 일을 하고 卯는 木의 일을 한다. 하는 일은 다르다.

卯卯 木의 왕지 글자가 두 개이니 木운동이 활발하다. 봄의 절정으로 성장 과 확산이 두드러진다.

卯辰 卯辰해이다. 卯辰은 봄의 글자들이다. 卯의 활동은 시간이 지나면서 辰에 의해 위축된다. 봄이 끝나는 것이다. 물상으로는 늪지의 초목이다.

卯巳 글자가 한 칸 떨어지면 격각이 된다. 金과 木운동으로 서로 반대로 간다. 장간에 乙庚 암합이 있다. 巳卯는 壬水와 癸水의 천을귀인이다.

卯午 卯午는 봄, 여름의 왕지 글자로 파(破)가 된다. 木과 火의 운동으로 다른 곳으로 간다. 甲己암합이 있다. 물상으로 복부나 안질 또는 침처럼 날카로운 물건에 비유한다.

卯未 亥卯未에서 卯未 반합이다. 반합의 강한 기운은 점차 未에 의해서 약화되어 간다. 未는 木의 묘지이기 때문이다. 木과 土라는 출신이 다른 오행들이 만나 木의 일을 한다. 장간에 甲己합이 있다.

卯申 卯申원진이다. 木운동과 水운동으로 서로 달라서 생기는 현상이다. 장간에 乙庚합이 있으니 미운 정 고운 정이 있다.

卯酉 봄과 가을의 왕지끼리 싸움이 치열하다. 卯酉충이다. 子午충보다는 덜하지만 자존심을 건 싸움이 된다. 서로 피해를 본다. 칼과 새싹, 횟집, 의류, 약재, 바느질 등 물상을 생각한다.

卯戌 卯戌합이 된다. 지지합은 서로 묶인다. 있어도 사용을 못하는 것이다. 지지에 암합은 없다. 같은 위도의 기운이 섞여 있을 뿐이다. 물상으로는 토끼와 개를 활용한다. 늦가을의 초목은 힘이 없다.

卯亥 반합이다. 木의 생지와 왕지의 만남이다. 반합이 되어 木운동이 강해진다. 木과 水라는 출신이 다른 오행이 만나 木운동을 활발히 한다. 반합이지만 암합은 없다.

辰土

辰子 반합이다. 반합으로 水는 강해지지만 辰은 水를 가두니 水 기운은 점차 약화된다. 辰이 水의 기운을 가둔다. 戊癸합이 장간에 있다.

辰丑 丑辰파이다. 金과 水의 묘지 글자가 서로 부딪친다. 辰의 지장간에 戊癸합이 있어 丑과의 戊癸합은 없다.

辰寅 寅卯辰에서 가운데 글자가 빠져서 격각이다. 같은 봄인데 하는 일은 다르다. 辰은 水의 일을 마무리하고 寅은 火의 일을 시작한다. 일의 효율성이 떨어진다.

辰卯 卯辰해가 된다. 木운동, 水운동을 한다. 卯는 점차 힘을 잃어간다. 봄이 가는 것이다. 물상으로는 치질로 보기도 한다. 辰은 물과 섞여 있는 흙이다.

辰辰 묘지 글자들의 만남이다. 辰辰형이다. 용끼리 만나서 변화무쌍하다. 木의 입고와 水의 입묘로 많은 변화가 있을 것이다.

辰巳 辰에서 봄은 끝나고 여름이 시작된다. 巳의 기운이 강해진다. 장간에 봄과 여름을 잇는 乙庚합이 있고 戊癸합은 辰 속에 들어 있어 辰巳의 戊癸합은 없다.

辰午 辰은 水의 묘지이고 午는 火의 왕지이다. 水와 火운동을 하니 격각이다. 격각이면 일이 꼬인다.

辰未 辰未 묘지의 글자끼리 만났다. 묘지는 변화를 포함한다. 많은 변화를 예고한다.

辰申 申子辰에서 왕지 子가 없으니 힘이 없다. 시작만 했다가 바로 흐지부지 된다. 내부적으로 乙庚암합이 있다.

辰酉 辰酉합이다. 지지의 합은 글자들이 제 역할을 못한다. 풀리기 전에는 사용하지 못한다. 乙庚암합이 있다. 용과 닭을 생각하고, 땅 속의 금속으로 통변한다.

辰戌 辰戌충이다. 묘지끼리의 충으로 변화가 심하다. 그러나 지지 土는 동작은 크지 않기에 육체적 싸움보다는 말싸움 정도로 끝난다. 水火의 입묘지

이고, 木金의 입고지이므로 물상으로는 水火나 金木의 어려움에 직면한다.

辰亥 辰亥귀문이다. 늦봄과 초겨울의 기운이 만났다. 귀문은 정신적인 문제와 연관이 있다. 내부적으로 戊癸암합이 있다.

巳火

巳子 巳子는 지장간에 戊癸암합이 있다. 戊癸는 다른 천간합보다 당기는 힘이 강하다. 그래서 子巳특합이라는 말도 있다.

巳丑 巳酉丑 삼합에서 왕지가 없다. 金운동의 시작과 끝만 있다. 장간에 戊癸합, 丙辛합이 있다.

巳寅 寅巳형이다. 寅은 火운동을 하고 巳는 金운동을 한다. 寅申巳 세 글자 중 두 글자 이상 있으면 형이 된다. 나무가 불에 타니 물상으로는 화재(火災) 또는 木火를 생각하며 자동차, 비행기, 전자, 전기 등으로 통변한다.

巳卯 격각이다. 金운동과 木운동이 서로 극의 운동을 하니 일이 잘 안 된다. 장간에 乙庚합이 있다. 巳卯는 壬水와 癸水의 천을귀인이다.

巳辰 봄의 계절을 마치고 여름이 되었다. 만물이 활발히 움직일 때이다. 봄을 여름으로 이어준다.

巳巳 여름의 시작 기운이 맹렬하다. 꽃이 활짝 피는 것도 씨를 맺기 위함이다. 여름이 시작되면 내부적으로는 金운동이 시작된다.

巳午 여름의 생지와 왕지가 만났다. 움직임이 빠르고 화려하다. 사방에 꽃이 피었다. 그러나 같은 火이지만 巳는 金운동을 하고 午는 火운동을 한다.

巳未 巳午未에서 午가 없어 격각이다. 金운동과 木운동을 하니 운동이 정반대이다. 격각은 일이 꼬이는 것이니 상문살, 조객살과 관련이 있다. 乙庚암합이 있다.

巳申　巳申합이 된다. 巳申형도 된다. 형과 합이 있으면 형이 먼저 일어난다. 지지합이 되면 글자들이 묶인다. 있어도 사용을 못한다. 金과 火의 만남으로 화약이나 총포, 화살, 엔진, 가전제품에 비유하고 혈압이나 치아로도 설명한다.

巳酉　반합이다. 金운동의 생지와 왕지가 만났다. 강한 金 기운이 형성된다. 출신은 火와 金으로 다르지만 함께 金운동을 한다. 장간에 丙辛합이 있다.

巳戌　巳戌원진이 된다. 金과 火운동이 서로 눈을 노려보고 있다. 장간에 丙辛합이 있다.

巳亥　巳亥충이 된다. 여름과 겨울의 생지가 만났다. 생지끼리의 싸움은 어린이들의 싸움으로, 싸우면서 성장한다. 그러나 寅申충보다는 치열하다. 巳는 뱀처럼 날씬하고 亥는 돼지처럼 뚱뚱하다. 물상으로는 뱀과 돼지, 물과 불, 화재 현장, 용접, 치과 치료, 엔진 등이다.

午火

午子　子午충이다. 水와 火의 왕지끼리의 싸움이다. 음양의 차이가 커서 피해가 크다. 장간에 싸우면서 정(情)이 드는 丁壬합이 있다. 물상으로는 사막의 오아시스, 여름철의 호수, 해수욕장, 수술 등으로 통변한다.

午丑　丑午원진, 丑午귀문, 丑午해가 된다. 金의 묘지와 火의 왕지가 나란히 있다. 丙辛암합이 있다. 원진이나 귀문이 동하면 정신이나 신경이 예민해진다. 물상으로 횡단보도 위에 있는 자동차로 본다.

午寅　寅午 반합이다. 火의 생지와 왕지가 만났다. 강한 火 기운이 형성된다. 출신은 火와 木으로 다르지만 함께 火의 일을 한다. 장간에 甲己합이 있다. 辛金의 천을귀인이다.

午卯 火운동과 木운동의 왕지의 글자가 만나 자존심 싸움으로 午卯파가 된다. 장간에 甲己합이 있다. 현침의 글자들로, 물상으로는 봉제(縫製)로 설명한다.

午辰 격각이다. 火와 水운동으로 갈 길이 서로 다르니 되는 일이 없다. 격각의 운에는 좋은 일이 없다.

午巳 巳午로 火의 기운이 대단하다. 여름으로 밝고 화려하다. 대학 캠퍼스이다. 午는 火의 왕지이고 巳는 金의 생지이다. 하는 일은 다르다.

午午 왕지 글자의 모임이다. 기운이 넘쳐 午午형이다. 에너지가 넘친다. 무덥다. 환하다. 활발하다. 현침을 상징하는 수술, 바늘, 가위, 침술 등으로 통변한다.

午未 午未합이다. 지지가 합되면 풀리기 전까지는 사용을 못한다. 지지합이 반드시 장간에 암합이 있는 것은 아니다. 뜨거운 땅이다. 메마른 땅이다. 말이 있는 곳간이다. 현침으로 통변할 수도 있다.

午申 격각이다. 火운동과 水운동으로 줄다리기처럼 서로 반대편의 길을 간다. 일이 잘 안 된다. 장간에 丁壬합이 있다. 함께 있기는 하지만 뜻이 다르다.

午酉 여름과 가을의 왕지 글자의 만남이다. 화합하는 맛은 없다. 장간에 丙辛합이 있다.

午戌 午戌 반합이다. 火의 왕지와 묘지가 만났다. 일시적으로 火의 기운이 강해졌다가 시든다. 戌은 火의 묘지이기 때문이다. 장간에 丙辛합이 있다.

午亥 여름과 겨울이다. 火와 木의 운동을 하려하니 가는 길이 다르다. 장간에 甲己합과 丁壬합이 있다.

未土

未子 子未해, 子未원진이다. 未는 木운동을 마무리하고 子는 水운동의 왕지이다. 장간에 丁壬합이 있다. 땅 속의 물이나 석유이다. 대낮의 쥐이니 힘들다.

未丑 丑未충이다. 음양의 교차 시기의 충이다. 辰戌충보다 더 많은 변화가 있다. 백호나 입묘와 관련이 있다. 甲木, 戊土, 庚金의 천을 귀인이다. 충의 물상으로 입묘나 입고될 글자를 생각하며 통변한다.

未寅 寅未귀문으로 火운동의 생지와 木운동의 묘지가 만났다. 귀문이 동할 때 정신적, 신경질적 언행이 나온다. 甲己암합이 있다.

未卯 卯未 반합으로 木의 기운이 강해진다. 土와 木이라는 출신이 다른 글자가 만나 木의 일을 한다. 未가 木운동의 묘지이기 때문에 木운동은 점차 줄어든다. 장간에 甲己합이 있다.

未辰 木운동과 水운동의 묘지가 만났다. 만일 동하게 되면 많은 변화가 있을 것이다. 土의 글자는 백호, 입묘 등과 관련이 있다.

未巳 巳午未에서 午가 없어 격각이 된다. 木운동과 金운동이 서로 극을 하니 일의 진척이 느리다. 되는 일이 없다. 장간에 乙庚합이 있다.

未午 午未합이다. 강한 火 기운을 형성한다. 지지가 묶이면 사용하지 못한다. 지지합은 장간합이 없어 정(情)도 없다.

未未 양이 음으로 바뀌는 전환의 시기이다. 주의해야 할 시기이다. 변화의 시기에는 움직임을 줄여야 한다. 커브 길에서는 속도를 늦추어야 한다.

未申 未土가 여름을 가을로 바꾼다. 申金이 이어 받는다. 장간에 여름과 겨울을 잇는 乙庚합과 丁壬합이 있다.

未酉 격각이다. 木운동과 金운동이 서로 반대 운동을 한다. 서로 당기는 싸움이니 일이 잘 안 풀린다. 격각은 상문살, 조객살과 관련이 있다. 내부적으

로 乙庚암합이 있다.

未戌 戌未형이 된다. 변화의 글자들이 모였다. 조심해야 할 때이다. 속도를 늦추어야 할 때이다. 땅인데 메마른 땅, 황무지이다. 신체에서는 다리나 신장 또는 뇌와 관련된 질병이다. 강한 土에 水가 극을 당하기 때문이다. 土가 형이 되니 부동산, 사찰, 전답 등으로도 통변된다.

未亥 亥卯未에서 왕지가 없다. 생지와 묘지만 있으니 이끌어 줄 리더가 없다. 장간에 丁壬합과 甲己합이 있다.

申金

申子 申子辰에서 申子로 반합이다. 강한 水 기운이 형성된다. 출신은 金과 水로 서로 다르지만 함께 모여 水의 일을 한다. 장간에 戊癸합이 있다.

申丑 丑은 庚金의 묘지이니 申金은 차츰 기운을 잃을 것이다. 申金에는 庚金이 많이 들어 있다. 장간에 戊癸합이 있다.

申寅 寅申충이다. 봄과 가을의 생지가 충돌하고 있다. 생지의 충이라도 巳亥충처럼 치열하지는 않다. 음양의 차이가 적기 때문이다. 피해도 크지 않다. 쇠를 박은 나무, 도끼로 쪼갠 장작, 농기구, 가위와 꽃 등을 생각해 볼 수 있다.

申卯 卯申원진이다. 金과 木이 서로 대립하고 있는 모습이다. 하는 일은 水와 木의 일이다. 장간에 乙庚합이 있다.

申辰 申子辰에서 가운데 왕지가 없다. 시작만 하다가 끝이 난다. 운에서 子가 오면 삼합이 된다.

申巳 巳申합과 巳申형이 된다. 형이 먼저 일어나고 다음에 합이 된다. 소란을 거쳐 친해진다는 의미도 된다. 金과 火에 관련된 물상을 생각해 본다. 제

철소나 자동차, 총포 등이다. 신체에서는 치아나 혈압과 관련 있다. 金은 대장이나 폐를 의미하기도 한다.

申午 격각이다. 水와 火가 만나 하는 일이 반대로 간다. 충처럼 크지는 않지만 변화가 일어난다. 격각은 상문살, 조객살과 관련이 있다. 장간에 丁壬합이 있다.

申未 未 다음에 申이 온다. 未가 申을 돕는다. 장간에 乙庚합과 丁壬합이 있다. 생지와 그 앞의 고지의 글자는 모두 암합이 있다.

申申 대단한 金 기운이다. 가을의 시작이다. 움직임이 줄어든다. 살벌한 감도 있다. 음으로 가는 운동의 시작이다.

申酉 역시 강한 金의 결합이다. 매섭다. 과일과 곡식을 알차게 익게 한다. 싸늘한 가을이다.

申戌 격각이다. 水운동과 火운동을 하니 서로 반대의 일을 하게 되어 이동, 이직, 이사 등 에너지 소모가 있다. 장간에 丁壬합이 있다.

申亥 가을과 겨울의 생지들이 만났다. 申亥해로, 해(害)는 합을 방해한다. 천(穿)이라고도 한다. 水운동과 木운동을 하니 갈 길이 다르다. 물에 잠긴 쇠이다. 물상으로 수해(嗽咳), 즉 기침을 의미한다.

酉金

酉子 子酉파이다. 겨울과 가을의 왕지 글자들이 서로 양보할 수 없어 파가 된다. 음의 글자들이 뭉쳐 종양의 물상이다. 대장, 자궁을 나타낸다. 酉는 술과도 관련이 있으니 술이 든 병이다.

酉丑 삼합에서 巳가 빠져 반합이다. 반합은 강한 기운을 만들지만 酉는 점차 약해진다. 丑이 金의 묘지이기 때문이다. 酉丑에는 암합이 없다. 亥卯에

도 암합이 없다.

酉寅 寅酉원진이다. 봄과 가을의 기운이 만나 서로 흘겨보는 상태이다. 장간에 丙辛합이 있다. 장간합으로 헤어지지 못하고 미워하고 있다.

酉卯 卯酉충이다. 金과 木의 왕지가 만나 무섭게 싸운다. 장간에 乙庚합이 있어 내부적으로 서로 그리워하는 마음은 있다. 칼 아래 생선, 바느질, 의류, 화분 등 木과 金의 물상을 결합해 본다.

酉辰 辰酉합이 된다. 지지가 합이 되면 서로 묶여 있어 사용하지 못한다. 장간에 乙庚합이 있다. 지지합이 된다고 반드시 장간합이 있는 것은 아니다.

酉巳 반합이다. 반합이 되면 강한 기운이 만들어진다. 金의 생지와 왕지의 만남이다. 金과 火라는 기운이 만나 金운동을 활발하게 한다. 장간에 丙辛합이 있다.

酉午 가을과 여름의 왕지가 만났다. 왕지의 합은 서로 합칠 수 없는 기운이다. 자존심이 있는 것이다. 장간에 丙辛합이 있다.

酉未 격각이다. 金운동과 木운동이 서로 극의 상태이니 되는 일이 없다. 장간에 乙庚합이 있다.

酉申 金의 기운이 막강하다. 잎이 떨어진다. 서리가 내린다. 추워지기 시작한다. 酉는 金의 왕지이고 申은 水의 생지이다. 두 글자가 가는 길은 다르다.

酉酉 酉酉형이다. 왕지 글자의 모임이니 영향력이 강하다. 가을의 절정으로 추상(秋霜)같은 기운이 있어 살벌하다. 모든 것과 헤어질 때이다. 단절이다.

酉戌 가을의 글자들의 모임이다. 酉는 戌을 만나면 점차 힘을 잃는다. 가을이 끝나가는 것이다. 물상으로는 닭 쫓는 개로 본다.

酉亥 金의 왕지와 木의 생지가 만나 격각이다. 격각은 상문살, 조객살과 관련이 있어 불길하다. 丙火와 丁火의 천을귀인이다.

戌土

戌子 격각이다. 火운동과 水운동의 글자들이니 반대편으로 가려 한다. 되는 일이 없다. 장간에 戊癸합이 있다.

戌丑 丑戌형이다. 丑戌未 글자 중에서 두 개 이상 모이면 형이 된다. 土는 묘지에 해당하니 많은 변화가 예상된다. 장간에 戊癸합이 있다. 土의 형을 이용하여 땅의 개간, 개축, 또는 부동산 중개 등으로 통변한다.

戌寅 寅午戌 삼합에서 가운데 왕지가 없다. 그래서 시작과 끝만 있다. 운에서 午가 오면 강한 火 기운이 형성된다. 장간에 丙辛합이 있다.

戌卯 卯戌합이다. 지지합이 되는 글자는 사용하지를 못한다. 합이 풀리면 사용 가능하다. 지지합이라고 장간에 합이 있는 것은 아니다.

戌辰 辰戌충이다. 묘지의 충도 백호 입묘 등이 관련되기 때문에 많은 변화가 일어난다. 辰戌丑未 자체가 변화가 많은 시기이다. 水火나 金木의 입묘, 입고의 상황으로 물상을 논한다.

戌巳 巳戌원진이다. 火운동과 金운동이 만나 다른 방향으로 간다. 장간에 丙辛합이 있다. 장간합으로 미운 정(情)은 있다.

戌午 午戌 반합이다. 午火의 火 기운이 강해지지만 점차 약해진다. 戌이 火의 묘지이기 때문이다. 장간에 丙辛합이 있다.

戌未 戌未형이 된다. 묘지끼리의 형충은 특히 변화가 심하다. 辰戌丑未는 백호 입묘와 관련이 있기 때문이다. 木이 좋아하지 않는 땅이다. 水가 필요한 土이다. 신장이나 방광, 혈액의 흐름, 뇌경색 등을 조심해야 한다.

戌申 격각이다. 火운동과 水운동의 대조적인 운동을 하니 헛고생이다. 격각이 되면 부정적인 요소가 많다. 장간에 丁壬합이 있다.

戌酉 가을 글자의 모임이다. 가을이 무르익어 간다. 金운동과 火운동으로

하는 일은 다르다. 철조망이다.

戌戌 가을에서 겨울로 넘어가는 때이다. 火의 글자는 모두 입묘된다. 계절이 바뀔 때는 활동을 줄이고 관망해야 한다. 쓸쓸하다.

戌亥 戌亥가 있으면 戌土가 亥水를 도와준다. 가을에서 겨울로 넘어가는 때이다. 장간에 가을과 겨울을 잇는 丁壬합이 있다.

亥水

亥子 水의 기운이 강하다. 겨울이니 움직임도 없다. 사방이 고요하다. 밤이다. 亥는 木의 일을 하고, 子는 水의 일을 한다. 장간에 戊癸합이 있다.

亥丑 격각이다. 木운동의 생지와 金운동의 묘지가 만나 서로 반대 운동을 한다. 장간에 戊癸합과 甲己합이 있다.

亥寅 寅亥합과 寅亥파가 된다. 지지합이 되면 있는 글자도 사용하지를 못한다. 합이 풀리면 사용이 가능하다. 지지합이라 하여 모두 장간에 합이 있는 것은 아니다. 물 속의 나무, 물에 뜬 나무, 물에 뜬 배의 물상이다.

亥卯 木의 생지와 왕지의 반합으로 강한 木 기운이 형성된다. 水와 木이라는 출신이 다른 기운이 만나 함께 木의 일을 한다. 반합이지만 암합은 없다.

亥辰 辰亥귀문, 辰亥원진이다. 木운동과 水운동이 만나 갈 길이 다르다.

亥巳 巳亥충으로 생지들의 싸움이다. 생지의 싸움은 파괴력은 크지 않다. 어린이들의 싸움과 같다. 뱀과 돼지처럼 날씬이와 뚱뚱이의 대결이다. 화재, 화약, 폭죽놀이, 용접 등의 물상을 생각한다.

亥午 水와 火 출신이 木운동과 火운동을 한다. 서로 방향이 다르다. 장간에 丁壬합과 甲己합이 있다.

亥未 亥卯未 삼합에서 가운데 글자가 없다. 시작과 끝은 있으나 왕지가 없

어 하는 일이 흐지부지 끝난다. 장간에 丁壬합과 甲己합이 있다.

亥申 생지 글자의 만남이다. 木운동과 水운동을 한다. 하려는 일이 다르니 서로 다른 출발을 한다. 申亥해가 된다. 물 묻은 철이다.

亥酉 丙火와 丁火의 천을귀인이다. 격각으로 木운동과 金운동을 한다. 격각이 되면 불길하다. 사주는 동(動)하지 않으면 변화 없이 지나간다.

亥戌 출신은 水와 土인데 木운동과 火운동을 한다. 戌이 亥를 도와준다. 곧 겨울이 온다. 장간에 丁壬합이 있다.

亥亥 亥亥형이다. 겨울의 시작이다. 어두워진다. 동작이 줄어든다. 내부적으로 甲木을 키운다. 그물의 형상을 생각하며 체포, 구금 등으로 통변한다.

간지총론干支總論

陰陽順逆 其理固殊 陽生陰死 其論勿執
음양순역　　　기리고수　　　양생음사　　　기론물집

음(陰)과 양(陽)이 반대로 움직인다는 음양순역설(陰陽順逆說)은 그 이치

가 확고하지만, 음생양사(陰生陽死) 이론은 고집하면 안 된다.

> *음생양사(陰生陽死)　음(陰)이 생(生)하는 곳에서 양(陽)이 사(死)한다. 12운성(運星)을
> 　말한다

原註

陰生陽死, 陽順陰逆, 此理出於洛書. 五行流行之用, 固信有之, 然
甲木死午, 午爲泄氣之地, 理固然也, 而乙木死亥, 亥中有壬水, 乃
其嫡母, 何爲死哉? 凡此皆詳其干支輕重之機, 母子相依之勢, 陰
陽消息之理, 而論吉凶可也. 若專執生死敗絶之說, 推斷多誤矣.

음생양사(陰生陽死), 양순음역(陽順陰逆) 이론은 낙서(洛書)에서 나온

것이다. 오행의 순환운동은 믿을만하다. 甲木이 午에서 사(死)하는

것은 午가 甲木의 설기 자리이니 그 이치가 옳지만, 그러나 乙木이

亥에서 사(死)한다는 것은 亥 중의 壬水가 乙木의 모(母)가 되는데 어

찌 사(死)하겠는가? 팔자를 볼 때는 간지의 경중(輕重)이나 모자(母

子)가 서로 의지하는 형세, 그리고 음양이 변화하는 이치를 자세히

살핀 후 길흉을 논해야 한다. 만일 오로지 생사패절(生死敗絶)의 이

론만을 고집한다면 운명을 추단(推斷)할 때 오류가 많을 것이다.

陰陽順逆之說, 其理出洛書, 流行之用, 不過陽主聚, 以進爲退, 陰主散, 以退爲進. 若論命理, 則不專以順逆爲憑, 須觀日主之衰旺, 察生時之淺深, 究四柱之用神, 以論吉凶, 則了然矣. 至於長生沐浴等名, 乃假借形容之辭也. 長生者, 猶人之初生也；沐浴者, 猶人之初生而沐浴以去垢也；冠帶者, 形氣漸長, 猶人年長而冠帶也；臨官者, 由長而旺, 猶人之可以出仕也；帝旺者, 壯盛之極, 猶人之輔帝而大有爲也；衰者, 盛極而衰, 物之初變也；病者, 衰之甚也；死者, 氣之盡而無餘也；墓者, 造化有收藏, 猶人之埋於土也；絶者, 前之氣絶而後將續也；胎者, 後之氣續而結胎也；養者, 如人之養母腹也, 自是而複長生, 循環無端矣.

음양순역설(陰陽順逆說)은 그 이론이 낙서(洛書)에서 나왔는데, 음양은 진퇴(進退)와 취산(聚散)을 반복하며 서로 반대 운동을 한다는 것이다. 명리(命理)를 논할 때는 오로지 음양의 순역(順逆)만 따지지 말고 반드시 일간의 왕쇠(旺衰)와 생시(生時)의 심천(深淺), 그리고 사주의 용신을 연구하여 길흉을 논해야 한다. 장생(長生)은 사람이 태어난 것이고, 목욕(沐浴)은 태어나 어린 아이의 때를 제거하는 것이다. 관대(冠帶)는 관(冠)을 쓰고 띠를 두르는 것이고, 임관(任官)은 벼슬길에 나아가는 것과 같다. 제왕(帝旺)은 임금을 보좌하며 큰일을 할 수 있는 것이고, 쇠(衰)는 성(盛)이 극(極)에 이르러 쇠약해지는 것이다. 병(病)은 쇠가 심해지는 것이고, 사(死)는 기(氣)가 다하여 남음이 없는 것이며, 묘(墓)는 수장(收藏)되어 땅 속에 묻힌 것이다. 절(絶)은 앞의 기(氣)가 끊어지고 뒤의 기(氣)가 이어지는 상태이며, 태(胎)는 끊어진 기(氣)가 다시 만나 이어지는 것이고, 양(養)은 배 속에서 길러지는 것과 같다. 이후에는 다시 장생으로 돌아가 끝없이 순환운동을 하는 것으로 표현하였다.

人之日主不必生逢祿旺, 卽月令休囚, 而年日時中, 得長生祿旺, 便不爲弱, 就使逢庫, 亦爲有根. 時說謂投墓而必沖者, 俗書之謬也. 古法只有四長生, 從無子午卯酉爲陰長生之說.

일간이 월지에서 록왕을 만나지 못해도 반드시 신약한 것은 아니다. 월령이 휴수되어도 년이나 일시에서 장생, 건록, 제왕 등을 만나면 신약하지 않다. 가령 고(庫)를 만나면 약하기는 하지만 근(根)이 있는 것이다. 묘(墓)를 만나면 반드시 충해야 한다고 하는 것은 속서에서 잘못 표기한 것이다. 고법(古法)에서 장생에는 단지 寅巳申亥만 있다고 하였고, 子午卯酉가 음간의 장생이 된다는 말은 없었다.

水生木, 申爲天關, 亥爲天門, 天一生水, 卽生生不息, 故木皆生在亥. 木死午爲火旺之地, 木至午發泄已盡, 故木皆死在午. 言木而餘可類推矣. 夫五陽育於生方, 盛於本方, 弊於泄方, 盡於剋方, 於

理爲順；五陰生於泄方, 死於生方, 於理爲背. 卽曲爲之說, 而子午
之地, 終無産金産木之道；寅亥之地, 終無滅火滅木之道.

申은 천관(天關)이 되고 亥는 천문(天門)이 된다. 하늘에서 水를 생하면
생생불식(生生不息)이 되어 亥에서 木은 생하게 되니 수생목이 된다.
木이 午에서 사(死)하는 것은 午는 火가 왕한 곳으로 木의 설기가 심하
기 때문이다. 木을 말했으니 나머지 오행도 같다. 오양간이 생방(生方)
에서 길러지고, 본방(本方)에서는 성(盛)하며, 설방(泄方)에서 피로해지
고, 극방(剋方)에서 기진맥진하게 되는 이치는 맞다. 그러나 오음간이
설방(泄方)에서 생하고, 생방(生方)에서 사(死)한다는 것은 이치에 어긋
난다. 子와 午의 자리에서 金이나 木이 생한다는 것은 있을 수 없으며,
寅과 亥의 자리에서 木과 火가 멸(滅)한다는 것도 있을 수 없다.

古人取格, 丁遇酉以財論, 乙遇午·己遇酉·辛遇子·癸遇卯, 以食
神泄氣論, 俱不以生論. 乙遇亥·癸遇申以印論, 俱不以死論. 卽己
遇寅歲之丙火, 辛遇巳藏之戊土, 亦以印論, 不以死論. 由此觀之,
陰陽同生同死可知也, 若執定陰陽順逆, 而以陽生陰死, 陰生陽死
論命, 則大謬矣. 故《知命章》中"順逆之機須理會", 正爲此也.
고인(古人)들이 격(格)을 취할 때 丁火가 酉金을 보면 재(財)로 논하
고, 乙木이 午火를 보거나, 己土가 酉金을 보거나, 辛金이 子水를 보
거나, 癸水가 卯木을 보면 식신으로 논하였지 장생으로 논한 적이 없
다. 乙木이 亥水를 보거나, 癸水가 申金을 보면 인수로 논했지 사(死)

한다고 하지는 않았다. 또 己土가 寅에 소장된 丙火를 보거나, 辛金이 巳에 소장된 戊土를 보면 인수로 논했지 사(死)한다고 하지 않았다. 이것을 본다면 음(陰)과 양(陽)은 생사(生死)를 함께 한다는 것을 알 수 있다. 만일 음양의 순역(順逆)을 고집하여 양(陽)이 생하는 곳에서 음(陰)이 사(死)하고 음(陰)이 생하는 곳에서 양(陽)이 사(死)하는 것으로 명(命)을 논한다면 큰 잘못이 생기게 될 것이다. 그러므로 지명장(知命章)에 순역(順逆)의 기틀을 반드시 이해해야 한다는 말이 있는 것이다.

임철초(任鐵樵)는 기존의 12운성 표에서 음간에 해당하는 부분은 맞지 않으니 음간과 양간을 구분하지 말고 오행으로만 적용하라고 주장한다. 그러나 팔자는 간지로 되어 있기 때문에 오행이 아닌 간지로 통변해야 한다. 음양은 밤과 낮처럼 정반대 운동을 하니 예를 들면 木운동은 甲木이 시작하고 乙木이 마무리를 하는 것이다.

나이스 주

⊙음양순역설(陰陽順逆說)은 태극 모양에서 보듯이 이론(異論)의 여지가 없다. 문제는 음생양사(陰生陽死)가 의미하는 기존의 12운성이다. 『적천수』 원문에서도 음생양사는 집착하지 말라고 하였고, 원주(原註)나 임철초의 설명에서도 마찬가지이다. 뭔가 불합리한 것이 있는 것이다.

⊙음양(陰陽)은 서로 반대로 운동하므로 장생(長生)의 반대편에는 병(病)이 있고, 목욕(沐浴)의 반대편에는 사(死)가 있어야 한다. 관대(冠帶)의 반대

편에는 묘(墓)가 있고, 건록(建祿)의 반대편에는 절(絶)이 있어야 한다. 제왕(帝旺)의 반대편에는 태(胎)가 있고, 쇠(衰)의 반대편에는 양(養)이 있어야 하고, 병(病)의 반대편에는 장생(長生)이 있고, 사(死)의 반대편에는 목욕(沐浴)이 있어야 한다. 묘(墓)의 반대편에는 관대(冠帶)가 있고, 절(絶)의 반대편에는 건록(建祿)이 있어야 하고, 태(胎)의 반대편에는 제왕(帝旺)이 있고, 양(養)의 반대편에는 쇠(衰)가 있어야 한다.

새로운 12운성 표

천간 지지	甲	乙	丙	丁	戊	己	庚	辛	壬	癸
寅	건록 (建祿)	절(絶)	장생 (長生)	병 (病)	장생 (長生)	병 (病)	절 (絶)	건록 (建祿)	병 (病)	장생 (長生)
卯	제왕 (帝旺)	태 (胎)	목욕 (沐浴)	사 (死)	목욕 (沐浴)	사 (死)	태 (胎)	제왕 (帝旺)	사 (死)	목욕 (沐浴)
辰	쇠 (衰)	양 (養)	관대 (冠帶)	묘 (墓)	관대 (冠帶)	묘 (墓)	양 (養)	쇠 (衰)	묘 (墓)	관대 (冠帶)
巳	병 (病)	장생 (長生)	건록 (建祿)	절 (絶)	건록 (建祿)	절 (絶)	장생 (長生)	병 (病)	절 (絶)	건록 (建祿)
午	사 (死)	목욕 (沐浴)	제왕 (帝旺)	태 (胎)	제왕 (帝旺)	태 (胎)	목욕 (沐浴)	사 (死)	태 (胎)	제왕 (帝旺)
未	묘 (墓)	관대 (冠帶)	쇠 (衰)	양 (養)	쇠 (衰)	양 (養)	관대 (冠帶)	묘 (墓)	양 (養)	쇠 (衰)
申	절 (絶)	건록 (建祿)	병 (病)	장생 (長生)	병 (病)	장생 (長生)	건록 (建祿)	절 (絶)	장생 (長生)	병 (病)
酉	태 (胎)	제왕 (帝旺)	사 (死)	목욕 (沐浴)	사 (死)	목욕 (沐浴)	제왕 (帝旺)	태 (胎)	목욕 (沐浴)	사 (死)
戌	양 (養)	쇠 (衰)	묘 (墓)	관대 (冠帶)	묘 (墓)	관대 (冠帶)	쇠 (衰)	양 (養)	관대 (冠帶)	묘 (墓)
亥	장생 (長生)	병 (病)	절 (絶)	건록 (建祿)	절 (絶)	건록 (建祿)	병 (病)	장생 (長生)	건록 (建祿)	절 (絶)
子	목욕 (沐浴)	사 (死)	태 (胎)	제왕 (帝旺)	태 (胎)	제왕 (帝旺)	사 (死)	목욕 (沐浴)	제왕 (帝旺)	태 (胎)
丑	관대 (冠帶)	묘 (墓)	양 (養)	쇠 (衰)	양 (養)	쇠 (衰)	묘 (墓)	관대 (冠帶)	쇠 (衰)	양 (養)

◉양(陽)에서 시작하고 음(陰)에서 마무리를 한다. 12운성은 태에서 잉태하여 양, 장생, 목욕, 관대, 건록을 지나 제왕을 거친 후 쇠, 병, 사, 묘, 절을 거친다.

◉음간(陰干)의 12운성에 혼란이 생기는 것은 양간의 관점에서 붙여진 순서를 그대로 음간에도 쓰기 때문이다.

◉장생은 처음 태어나서 출생신고를 하는 것과 같고, 목욕은 초·중·고를 다니며 아이의 티를 벗는 단계와 같다. 관대는 이제 교육을 마치고 새 옷을 입고 새 출발을 하는 것과 같고, 건록(=임관)은 조직에서 중견 핵심 간부로 활동하는 시기이다. 제왕은 그 조직에서 최고의 자리를 차지하는 시기이고, 쇠는 정상에서 물러나 은퇴하는 시기이다. 병은 병원에 입원한 것과 같아서 육체적으로는 움직임이 둔화된다. 사는 죽은 것과 같아 육체적 활동은 거의 사라지지만 정신적 활동은 왕성해진다. 묘는 묘지에 들어가 있는 것과 같으니 육체적으로 꼼짝 못하는 상태이고, 절은 기(氣)의 상태로 허공을 떠도는 시기이다. 허공을 떠돌아다니는 기(氣)는 다시 음양끼리 짝을 만나 태를 맞는다. 태를 거치면 다시 뱃속에서 양육되는 양을 거쳐 다시 장생으로 이어지며 끝없이 순환하게 된다.

時	日	月	年
丙	乙	己	丙
子	亥	亥	子

●격이란 팔자에서 가장 강한 세력을 말한다.

- 지지가 모두 水이다.

- 중년 水木운에 뜻도 펴지 못하고 재물도 없었다.

- 통근하지 못한 천간은 힘이 약하다.

- 현실적인 水가 강하면 미약한 다른 오행은 피해를 입게 된다.

- 午卯파와 亥卯 반합이 있다.

- 卯월에 乙木이 투하여 식신격이다.

- 식신은 강한데 일간이 너무 약하다.

- 戊午대운에 일찍 사망하였다.

- 午卯파가 동하여 현실적인 소란을 약한 일간이 견디지 못했다.

- 火운을 견뎠더라면 하는 아쉬움이 있다.

故天地順遂而精粹者昌, 天地乖悖而混亂者亡,
고천지순수이정수자창   천지괴패이혼란자망

不論有根無根, 俱要天覆地載
불론유근무근   구요천부지재

고로 천간과 지지가 순(順)하고 정수(精粹)하면 번창하지만, 천간과 지지

가 어그러져서 혼란스러우면 패망한다. 뿌리의 유무(有無)와 관계없이 천

간과 지지는 서로 소통이 되어야 한다.

無

取用干支之法, 干以載之支爲切, 支以覆之干爲切. 如喜甲乙, 而載
以寅卯亥子, 則生旺, 載以申酉, 則剋敗矣 ; 忌丙丁, 載以亥子則
制伏, 載以巳午寅卯, 則肆逞矣. 如喜寅卯, 而覆以甲乙壬癸則生
旺, 覆以庚辛, 則剋敗矣 ; 忌巳午, 而覆以壬癸則制伏, 覆以丙丁
甲乙, 是肆逞矣.

간지를 취하는 법은, 천간은 아래에 있는 지지가 필요하고 지지는 그
위에 있는 천간이 필요하다는 것이다. 용신을 취하는 법은, 용신이
천간에 있을 때는 지지에서 받쳐주는 것이 좋고 용신이 지지에 있을
때는 천간에서 덮어주는 것이 좋다. 가령 희신인 甲乙木이 寅卯나 亥
子 위에 있다면 생왕해지니 좋겠지만, 申酉 위에 있다면 극패당하니
좋다고 할 수 없다. 마찬가지로 기신인 丙丁火가 亥子 위에 있다면
제복되어 좋겠지만, 巳午나 寅卯 위에 있다면 기신이 활발해지니 좋
을 리가 없다. 또 희신인 寅卯가 甲乙木이나 壬癸水 아래에 있다면
생왕해지니 좋겠지만 庚辛金 아래에 있다면 극패당하여 좋을 리가
없고, 기신인 巳午가 壬癸水 아래에 있다면 제복되어 좋겠지만 丙丁
火나 甲乙木 아래에 있다면 기신이 힘을 얻게 되니 좋을 리가 없다.

不特此也, 干通根於支, 支逢生扶, 則干之根堅, 支逢沖剋, 則干

之根拔矣. 支受蔭於干, 干逢生扶, 則支之蔭盛；干逢剋制, 則支之
蔭衰矣. 凡命中四柱干支, 則顯然吉神而不爲吉, 確乎凶神而不爲凶
者, 皆是故也, 此無論天干一氣, 地支雙清, 總要天覆地載.

이뿐만 아니라 천간이 지지에 통근하고 지지의 생부(生扶)를 만나면
천간의 뿌리가 견고하지만, 이때 지지가 충극이 된다면 천간의 뿌리
가 뽑히게 된다. 또 지지가 천간에게 보호되고 천간이 지지를 생부
(生扶)한다면 지지는 왕성해지지만, 만일 천간에게 극제 당하면 지지
는 쇠약해진다. 명(命)을 볼 때 어떤 간지가 분명히 길신인데도 길(吉)
하지 않고, 흉신인데도 흉(凶)하지 않는 것은 모두 이 때문이다. *천간
일기(天干一氣)나 *지지쌍청(地支雙淸)을 막론하고 *천부지재(天覆地
載)가 되어 간지가 서로 소통이 되어야 좋은 명(命)이라고 할 수 있다.

*천간일기(天干一氣) 천간이 하나의 같은 글자로 이루어진 것
*지지쌍청(地支雙淸) 두 개의 지지로만 청(淸)하게 이루어진 것
*천부지재(天覆地載) 하늘에서 덮어주고 땅에서 실어주는 것

나이스 주

⊙강약(强弱)을 판별할 때 흔히 통근하면 힘이 있다고 한다. 통근이란 무엇인
가? 천간 글자와 같은 오행이 지장간에 있을 때를 말한다. 보통 천간은 土
를 제외하고 같은 오행의 삼합이나 방합의 글자에 통근한다. 예를 들면 甲
木이나 乙木은 방합인 寅卯辰이나 삼합인 亥卯未에 통근을 한다.

⊙그러나 통근했다고 무조건 힘이 있는 것인가? 甲木은 亥寅卯辰未에 통근하는데 모두 강약이 같은 것인가? 물론 그렇지 않다. 12운성을 대입해 보자. 甲木은 亥에서 장생이고, 寅에서 건록이다. 그리고 卯에서 제왕이 되고, 辰에서 쇠가 되며, 未에서 묘가 된다. 이렇게 12운성을 대입해 보면 통근의 강도를 알 수 있다.

⊙간지(干支)의 통근보다 더 중요한 것은 간지의 소통, 즉 천부지재(天覆地載)이다. 甲寅이나 乙卯는 천간과 지지가 모두 같은 木의 글자로 되어 있어 소통이 잘 된다. 甲午나 乙巳는 천간은 木이고 지지는 火이니 통근은 아니지만 오행으로 상생관계이니 소통이 되고, 甲子나 乙亥도 역시 오행으로 상생관계이니 소통이 된 것이다. 그러나 甲申이나 乙酉는 간지가 극의 관계로 소통이 되지 않고, 丙子나 丁亥도 역시 간지가 소통이 되지 못하고 있다. 壬午나 癸巳도 소통이 되지 않는 것이다.

時	日	月	年
庚	庚	丁	己
辰	申	卯	亥

● 卯월에 태어난 庚金일간은 재격이다.
● 亥卯 반합으로 재격이 강해졌다.
● 卯월의 庚金은 丁火와 甲木이 있으면 격이 좋아진다.
● 丁火는 투하고 甲木은 장간에 있다.

●어린 나이에 과거에 급제하였다.

●월간의 丁火 정관이 운에서 힘을 얻는 시기였다.

●재가 관을 생하여 성격된 것이다.

●벼슬이 봉강(封疆)에 이르렀다.

時	日	月	年
甲	庚	丁	己
申	辰	卯	酉

●卯월에 甲木이 투하여 편재격이다.

●卯酉충은 어린 시절의 굴곡을 의미한다.

●子운에는 申子辰 삼합이 되어 미약한 오행은 피해를 입게 된다.

●년월간의 관인이 타격을 입을 때였다.

●공부를 계속하지 못하고 파모(破耗)와 형상(刑傷)을 겪었다.

●壬戌대운에 몹시 가난했다.

●卯戌합, 辰戌충, 戌申격각이 있었다.

●팔자의 본부인 월지가 충이 되면 삶이 극단으로 흐른다.

時	日	月	年
癸	辛	壬	庚
巳	酉	午	申

●午酉파와 巳酉 반합이 있다.

●午월에 辛金으로 칠살격이다.

●상관이 강하고 운이 비겁과 식상으로 흐른다.

●午월의 辛金은 壬癸水와 己土가 있으면 격이 좋아진다.

●壬癸水는 투하고 己土는 장간에 있다.

●甲申, 乙酉대운에 비겁이 강해져서 파모(破耗)가 심했다.

●운에서 오는 재가 설 땅이 없었다.

●丙戌대운에 관이 힘을 얻어 좋았다.

●丁亥대운에 다시 가업이 무너지고 죽었다.

●관살과 식상이 강해지는 시기였다.

時	日	月	年
甲	辛	壬	庚
午	酉	午	申

●앞의 사주와 시주만 다르다.

●상관생재(傷官生財)로 성격되었다.

●향시(鄕試)에 합격하여 벼슬이 관찰사에 이르렀다.

●앞의 사주와 비슷하지만 성격과 파격에 따라 현격한 차이가 있다.

天全一氣 不可使地德莫之載
천전일기　　불가사지덕막지재

천전일기(天全一氣)라도 지지의 덕(德)이 받쳐주지 않으면 불가하다.

四甲四乙, 而遇寅申卯酉, 爲地不載.

천간이 모두 네 개의 甲木이나 네 개의 乙木으로 되어 있을지라도 지
지에서 寅申충이나 卯酉충을 만나 뿌리가 깨지면 지지가 천간을 받
쳐주지 못하는 것이다.

天全一氣者, 天干四甲·四乙·四丙·四丁·四戊·四己·四庚·四
辛·四壬·四癸, 皆是也. 地支不載者, 地支與天干無生化也. 非特四
甲四乙而遇申酉寅卯爲不載, 卽全受剋於地支. 或反剋地支, 或天干
不顧地支, 或地支不顧天干, 皆爲不載也.

천전일기(天全一氣)는 천간에 네 개의 甲木, 네 개의 乙木, 네 개의 丙
火, 네 개의 丁火, 네 개의 戊土, 네 개의 己土, 네 개의 庚金, 네 개의
辛金, 네 개의 壬水, 네 개의 癸水가 있는 경우를 말한다. 그리고 지
지와 천간이 서로 생화(生化)가 되지 않을 때를 부재(不載), 즉 지지가
천간을 받쳐주지 못한다고 한다.

네 개의 甲木이나 네 개의 乙木이 寅申충이나 卯酉충을 만났을 경우
뿐만 아니라, 천간이 지지에게 극을 당하거나 반대로 천간이 지지를
극하거나, 혹은 천간이 지지를 보호하지 않거나 혹은 지지가 천간을
보호하지 않는 경우도 모두 부재(不載)에 해당된다.

如四乙酉者, 受剋於地支也 ; 四辛卯者, 反剋地支也. 必須地支之氣
上升, 天干之氣下降, 則流通生化, 而不至於偏枯, 又得歲運安
頓, 非富亦貴矣. 如無升降之情, 反有沖剋之勢, 皆爲偏枯而貧賤
矣. 宜細究之.

예를 들면 사주의 네 개의 주(柱)가 모두 乙酉인 경우에는 천간이 지
지에게 극을 당하고, 사주의 네 기둥이 모두 辛卯인 경우에는 지지가
천간에게 극을 당한다. 지지의 기(氣)는 위로 올라가고 천간의 기(氣)
는 아래로 내려와야 기(氣)가 서로 유통되고 상생 조화되어 편고되지
않게 된다. 이때 세운이 일간이 원하는 쪽으로 간다면 부유하지는 않
더라도 귀하게 될 것이다. 만일 간지가 오르내리는 정(情)은 없이 서
로 충극하게 되면 팔자가 편고하여 빈천하게 된다.

나이스 주

◉천전일기(天全一氣)란 천간의 네 글자가 甲甲甲甲처럼 모두 같은 글자로
만 되어 있는 것을 말한다. 천간이 같은 글자로 되어 있으면 추구하는 마음
이 일관성이 있겠지만 그것만으로 길흉을 말할 수는 없다. 천전일기라도
지지와 소통이 되지 않으면 무용(無用)하다. 천간의 생각을 지지에서 실현
시키려면 천간과 지지가 소통이 되어야 하는 것이다.

◉천간이 지지를 생하고 지지도 천간을 생하면 좋겠지만 간지가 동시에 생할

수는 없다. 천간이 지지를 생하든지 아니면 지지가 천간을 생하는 경우이
거나, 천간이 지지에 통근되거나 지장간의 글자가 천간에 투출되면 소통이
된 것이다. 그러나 간지가 소통이 되더라도 글자에 따라 차이가 있으니 세
밀히 잘 살펴야 한다.

時	日	月	年
甲	甲	甲	甲
戌	寅	戌	申

● 천간이 모두 甲木으로 일지에 뿌리를 두고 있다.

● 강한 세력에 종하는 것이 좋다.

● 어릴 때부터 戊寅, 己卯운까지 의식이 풍족하였다.

● 庚辰운에 아들이 모두 손상되고 집안도 망하고 본인도 죽었다.

● 월지를 충하고 강한 목기(木氣)에 대항하는 금기(金氣)가 힘을 얻는
시기였다.

時	日	月	年
戊	戊	戊	戊
午	戌	午	子

● 子午충과 午戌 반합이 있다.

● 천간이 모두 戊土이고 뿌리도 튼튼하다.

● 강한 세력에는 종하는 것이 좋다.

●월주와 시주의 戊午는 양인이다.

●己未대운에 외롭고 고생이 많았다.

●지지에 子未 원진으로 子午충이 동하고 戌未형, 午未합이 있었다.

●庚申, 辛酉운에 결혼하고 아들을 낳고 사업도 번창하였다.

●이때는 강한 일간의 힘이 식상으로 설기되었기 때문이다.

●壬戌대운에 화재가 일어나 일가족 다섯 명이 죽었다.

●午戌 반합으로 火土의 양기(陽氣)가 넘치는 시기였다.

時	日	月	年
戊	戊	戊	戊
午	子	午	申

●위 사주와 비슷하다.

●子午충과 월주와 시주에 戊午 양인이 있다.

●午월 戊土로 양인격이다.

●강한 양의 기운을 子水가 통제하고 있다.

●庚申대운 戊辰년 申子辰 삼합이 될 때 태학에 들어가 합격하였다.

●네 개의 기둥이 모두 辛卯이다.

- 천간이 모두 통근하지 못하여 발붙일 곳이 없다.

- 태어나서 몇 년 만에 부모가 모두 죽고 도사 밑으로 갔다.

- 己丑, 戊子운에 인성의 도움으로 의식이 부족함이 없었다.

- 丁亥운에 스승을 잃고 사업도 망하고 도박하다가 죽었다.

- 뿌리없는 일간이 亥卯 반합을 견딜 수 없었다.

地全三物 不可使天道莫之容
지전삼물   불가사천도막지용

지지에 삼물(三物)이 온전하게 있다면 천도(천간)가 그것을 수용하지 않을 수 없다.

*삼물(三物) 삼합이나 방합

寅卯辰・亥卯未而遇甲庚乙辛, 則天不覆. 然不特全一氣與三物者,
皆宜天覆地載, 不論有根無根, 皆要循其氣序, 干支不反悖爲妙.

지지에 寅卯辰이나 亥卯未가 온전하게 있을 때 천간에 甲庚乙辛이 있다면 천간이 지지를 덮어주는 것이 아니다. 천간이 일기(一氣)로만 되어 있거나 또는 지지에 삼물(三物)이 있는 경우라도 천부지재(天覆地載), 즉 천간과 지지가 서로 소통이 되어야 한다. 뿌리의 유무(有無)를 막론하고 반드시 간지가 서로 기(氣)의 질서를 따라야 어그러지지 않게 되어 묘(妙)하다.

地支三物者, 支得寅卯辰·巳午未·申酉戌·亥子丑之方是也. 如寅
卯辰日主是木, 要天干火多 ; 日主是火, 要天干金旺 ; 日主是金, 要
天干土重.

지지 삼물(三物)이란 寅卯辰, 巳午未, 申酉戌, 亥子丑 등의 방합을 말
한다. 가령 일간이 木일 때 지지에 寅卯辰이 있다면 반드시 천간에
火가 많이 있어야 하고, 일간이 火이고 지지에 寅卯辰이 있다면 천간
에 왕한 金이 있어서 강한 목기(木氣)를 극해야 한다. 또 일간이 金이
고 지지에 寅卯辰이 있다면 천간에 土가 후중(厚重)하게 있어야 일간
이 寅卯辰 방합과 균형을 이룰 수 있다.

大凡支全三物, 其勢旺盛. 如旺神在提綱, 天干必須順其氣勢, 洩之
可也 ; 如旺神在別支, 天干制之有力, 制之可也. 何以旺神在提綱,
只宜洩而不宜制? 夫旺神在提綱者, 必制神之絶地也, 如强制之, 不
得其性, 用激而肆逞矣. 旺神者, 木方提綱得寅卯也是也 ; 制神者,
庚辛金也, 寅卯乃庚辛之絶地也. 如辰在提綱, 四柱干支又有庚辛之
助, 方可制矣. 所謂循其氣序, 調劑得宜, 斯爲全美. 木方如此, 餘
可類推.

지지에 삼물을 완전히 갖추면 그 세력이 왕성해진다. 만일 왕신이 제
강에 자리하고 있다면 그 왕한 기세를 천간의 글자가 설기하는 것이
좋다. 만일 왕신이 제강이 아닌 다른 지지에 있을 때 천간이 그것을

제압할 수 있다면 제압하는 것이 좋다. 왕신(旺神)이 제강에 있을 때는 왜 설기해야 하고 제압하면 안 되는가? 그 이유는 왕신이 제강에 있다면 그것을 제압하는 글자는 절(絕)에 해당되어 약하기 때문이다. 만일 억지로 왕신을 제압하려 하면 왕신이 격분하고 말 것이다.

왕신이란 寅卯辰 방국(方局)이 있을 때 제강에 寅이나 卯가 있을 경우를 말한다. 寅卯辰 왕신을 제압하는 글자는 庚辛金이 되고, 庚辛金은 寅이나 卯에서 절(絕)이나 태(胎)가 되어 약하게 된다. 가령 辰이 제강에 있고 사주 간지에 다시 庚辛金을 돕는 글자가 있다면 그때는 金의 기운이 강하게 되니 寅卯辰 방국의 강한 기운을 제압할 수 있다. 이처럼 기(氣)의 흐름에 어긋나지 않게 강한 기운을 적절히 제압하여 배합이 적당하면 아름다운 명(命)이 된다. 木의 방합을 예로 들었지만 나머지도 같은 방법으로 유추하면 된다.

나이스 주

◉원주에서는 방합뿐만 아니라 삼합도 삼물(三物)에 포함시키고 있으나 임철초는 방합만을 이야기하고 있다. 지전삼물(地全三物)은 방합이든 삼합이든 지지에 세 개의 글자가 온전하게 존재하여 거대한 세력을 형성하는 것을 말한다. 지지에 삼물이 완전히 갖추어지면 그 세력은 너무 강하니 천간은 그에 따를 수밖에 없다. 삼물이 있다 하더라도 월령을 어느 글자가 점령하고 있는가에 따라 세기가 달라질 것은 분명하다.

時	日	月	年
丙	甲	庚	辛
寅	辰	寅	卯

● 寅월에 丙火가 투하여 식신격이다.

● 년월간의 관살은 뿌리가 없어 마음뿐이다.

● 운의 지지에서 金이 오면 庚辛金은 힘을 받을 것이다.

● 寅卯辰 방합이 있다.

● 寅월의 甲木은 丙火와 癸水가 격을 높인다.

● 丙火는 투하였고 癸水는 장간에 있다.

● 초년 土운으로 가니 파탄과 소모가 있었다.

● 丙戌운에 광동지역에서 무공을 세우고 지현(知縣)에 올랐다.

● 乙酉운에 사망했다.

● 卯酉충과 寅酉원진, 辰酉합 그리고 寅酉원진이 일어나던 시기였다.

時	日	月	年
丁	甲	庚	庚
卯	寅	辰	寅

● 지지에 寅卯辰이 있어 비겁의 기운이 강하다.

● 비겁이 강할 때는 식상으로 설기하면 좋다.

● 시간의 丁火가 좋은 역할을 할 것이다.

● 辰월의 甲木은 庚金과 壬水가 온전하면 격을 높인다.

- 甲申대운에 연달아 과거에 합격하여 군수를 하였다.

- 丙戌대운에 관직에서 물러나 고향으로 갔다.

陽乘陽位陽氣昌 最要行程安頓 陰乘陰位陰氣盛
양승양위양기창　　　최요행정안돈　　　음승음위음기성

還須道路光亨
환수도로광형

양(陽)의 지지와 양(陽)의 천간이 있으면 양기(陽氣)가 창성(昌盛)하니 행운은 음(陰)으로 흘러야 안돈(安頓)하게 된다. 음(陰)의 지지와 음(陰)의 천간이 있으면 음기(陰氣)가 창성(昌盛)하니 운로(運路)는 양(陽)으로 흘러야 광형(光亨)하게 된다.

*안돈(安頓) 안정되고 평온함
*광형(光亨) 빛나고 형통함

原註

六陽之位, 獨子寅辰爲陽方, 爲陽位之純. 五陽居之, 如若是旺神, 最要行運陰順安頓之地. 六陰之位, 獨酉亥丑爲陰方, 乃陰位之純. 五陰居之, 如若是旺神, 最要行運陽順光亨之地.

여섯 개의 양(陽)의 지지 중에서 오직 子, 寅, 辰을 양(陽)의 지지로 여긴다. 이 양(陽)의 지지 위에 오양간이 자리하고 왕신(旺神)이 되면 운은 음(陰)으로 흘러야 안돈(安頓)하게 된다. 여섯 개의 음(陰)의 지지 중에서 오직 酉, 亥, 丑을 음(陰)의 지지로 여긴다. 이 음(陰)의 지지

위에 오음간이 자리하고 왕신(旺神)이 되면 운은 양(陽)으로 흘러야
광형(光亨)을 이룬다.

六陽皆陽，非子寅辰陽之純也，須分陽寒陽暖而論也. 西北爲寒，東
南爲暖，如若申戌子全，爲西北之陽寒，最要行運遇卯巳未東南之
陰暖是也；如寅辰午全，爲東南之陽暖，最要行運酉亥丑西北之陰
寒是也. 此擧大局而論.

여섯 개의 양(陽)의 지지 중에서 子, 寅, 辰 만을 순양(純陽)으로 여길
것이 아니다. 반드시 서북의 차가운 양(陽)인지 동남의 온난한 양(陽)
인지를 구분해야 한다. 만일 사주에 申, 戌, 子가 모두 있으면 서북의
차가운 양(陽)이므로 운은 卯, 巳, 未 등 동남의 온난한 음(陰)으로 흐
르면 좋다. 만일 사주에 寅, 辰, 午가 모두 있으면 동남의 온난한 양
(陽)이므로 운은 酉, 亥, 丑 등 서북의 차가운 음(陰)으로 흐르면 좋다.

若遇日主之用神喜神，或木，或火，或土，是東南之陽暖，歲運亦
宜配西北之陰水陰木陰火，方能生助喜神用神，而歡如酬酢. 若歲運
遇西北之陽水陽木陽火，則爲孤陽不生，縱使生助喜神，亦難切
當，不過免崎嶇而趨平坦也. 陽暖之局如此，陽寒之局亦如此論，所
謂陽盛光昌剛健之勢，須配以陰盛包含柔順之地是也. 若不深心確
究，孰能探其精微，而得其要訣乎？

만일 일간의 용신이나 희신이 木이나 火나 土라면 동남의 온난한 양 (陽)이 된다. 이때는 세운이 서북의 음수(陰水)나 음목(陰木) 음화(陰 火)와 배합되어야 음양의 균형을 이루니 좋다. 만일 세운이 서북의 양수(陽水)나 양목(陽木) 또는 양화(陽火)를 만나면 음(陰)이 없게 되 니 생육(生育)을 하지 못한다. 비록 희신을 생조하더라도 음양의 균 형이 맞지 않으면 험난한 삶은 면할지라도 평탄한 삶을 영위하는데 지나지 않을 것이다. 온난한 양(陽)의 국면이 이와 같으니 한랭한 양 (陽)의 국면도 같은 방법으로 논한다. 즉, 양(陽)이 성(盛)하여 빛나고 창성하고 강건하면 운은 반드시 음(陰)이 성(盛)하여 차가운 곳으로 흘러 음양이 배합되어야 한다.

六陰皆陰, 非酉亥丑爲陰之盛也, 須分陰寒陰暖而論也. 承上文西北 爲寒, 東南爲暖, 假如酉亥丑全, 爲西北之陰寒, 最要行運遇東南 寅辰午之陽暖是也. 如卯巳未全, 爲東南之陰暖, 最要行運遇申戌子 西北之陽寒是也. 此擧大局而論.

여섯 개의 음(陰)의 지지 중에서 오직 酉, 亥, 丑만을 음(陰)이 성(盛) 하다고 할 것이 아니다. 반드시 서북의 차가운 음(陰)인지 동남의 온 난한 음(陰)인지를 구분해야 한다. 가령 사주에 酉, 亥, 丑이 모두 있 으면 서북의 차가운 음(陰)이므로 운은 동남의 寅, 辰, 午 등으로 흘러 서 온난한 양(陽)을 만나야 한다. 만일 사주에 卯, 巳, 未가 모두 있으 면 동남의 온난한 음(陰)이므로 운은 申, 戌, 子 등 서북의 차가운 양

(陽)을 만나야 한다.

若日主之用神喜神, 或金, 或水, 或土, 是西北之陰寒, 歲運亦宜
配東南之陽金陽火陽土, 方能助用神喜神, 而福力彌增. 若歲運遇東
南之陰金陰火陰土, 則爲純陰不育, 難獲厚福, 不過和平而無災咎
也. 陰寒之局如此論, 陰暖之局亦如此論, 所謂陰盛包含柔順之氣,
須配以陽盛光昌剛健之地者是也.

만일 일간의 용신과 희신이 金이나 水나 土일 경우는 서북의 차가운
음(陰)이 된다. 이때는 세운이 동남의 양금(陽金)이나 양화(陽火)나 양
토(陽土)와 배합되어야 용신과 희신을 생조하여 복이 증가한다. 만일
세운에서 동남의 음금(陰金)이나 음화(陰火)나 음토(陰土)를 만나게
된다면 순음(純陰)으로만 되어 생육(生育)이 힘들어 두터운 복(福)을
얻기 어렵다. 이때는 재난(災難)없이 화목(和睦)하게 살아가는 것으
로 만족한다. 차가운 음(陰)을 통변하는 방법처럼 온난한 음(陰)의 팔
자도 같은 방법으로 논한다. 즉, 음(陰)이 성(盛)하여 유순(柔順)하면
운은 반드시 양(陽)이 성(盛)하여 빛나고 창성하며 강건한 곳으로 흘
러야 한다.

나이스 주

⊙너무나 당연한 내용이어서 쉽게 생각하고 넘겨버리는 경우가 많다. 음양의

이치만 제대로 알아도 명리의 절반 이상을 안다고 했다. 음양이 균형을 이루면 활력이 생기고 생명력이 강해진다. 사주 원국에 음(陰)이 강하면 운은 양(陽)으로 가면 좋고, 사주 원국에 양(陽)이 강하면 운은 음(陰)으로 가면 좋다. 그러나 이것은 원론적인 이야기이고 실제로는 원국에서 근묘화실(根苗花實)의 변화, 그리고 대운이나 세운의 변화에 의하여 음양의 균형을 파악하는 것은 쉬운 일이 아니다.

◎천간이나 지지의 음양(陰陽)을 구분할 때는 그 구분하는 기준점을 잘 잡아야 한다. 乙木이나 丁火를 양(陽)이라고 하기도 하고 음(陰)이라고 하기도 하는가 하면, 庚金이나 壬水를 음(陰)이라고 하기도 하고 양(陽)이라고 하기도 한다.

◎양이 시작하고 음이 마무리를 한다.

◎木火가 양(陽)이고 金水가 음(陰)이니 寅卯辰巳午未가 양(陽)이고 申酉戌亥子丑은 음(陰)이다. 木은 소양(少陽), 火는 태양(太陽)이니 寅卯辰은 소양이고 巳午未는 태양이다. 金은 소음(少陰)이고 水가 태음(太陰)이니 申酉戌은 소음이고 亥子丑은 태음이다. 봄의 木운동은 寅에서 시작하고 卯에서 마무리를 한다. 여름의 火운동은 巳에서 시작하고 午에서 마무리를 한다. 가을의 金운동은 申에서 시작하고 酉에서 마무리를 한다. 겨울의 水운동은 亥에서 시작하고 子에서 마무리를 한다. 그리고 辰未戌丑은 각 계절이 바뀌는 환절기에 놓여 있다. 표로 그려 보면 다음과 같다.

	양(陽)				음(陰)			
계절	봄(春)	환절기	여름(夏)	환절기	가을(秋)	환절기	겨울(冬)	환절기
지지	寅	卯	辰	巳	午	未	申	酉	戌	亥	子	丑
오행	木	木	土	火	火	土	金	金	土	水	水	土
음양	양	음	양	양	음	음	양	음	양	양	음	음

時	日	月	年
庚	丙	丙	癸
寅	午	辰	巳

● 辰월에 癸水가 투하여 정관격이다.

● 그러나 寅午 반합 등으로 火의 기운도 몹시 강하다.

● 초년 乙卯운과 甲寅운에 외로움과 고통을 견디기 어려웠다.

● 인성이 강하면 식상이 극을 당해 답답한 생활을 이어간다.

● 癸丑운에 신속하게 십여만금을 모았다.

時	日	月	年
庚	丙	乙	戊
寅	寅	丑	寅

● 丑월에 戊土와 庚金이 투하였지만 약하다.

● 월간 乙木의 뿌리가 튼튼하여 인성이 강하다.

● 인성이 강하면 식재가 약해진다.

● 운이 동남운으로 향해 조업을 파산 탕진하였다.

● 庚午운에 한 가지 일도 이루지 못하고 광동에서 죽었다.

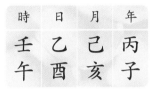

● 亥월에 壬水가 투하여 인수격이다.

● 亥월의 乙木은 丙火와 戊土가 있으면 좋다.

● 겨울철 丙火는 조후를 담당하고 戊土는 강한 水를 억제한다.

● 젊은 나이에 연달아 급제하였다.

● 벼슬이 봉강(封疆)에 이르렀다.

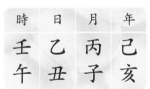

● 亥子丑 방합에 丑午원진, 丑午귀문이 있다.

● 壬水가 투하여 인수가 무척 강하다.

● 특정한 오행이 강하면 미약한 오행은 큰 타격을 입는다.

● 학문의 뜻을 이루지 못하고 가난하였다.

● 극처무자(剋妻無子)였고 壬申운에 사망하였다.

●음간이 음지를 타고 앉아 음기가 창성한 때문이다.

地生天者 天衰怕沖 天合地者 地旺喜靜
지생천자　　천쇠파충　　천합지자　　지왕희정

지지가 천간을 생하고 있을 때 천간이 쇠하다면 지지의 충(沖)이 두렵다.
천간이 지지와 합하고 있을 때 지지가 왕하다면 정(靜)하게 있는 것이 기
쁘다.

原註

如丙寅戊寅丁酉壬申癸卯己酉, 皆長生日主, 甲子乙亥丙寅丁卯己
巳, 皆自生日主, 如主衰逢沖, 則根拔而禍更甚. 如丁亥戊子甲午己
亥辛巳壬午癸巳之類, 皆支中人元, 與天干相合者. 此乃坐下財官之
地, 財官若旺, 則宜靜不宜沖.

丙寅·戊寅·丁酉·壬申·癸卯·己酉 등은 모두 장생이고, 甲子·乙
亥·丙寅·丁卯·己巳 등은 모두 자생(自生)이다. 이런 일주는 일간이
쇠할 때 충을 만나면 뿌리가 뽑히니 화(禍)가 몹시 심하다. 丁亥·戊
子·甲午·己亥·辛巳·壬午·癸巳 등은 천간과 지지 속의 지장간이
서로 합이 된다. 합이 되는 글자는 모두 재 또는 관이 되니 만일 재나
관이 왕하다면 정(靜)하게 있는 것이 기쁘고 충(沖)하면 좋지 않다.

任氏曰

地生天者, 如甲子丙寅丁卯己巳戊午壬申癸酉乙亥庚辰辛丑是也. 日

主生於不得令之月, 柱中又少幫扶, 用其身印, 沖則根拔, 生機絶矣, 爲禍最重. 若日主得時當令, 或年時皆逢祿旺, 或天干比劫重疊, 或官星衰弱, 反忌印綬之泄, 則不怕沖破矣. 總之看日主之氣勢, 旺相者喜沖, 休囚者怕沖. 雖以日主而論, 歲運沖亦然.

지지가 천간을 생한다는 것은 甲子·丙寅·丁卯·己巳·戊午·壬申·癸酉·乙亥·庚辰·辛丑과 같은 것이다. 일간이 월령을 얻지 못하고 사주에 일간을 돕는 글자도 적으면 신약하게 되니 비겁이나 인수에 의존하게 된다. 만일 신약한 일간이 지지에 있는 인수를 용할 때 그 지지가 충이 된다면 뿌리가 뽑혀서 재앙이 몹시 중(重)하게 된다. 그러나 일간이 월령을 얻고 년(年)과 시(時)에서 록왕을 만나거나 또는 천간에 비겁이 중첩되어 있거나, 만일 관성이 쇠약하여 인수의 설기를 꺼리는 경우에는 충파(沖破)가 되어도 두려워하지 않는다. 결국 일간의 기세를 보고 판단하게 되는데 일간이 왕상한 경우에는 충이 되어도 괜찮지만, 일간이 휴수된 경우에는 충을 두려워하게 된다. 비록 일간으로 설명했지만 세운에서 오는 충도 마찬가지이다.

十干之合, 乃陰陽相配者也. 五陽合五陰爲財, 五陰合五陽爲官, 所以必合. 尙有陰旺不從陽, 陽旺不從陰, 雖合不化, 有爭合妒合分合之別. 若露干合支中暗干, 則隨局無所不合, 無所不分爭妒忌矣. 此節本有至理, 只因原註少變通耳.

천간합은 음양이 서로 배합된다. 오양간은 오음간을 재(財)로 삼고,

오음간은 오양간을 관(官)으로 삼는다. 그러나 천간합은 이상적인 이론에 불과하다. 음(陰)이 왕하면 양(陽)을 따르지 않고 양(陽)이 왕하면 음(陰)을 따르지 않으니, 겉으로는 합이 되어도 합화(合化)가 되지 않는 경우가 많다. 천간합에는 쟁합(爭合), 투합(妬合), 분합(分合) 등이 있다. 명암합(明暗合)하는 경우에는 국(局)에 따라 합이 되기도 하고, 분쟁(分爭)이나 투기가 발생하기도 한다.

天合地三字, 須活看輕看, 重在下句地旺喜靜四字, 夫地旺者, 天必衰也 ; 喜靜者, 四支無沖剋之物, 有生助之神也.

천간이 지지와 합한다는 천합지(天合地)라는 세 글자는 활용해 보거나 가볍게 여겨도 좋지만 다음 구절인 지지가 왕할 때는 정(靜)한 것이 좋다는 지왕희정(地旺喜靜)의 네 글자는 무겁게 여겨야 한다. 지지가 왕하면 반드시 천간이 쇠하게 되고, 정(靜)하게 있는 것이 기쁘다는 희정(喜靜)은 지지에 충극하는 글자 없이 생조하는 글자만 있을 때를 말한다.

天干衰而無助, 地支旺而有生, 天干心懷欣合之意. 若得地支元神透出, 緣上天下地, 升降有情, 此合似從之意也, 合財似從財, 合官似從官, 非十干合化之理也. 所以靜則居安, 尚堪保守, 動則履危, 難以支持.

천간이 쇠할 때 조(助)하는 글자는 없고, 지지는 왕하면서 생(生)하는 글자가 있다면 천간은 지지와의 합을 기쁘게 여긴다. 이때 만일 지지의 원신(元神)이 천간에 투출되면 천간과 지지가 유정(有情)하여 승강(升降)의 정(情)이 있으므로 이러한 합은 종(從)하는 것과 비슷하다. 재(財)와 합하면 종재(從財)와 같고, 관(官)과 합하면 종관(從官)과 같으니 십간의 합화(合化)와는 이치가 다르다. 이 때문에 지지가 왕하다면 조용히 편안하게 있는 것이 좋고, 만일 동(動)하게 된다면 닥쳐오는 위험을 견딜 수 없게 될 것이다.

然可言合者, 只有戊子辛巳丁亥壬午四日耳, 若甲午日, 則午必先丁而後己, 己土豈能專權而合甲? 己亥日, 亥必先壬而後甲, 甲豈能出而合己? 癸巳日, 巳必先丙而後戊, 戊豈能越過而合癸? 此三日不論, 至於十干, 應合而化, 則爲化格, 另有作用, 解在化格章中.

명암합(明暗合)이라고 말할 수 있는 것은 戊子·辛巳·丁亥·壬午 등 네 개뿐이다. 원주에 나오는 甲午에서 午는 己土보다는 丁火가 우선이니 힘이 없는 己土가 어찌 甲木과 합할 수 있겠는가? 또 己亥의 경우는 亥에서는 壬水가 甲木 보다 우선이니 힘이 약한 甲木이 어떻게 己土와 합하겠는가? 또 癸巳의 巳에서는 戊土보다는 丙火가 우선이니 역시 丙火보다 약한 戊土는 癸水와 합할 수 없다. 그러므로 甲午·己亥·癸巳 이 세 개는 합으로 간주하지 말아야 한다. 십간은 합이 되어 화(化)하면 화격(化格)이 되므로 글자 그대로의 순수한 작용보다는 다른 작용이 있게 되는데 〈화격장(化格章)〉에 잘 나와 있다.

◉팔자를 풀이할 때는 오행보다는 천간과 지지 중심으로 봐야 한다. 지지가 천간을 생하는 예로 甲子, 丙寅, 丁卯, 己巳, 戊午, 壬申, 癸酉, 乙亥, 庚辰, 辛丑 등을 들고 있는데 모두 오행을 적용한 것들이다. 더구나 辰戌丑未를 모두 土로 보고 庚辰, 辛丑 등을 지지가 천간을 생하는 예로 들고 있는 것은 문제가 있다. 이런 논리를 펼친다면 庚辰과 庚戌, 辛丑과 辛未를 같다고 해야 할 것이다.

◉임철초(任鐵樵)는 명암합(明暗合)은 戊子, 辛巳, 丁亥, 壬午 등 네 개뿐이라고 하면서 甲午, 己亥, 癸巳는 명암합(明暗合)으로 간주하지 말아야 한다고 하였다. 지장간 초기·중기·정기의 역할이 모두 다른데도 정기와의 합만을 합으로 간주하고 있는 것이다. 지장간 초기와 말기는 체(體)이고, 지장간 중기는 용(用)의 영역을 표시한다는 것을 알면 어떤 모습으로 합이 되는지 더 구체적으로 설명할 수 있을 것이다.

◉천간이 약하여 지지에만 의존하고 있을 경우 지지 글자가 형충이 되면 좋지 않다. 그리고 丁亥나 戊子와 같이 천간과 지장간이 명암합(明暗合)을 하고 있을 때 지지 글자가 왕하다면 형충이 없어야 안정감이 있다.

◉일간이 강하여 지지의 형충을 견뎌낼 수 있으면 그때는 오히려 경쟁력을 기르는 것으로 작용하지만 만일 일간이 약할 때 지지가 형충이 되면 그때는 감당할 수 없어서 두렵다.

時	日	月	年
丙	丙	戊	甲
申	寅	辰	寅

- 辰월에 甲木과 戊土가 투하였다.

- 일간과 가까이 있는 戊土를 써서 식신격이다.

- 甲木의 뿌리도 강하니 편인도 같이 쓴다.

- 寅申충이 있다.

- 壬申, 癸酉대운에 사업으로 집안을 일으켰다.

時	日	月	年
丙	丙	甲	壬
申	寅	辰	申

- 월지 辰에 甲木과 壬水가 통근하고 있다.

- 甲木의 세력이 더 강하니 편인격이다.

- 壬水도 년월지에 통근하니 편관도 같이 쓴다.

- 일시지에 寅申충이 있다.

- 丙午운에 과거에 합격하였다.

- 丁未운에는 춘위(春闈)에 세 번 나갔으나 모두 낙방하였다.

- 戊申운에 길에서 사망하였다.

*춘위(春闈) 봄철 과거 시험

時	日	月	年
乙	壬	辛	己
巳	午	未	巳

●未월에 己土와 乙木이 투하였다.

●己土의 세력이 강하니 정관격이다.

●乙木 상관은 지장간 중기에 통근하여 사회적 활동으로 쓴다.

●지지의 巳午未 등 火의 세력도 막강하다.

●己巳, 戊辰운에 형벌과 해로운 일이 있었다.

●丁卯, 丙寅운에 사업을 통해 막대한 재산을 모았다.

時	日	月	年
庚	丁	丙	己
子	亥	子	丑

●지지가 亥子丑 방합 등 온통 水이다.

●강한 세력에는 종하는 것이 낫다.

●뿌리없이 떠 있는 천간은 힘이 없다.

●물론 운의 지지에 통근할 때는 힘을 받을 것이다.

●甲戌운에 형벌, 파산, 소모로 가업이 파산했다.

●癸酉, 壬申운에 오만금을 모았다.

●辛未운 丙子년에 화재로 이만금을 잃었다.

●戊寅년 여름철에 사망했다.

甲申戊寅 是爲殺印相生 庚寅癸丑 亦是殺印兩旺
갑신무인　　시위살인상생　　경인계축　　역시살인양왕

甲申과 戊寅은 살인상생(殺印相生)이 되고, 庚寅과 癸丑은 살인양왕(殺印兩旺)이 된다.

原註

兩神者, 殺印也. 庚金見寅中火土, 卻多甲木, 而以財論 ; 癸見丑中土金, 卻多癸水, 則幫身, 不如甲見申中壬水庚金 · 戊見寅中甲木丙火之爲眞也.

여기서 양신(兩神)이란 살(殺)과 인수를 말한다. 庚寅에서는 寅 중 丙火와 戊土가 庚金의 살인(殺印)에 해당한다. 만일 甲木이 많으면 재성으로 논한다. 癸丑에서는 丑 중 己土와 辛金이 살인(殺印)에 속한다. 그러나 癸水가 많으면 일간을 돕는 글자가 된다. 甲申에서 申 중의 壬水와 庚金도 역시 살인(殺印)에 해당하고, 戊寅에서는 寅 중의 甲木과 丙火가 살인(殺印)에 해당하지만 장간의 정기가 살(殺)에 해당하니 진정한 살인상생(殺印相生)이 된다.

任氏曰

支坐殺印, 非止此四日, 如乙丑 · 辛未 · 壬戌之類, 亦是兩神也. 癸丑多比肩, 戊寅豈無比肩乎? 庚寅多財星, 甲申豈無財星乎? 非惟庚寅癸丑不眞, 卽甲申戊寅, 亦難作據, 若只以日主一字論格, 財年月時中, 作何安頓理會耶? 不過將此數日爲題, 用殺則扶之, 不用則抑之. 須觀四柱氣勢, 日主衰旺之別, 如身强殺淺, 則以財星滋殺 ; 身殺兩停, 則以食神制殺 ; 殺强身弱, 則以印綬化殺, 論局中殺重身輕者, 非貧卽夭 ; 制殺太過者, 雖學無成. 論行運殺旺, 複行殺地者, 立見凶災 ; 制殺再行制鄕者, 必遭窮乏. 書云 "格格推祥, 以殺爲重" ; 又云 "有殺只論殺, 無殺方論用", 殺其可忽乎?

지지에 살(殺)과 인수가 있는 것은 甲申·戊寅·庚寅·癸丑만이 아니다. 乙丑·辛未·壬戌도 마찬가지이다. 癸丑에 비견이 있다면 戊寅에도 비견이 있고, 庚寅에 재가 있다면 甲申에도 재가 있다. 혹자는 戊寅에 들어 있는 비견을 무시하거나 甲申에 들어 있는 재성을 무시하는 경향이 있다. 그러나 지장간에 살인(殺印)이 있다면 살인상생(殺印相生)이 되는 것이니 격(格)의 진부(眞否)를 따질 필요가 없다. 원문은 단지 몇 개의 일주(日柱)만 가지고 예를 들었을 뿐이다.

살(殺)을 용(用)할 때에는 그것을 부조해야 하고, 용(用)하지 않을 때에는 그것을 억제해야 한다. 항상 사주의 기세와 일간의 쇠왕을 살펴야 한다. 가령 **신강살천**(身强殺淺)할 경우에는 재성으로 살(殺)을 자양해야 하고, **신살양정**(身殺兩停)일 경우에는 식신으로 살(殺)을 제압해야 하며, **살강신약**(殺强身弱)할 경우에는 인수로 살(殺)을 화(化)해야 한다. **살중신경**(殺重身輕)한 팔자라면 가난하지 않으면 단명(短命)하고, **제살태과**(制殺太過)의 팔자는 비록 배웠다 할지라도 성공하지 못한다. 행운을 논할 때도 마찬가지이다. 살(殺)이 왕할 때 운이 다시 살(殺)로 가면 곧바로 흉재(凶災)를 만나게 될 것이고, 원국에서 살(殺)을 제압하고 있는데 운에서 다시 살(殺)을 제압하게 되면 궁핍하게 된다. 명리 책에 '격(格)을 살필 때는 살(殺)을 중요하게 여겨야 한다.'고 했고, 또 '살(殺)이 있을 때는 살(殺)을 가지고 논해야 하고 살(殺)이 없을 때 비로소 용신을 논한다.'는 말도 있으니 어찌 살(殺)을 소홀히 할 수 있겠는가?

나이스 주

⊙살인상생(殺印相生)은 칠살과 인수가 서로 생하는 관계이다. 甲申의 지지 申에는 庚金과 壬水가 있으니 살인상생(殺印相生)이 된다. 또 戊寅의 지지 寅에는 甲木과 丙火가 있으니 역시 살인상생(殺印相生)이 된다. 칠살의 강한 힘을 인수가 설기시켜 다시 일간을 돕는 구조로 되어 있다.

⊙살인양왕(殺印兩旺)은 칠살과 인수가 모두 왕하다는 뜻이다. 庚寅의 지지 寅에는 칠살 丙火와 인수 戊土가 있다. 丙火와 戊土가 모두 寅에서 장생이니 살인(殺印)이 왕하다는 것이다. 癸丑의 지지 丑에는 칠살 己土와 인수 辛金이 있다. 己土 칠살은 丑에서 쇠가 되고, 辛金 인수는 丑에서 관대가 되니 역시 살인(殺印)이 모두 왕하다(새로운 12운성 적용).

⊙육십 간지에서 살인(殺印)의 글자가 지장간에 들어 있는 경우는 또 있다. 乙丑, 辛未, 壬戌의 장간에도 칠살과 인수가 있다.

⊙일단 용어 정리가 필요하다. 강약(强弱)과 휴왕(休旺)은 다르다. 강약은 통근과 투출을 살펴 정하게 되고, 휴왕(休旺)은 왕상휴수사를 적용하여 기세를 파악하게 된다. 보통 왕상(旺相)을 왕이라고 하고 휴수사(休囚死)를 휴(休)라고 한다. 『나이스 사주명리《이론편》』에서는 강약을 체격(體格)으로 그리고 휴왕을 체력(體力)으로 비유하여 설명해 놓았다.

時	日	月	年
甲	甲	己	壬
子	申	酉	午

● 酉월에 甲木은 정관격이다.

● 그러나 천간에 투하지 못한 글자는 힘이 없다.

● 지지에 申酉가 있어 관살혼잡이다.

● 申子 반합에 壬水가 투하여 인성의 세력도 강하다.

● 거관유살, 살인상생이 되었다.

● 과거에 급제하여 관찰사에 올랐다.

● 후에 관직을 얼헌(臬憲)에서 봉강(封疆)으로 옮겼다.

時	日	月	年
甲	甲	己	壬
子	申	酉	辰

● 앞의 사주와 글자 하나만 바뀌었다.

- 午酉과 대신 辰酉합이 있다.

- 재가 병(病)일 경우에 공명에 차질이 있고 형벌과 파모(破耗)가 있다.

- 辛亥운에 작은 이익이 있었다.

- 壬子운 木년에 추위(秋闈)의 과거 시험을 보았다.

- 癸丑대운에 子丑합으로 앞길이 막혀 흉했다.

- 甲寅운에 寅申충이 되어 수명이 다했다.

上下貴乎情合 左右貴乎志同
상하귀호정합　　　좌우귀호지동

상하가 귀하려면 간지가 유정(有情)하고 화합(和合)해야 하고, 좌우가 귀하려면 뜻이 같아야 한다.

原註

天干地支雖非相生, 宜有情而不反背. 上下左右, 雖不全一氣之物, 須生化不錯.

천간과 지지는 비록 상생관계까지는 아닐지라도 정(情)이 있어야 하고 배반하지 않아야 한다. 사주 간지 좌우의 글자는 비록 일기(一氣)는 아닐지라도 반드시 **상생제화**(相生制化)가 되어야 어지럽지 않게 된다.

任氏曰

上下情協者, 互相衛護, 干支不反背者也. 如官衰傷旺財星得局, 官旺財多比劫得局，殺重用印，忌財者財臨劫地，身強殺淺，喜財者財坐食鄉，財輕劫重，有官而官星制劫，無官而食傷化劫，皆謂有情. 如官衰遇傷，財星不現，官旺無印，財星得局，殺重用印，忌財者財坐食位，身旺煞輕，喜財者財坐劫地，財輕劫重，無食傷而官失令，有食傷而印當權，皆爲不協.

상하가 정협(情協)한다는 것은 간지가 서로 보호하고 지켜주며 배반하지 않은 것을 말한다. 예를 들면 **관쇠상왕**(官衰傷旺)할 때 재성이 국(局)을 이루거나, **관왕재다**(官旺財多)할 때 비겁이 국(局)을 이루거나, **살중용인**(殺重用印)이어서 재를 꺼릴 때 재가 비겁의 극을 받거나, **신강살천**(身强殺淺)하여 재를 좋아할 때 재가 식상에게 생조를 받거나, **재경비중**(財輕比重)일 때 관성이 비겁을 제압하거나 또는 관성이 없는데 식상이 비겁을 인화(引化)하면 모두 유정(有情)하게 된다. 관성이 쇠하고 상관을 만났는데 재가 없거나, 관성이 왕하고 인수가 없을 때 재성이 국(局)을 이루거나, 살(殺)이 중(重)하여 인수를 용(用)하고 재를 꺼릴 때 재가 식신의 자리에 있거나, **신왕살경**(身旺殺輕)하여 재를 좋아할 때 재가 비겁의 자리에 있거나, 재경비중(財輕比重)일 때 식상은 없고 관성이 월령을 잃었거나 또는 식상은 있는데 인수가 당권(當權)하고 있을 경우는 모두 불협(不協)에 해당한다.

左右同志者，制化得宜，左右生扶，不雜亂者也. 如殺旺身弱，有羊刃合之，或印綬化之；身旺殺弱，有財星生之，或官星助之；身殺

兩旺, 有食神制之, 或傷官敵之, 此謂同志. 若身弱而殺有財滋, 財
幾爲累矣 ; 身旺而劫將官合, 財官已忘矣.

좌우가 뜻을 함께 한다는 동지(同志)는 제화(制化)가 적당하고 좌우
가 생부(生扶)하여 잡란(雜亂)하지 않은 것을 말한다. 예를 들면 **살왕
신약**(殺旺身弱)할 때 양인이 있어서 살(殺)과 합하거나 또는 인수가
있어서 살(殺)을 인화(引化)하는 경우, **신왕살약**(身旺殺弱)할 때 재성
이 있어서 살(殺)을 생하거나 관성이 있어서 살(殺)을 부조하는 경우,
신살양왕(身殺兩旺)할 때 식신이 있어서 살(殺)을 제(制)하거나 상관
이 살(殺)과 대적하는 경우 등을 동지(同志)라고 한다. 만일 신약할
때 살(殺)이 재성의 자양을 받으면 재성이 근심거리가 될 것이고, 또
한 신왕할 때 겁재가 정관과 합하고 있다면 정관은 제 역할을 못하
게 된다.

總之, 日主所喜之神, 必要貼身透露, 喜殺而殺與財親, 忌殺而煞逢
食制, 喜印而印居官後, 忌印而印讓財先, 喜財而遇食傷, 忌財而遭
比劫, 日主所喜之神, 得閑神相助, 不爭不妒, 所忌之神, 被閑神制
伏, 不肆不逞, 此謂同志. 宜細究之.

결론적으로 일간이 좋아하는 글자는 반드시 일간의 옆에서 천간으로
드러나야 한다. 살(殺)을 좋아하는 경우에는 살(殺)이 재와 친해야 하
고, 살(殺)을 꺼리는 경우에는 살(殺)이 식신에게 제(制)를 당해야 한
다. 인수를 좋아하는 경우에는 인수가 관성의 뒤에 있어야 하고, 인

수를 꺼리는 경우에는 인수보다 재성이 힘을 가져야 한다. 재성을 좋아하는 경우에는 식상을 만나야 하고, 재성을 꺼리는 경우에는 비겁을 만나야 한다. 또 일간이 좋아하는 글자는 한신과 상조(相助)해야 하고 서로 다투거나 질투하면 안 되며, 일간이 꺼려하는 글자는 한신이 제복하여 방자하게 굴지 못하도록 해야 한다. 이러한 것을 동지(同志)라고 한다.

나이스 주

◦간지(干支)는 서로 소통이 되어야 한다. 소통이 되지 않는 간지는 따로 존재하는 글자에 불과할 뿐이니 마음과 현실이 따로 놀게 된다. 상하의 합이란 명암합(明暗合)으로 천간과 지장간의 합이다.

◦좌우가 뜻이 같아야 한다는 것은 천간합(天干合)이나 육합(六合)이나 방합, 삼합 등을 말한다. 또 서로 상생하는 글자도 뜻이 같다고 볼 수 있다. 가장 좋은 것은 마음이 합쳐지는 천간합(天干合)이다. 천간합을 배우자로 보기도 하는 것은 그 때문이다. 지지의 형충(刑沖)이나 파해(破害) 또는 원진(元嗔) 등은 좌우의 뜻이 같지 않으니 동지(同志)라고 할 수 없다.

時	日	月	年
庚	丙	癸	己
寅	寅	酉	巳

● 酉월에 庚金이 투하여 편재격이다.

● 巳酉 반합으로 재의 세력이 더 커졌다.

● 일생동한 흉이 없었다.

● 명리(名利)가 모두 온전하였다.

時	日	月	年
甲	丙	癸	癸
午	辰	亥	亥

● 亥월에 癸水가 투하여 정관격이다.

● 시간의 甲木도 통근하여 힘이 있다.

● 천간과 지지가 정겹게 화합하고 있다.

● 자수성가(自手成家)하여 수만금의 재산을 모았다.

時	日	月	年
丙	乙	庚	甲
子	卯	午	寅

● 午월에 丙火가 투하여 상관격이다.

● 寅午 반합으로 상관의 기운이 무척 강하다.

●乙亥운에 걸인이 되었다.

時	日	月	年
壬	乙	己	己
午	亥	卯	丑

●卯월에 乙木이 투하여 비겁이 강하다.

●亥卯 반합 등으로 비겁은 더욱 강해진다.

●비겁이 강하면 재관이 약해진다.

●천간 지지가 무정하다.

●초년 戊寅, 丁丑운에 가업이 제법 풍족하였다.

●丙子운에 子午충으로 한꺼번에 패망하였다.

●乙亥운에 처자를 모두 잃고 중이 되어 굶어 죽었다.

●간지 상하의 협력에 따라 삶은 크게 차이가 난다.

時	日	月	年
庚	庚	丙	壬
辰	午	午	申

●午월에 丙火가 투하여 칠살격이다.

●하나는 제압하고 하나는 인화하여 유정이다.

●운이 金水로 갈 때 벼슬길에 올라 봉강(封疆)에 이르렀다.

時	日	月	年
戊	庚	丙	壬
寅	申	午	午

- 午월에 丙火와 戊土가 투하였다.

- 丙火의 힘이 강하니 칠살격이다.

- 戊土도 뿌리가 있어 편인도 함께 쓸수 있다.

- 좌우의 협력이 없는 사주이다.

始其所始 終其所終 富貴福壽 永乎無窮
시기소시　　　종기소종　　　부귀복수　　　영호무궁

시작할 곳에서 시작하고 끝날 곳에서 끝이 나면, 부귀(富貴)와 복수(福壽)
가 영원무궁할 것이다.

原註

年月爲始, 日時不反背之, 日時爲終, 年月不妬忌之, 凡局中所喜之
神, 引於時支, 有所歸者, 爲始終得所, 則富貴福壽, 永乎無窮矣.

년(年)과 월(月)은 시(始)에 속하는데 일(日)과 시(時)가 그것을 배반하
면 안 된다. 일(日)과 시(時)는 종(終)에 속하는데 년(年)과 월(月)이 그
것을 투기하면 안 된다. 보통 국(局) 중의 희신이 시지(時支)로 돌아갈
곳이 있으면 시(始)와 종(終)이 자리를 잡게 되니 부귀(富貴)와 수복
(壽福)이 영원무궁하게 된다.

始終之理, 要干支流通, 四柱生化不息之謂也. 必須接續連珠, 五行俱足, 卽多缺乏, 或有合化之情, 互相護衛, 純粹可觀, 所喜者逢生得地, 所忌者受剋無根. 閑神不黨忌物. 忌物合化爲功, 四柱干支, 一無棄物, 縱有傷梟劫刃, 亦來輔格助用. 喜用有情, 日元得氣, 未有不富貴福壽者也.

시(始)와 종(終)의 이치는 사주가 생화(生化)하고 간지가 유통되는 것을 요한다. 오행이 모두 충족되면 좋은데 혹시 부족한 경우에는 합(合)이나 화(化)하여 서로 정(情)을 가지고 호위(護衛)하면 좋다. 희신은 생(生)을 만나거나 득지(得地)해야 하고, 기신은 극(剋)을 받거나 무근(無根)해야 한다. 기신이 있을 때는 한신이 그 글자와 합화(合化)하여 공(功)을 세우면 좋을 것이다. 비록 흉신이라고 하는 상관·효신·겁재·양인이라고 할지라도 격(格)을 보좌하고 용신을 도우면 유정(有情)하므로 기꺼이 용신이 될 수 있으며, 이때 일간이 득기(得氣)하면 부귀(富貴)와 수복(壽福)을 영원무궁하게 누리게 될 것이다.

나이스 주

⊙자연의 변화는 반드시 근묘화실(根苗花實)을 거친다. 즉, 년주(年柱)에서 시작하여 월주(月柱)와 일주(日柱)를 거쳐 시주(時柱)에서 막을 내린다. 더 자세히 살펴보면 년간에서 년지로, 년지에서 월간으로, 그리고 월간에서

월지로, 그리고 월지에서 일간으로 흘러간다. 그 후에는 일간에서 일지로 가고, 다시 일지에서 시간으로 그리고 시간에서 시지로 가서 끝을 맺는다. 이 흐름이 상생이나 조화(造化)를 이루며 흘러가면 좋겠지만 그렇지 않은 경우도 많다.

時	日	月	年
己	丁	甲	壬
酉	亥	辰	寅

● 辰월에 甲木과 壬水와 己土가 모두 뿌리를 두고 있다.

● 천간이 모두 월지에 뿌리를 두면 진신이 모두 투하여 바람직하다.

● 년월이 배반하지 않고 일시가 투기하지 않았다.

● 시종이 제자리를 얻은 것이다.

● 이품의 벼슬을 하였다.

● 백만금을 소유하였다.

● 자손도 잘 되었고 수명이 팔순에 이르렀다.

時	日	月	年
乙	癸	庚	戊
卯	亥	申	戌

● 申월에 庚金이 투하여 인수격이다.

● 亥卯 반합이 있어 시간의 乙木 식신도 힘이 있다.

●간지가 상생하고 투기가 없다.

●향방(鄕榜)에 등용되어 황당(黃堂, 태수)의 벼슬을 하였다.

●일처 이첩에 13명의 자식이 있었다.

●자식들도 연달아 과거에 급제하였다.

●부는 백만금을 소유했고 수명(壽命)은 구순이 넘었다.

時	日	月	年
辛	己	丙	甲
未	巳	寅	子

●寅월에 甲木과 丙火가 투하였다.

●정관과 정인, 즉 관인이 힘이 있으니 좋은 사주이다.

●시작할 곳에서 시작하고 끝날 곳에서 끝나는 사주이다.

●과거에 연달아 급제하였다.

●최고의 벼슬까지 올랐다.

●부모와 자손이 모두 번창하였다.

●자식들도 과거에 급제하였고 수명(壽命)은 구순에 이르렀다.

10 형상形象

兩氣合而成象 象不可破也
양기합이성상   상불가파야

두 개의 기(氣)가 합하여 상(象)을 이룬 경우에는 그 상(象)이 파괴되면 안
된다.

天干屬木, 地支屬火, 天干屬火, 地支屬木, 其象則一. 若見金水則
破, 餘倣此.

천간이 木에 속하고 지지가 火에 속하거나, 천간이 火에 속하고 지지
가 木에 속하면 그 상(象)은 하나이다. 이때 만일 金水를 보게 되면 상
(象)이 깨지니 좋지 않다. 나머지도 이와 같다.

兩氣雙清, 非獨木火二形也, 如土金・金水・水木・木火・火土, 相
生各半五局. 卽相剋之五局亦是也, 如木土・土水・水火・火金・金木
之各半用敵也. 相生要我生. 秀氣流行. 相剋要我剋. 日主不傷 相生必
欲平分. 無取稍多稍寡. 相剋務須均敵, 切忌偏重偏輕.

두 기(氣)가 쌍청(雙淸)한 경우는 木과 火만이 아니다. 예를 들면 土와 金, 金과 水, 水와 木, 木과 火, 火와 土 등 서로 상생하는 오행으로 되어 있는 경우도 마찬가지이다. 상극의 형상도 있는데 예를 들면 木과 土, 土와 水, 水와 火, 火와 金, 金과 木 등과 같이 각각 두 개의 오행이 반씩 이루어진 경우이다. 상생 관계에서는 상대방을 생하면서 수기(秀氣)가 유행해야 하고, 상극 관계에서는 내가 상대방을 극하면서 일간이 손상되지 않아야 한다. 상생 관계일 경우에는 반드시 양기(兩氣)가 공평해야 하고, 많거나 적으면 안 된다. 상극 관계일 때도 역시 한쪽이 중(重)하거나 한쪽이 경(輕)하면 안 되고 양기(兩氣)가 균등해야 한다.

若用金水, 則火土不宜夾雜. 如取水木, 則火金不可交爭. 木火成象者. 最怕金水破局. 水火旣濟者. 尤忌土來止水. 格旣如此. 取運亦傲此而行.

만일 金水를 용(用)할 경우에는 火나 土가 섞여 金水와 싸우면 안 되고, 水木을 취할 경우에도 火나 金이 섞여 水木과 싸우면 안 된다. 木火가 상(象)을 이루면 金水가 국(局)을 파(破)하는 것을 꺼리고, 水火가 상(象)을 이루면 土나 水가 제지(制止)하는 것을 꺼린다. 운을 취하는 방법도 마찬가지이다.

一路澄淸. 必位高而祿重. 中途混亂. 恐職奪而家傾. 故此格最難全美. 而看法貴在精. 若生而復生. 乃是流通之妙. 倘剋而遇化. 亦爲和合之

情. 或謂理僅兩神. 似嫌狹少. 不知格分十種. 盡費推詳.

일로등청(一路澄淸), 즉 팔자가 한 가지 길로 청하게 갈 때는 지위가 높아지고 록(祿)이 중(重)해지지만, 중도(中途)에서 혼란해지면 직책이 박탈되고 가세(家勢)가 기울게 되는 두려움이 있다. 이렇게 두 개의 상(象)으로만 되어 있는 격(格)은 완전히 아름답기는 어려우니 정밀하게 살펴야 한다. 생하고 생하는 것에 유통의 묘(妙)가 있고, 극하면서도 서로 만나 화(化)가 되면 화합의 정(情)이 있다. 어떤 사람들은 팔자에 두 개의 오행만 있으니 협소(狹少)하다고 불평하는 경우가 있는데 이는 격(格)마다 열 가지가 있다는 것을 모르고 하는 말이다.

나이스 주

⊙팔자가 두 개의 오행으로만 되어 있는 격(格)을 양신성상격(兩神成象格)이라고 한다. 木火, 土金, 金水, 水木, 火土처럼 상생하는 오행으로 되어 있는 경우도 있고 木土, 土水, 水火, 火金, 金木처럼 상극하는 오행으로 되어 있는 경우도 있다. 양신(兩神)이 비겁과 인성으로 구성되었을 때는 식상운이 좋고, 양신(兩神)이 비겁과 식상으로 구성되었을 때는 인성운이 좋다.

⊙그러나 서로 극하는 오행으로 되어 있는 상극의 양신성상격은 다르다. 상극의 양신성상격은 통관시키는 오행의 운이 오면 좋다. 즉, 상극의 양신성상격은 일간에서 볼 때 비겁과 재성일 경우는 식상운이 좋고, 비겁과 관성일 때는 인성운이 좋다.

時	日	月	年
丁	甲	丁	甲
卯	午	卯	午

● 卯월에 甲木이 투하여 양인격이다.

● 사주가 木火 화로만 되어 있고 金水가 없다.

● 己巳운에 남궁(예부)의 추천으로 한림원에 들어갔다.

● 庚午운에 지현으로 좌천되었다.

● 水운에 재앙이 있었다.

時	日	月	年
乙	丁	乙	丁
巳	卯	巳	卯

● 巳월에 丁火가 투하여 비견이 강하다.

● 팔자가 木火로만 되어 있다.

● 木이 火를 생하니 염상격이다.

● 木운에 절강성의 순무(巡撫) 벼슬을 하였다.

● 辛丑대운 水년에 木火가 손상되어 화(禍)가 있었다.

● 이인동심(二人同心)일 때는 순(順)해야지 역(逆)하면 안 된다.

時	日	月	年
戊	丙	戊	丙
戌	午	戌	午

- 염상격이 戌월이어 퇴색하였다.

- 천간의 丙戊는 戌에 입묘한다.

- 辛丑운에 火가 어두워지지만 향시(지방 초시)에 합격하였다.

- 壬寅대운 壬년에 회시(會試)에 응시하러 갔다가 서울에서 사망하였다.

時	日	月	年
辛	戊	辛	戊
酉	戌	酉	戌

- 팔자가 土金으로만 되어 있다.

- 水운에 수기(秀氣)가 유행하여 어린나이에 고시에 합격하였다.

- 벼슬이 황당(태수)에 이르렀다.

- 丙寅대운에 사망하였다.

時	日	月	年
癸	戊	癸	戊
亥	戌	亥	戌

- 亥월에 癸水가 투하여 재격이다.

- 두 개의 戊癸합이 있다.

●월간의 癸水는 년간의 戊土와 먼저 합한다.

●팔자가 水와 土로만 되어 있다.

●그러나 지지의 토는 辰戌丑未가 모두 다르니 주의해야 한다.

●丙寅대운에 연달아 과거에 급제하였다.

●벼슬이 군수에 이르렀고 평탄하였다.

時	日	月	年
己	癸	己	癸
未	亥	未	亥

●未월에 己土가 투하여 칠살격이다.

●칠살은 식신으로 제하면 좋다.

●팔자가 土水로만 되어 있다.

●乙卯운에 현령에 올랐다.

●亥卯未 등으로 식상이 강해지는 때였다.

五氣聚而成形 形不可害
오기취이성형　　　　　형불가해

오기(五氣)가 모여서 형(形)을 이룬 경우에는 그 형(形)을 해치지 말아야

한다.

原註

木必得水以生之, 火以行之, 土以培之, 金以成之. 是以成形於要緊之地, 或過或缺, 則害. 餘皆倣之.

木은 水를 얻어 자신을 생하고, 火로 자신을 행(行)하며, 土로 자신을 배양하고, 金으로 자신을 이루게 되니 요긴한 자리에서 형상을 이루어야 좋다. 혹 지나치거나 부족하면 해(害)가 되는데 다른 오행도 이와 같다.

任氏曰

木之成形, 食傷泄氣, 水以生之; 官殺交加, 火以行之; 印綬重疊, 土以培之; 財輕劫重, 金以成之. 成形於得用之地, 庶無偏枯之病, 何患名利不遂乎? 卽擧木論, 五行皆可成形, 變倣此而推. 若四柱無成, 成之於歲運又無成處, 則終身碌碌, 凶多吉少, 有志難伸矣.

木이 형상을 이루었을 때 식상으로 설기되고 있다면 인수인 水로 생해야 하고, **관살교가**(官殺交加)가 되었을 경우에는 식상인 火로 가야 하고, 인수가 중첩되었다면 재성인 土가 있어야 배양되며, **재경겁중**(財輕劫重)이 될 경우에는 관살인 金이 있어야 쓸모가 있다. 이렇게 필요한 곳에서 적절하게 형상을 이루면 편고하지 않게 되니 어찌 명리(名利)를 이루지 못하겠는가? 木을 예로 논했지만 나머지 오행도 마찬가지이다.

만일 사주 원국에서 형상을 이루지 못하면 세운에서라도 이루어야 한다. 그러나 세운에서조차 형상을 이루지 못하면 종신토록 흉(凶)은 많고 길(吉)은 적으며 뜻이 있어도 펼치기가 어렵게 된다.

⊙팔자에 오행이 골고루 갖추어지면 서로 상생과 견제를 통해 균형을 이루게
된다. 木을 예로 들면, 木은 水에게서 생을 받고 火를 통해 능력을 발휘한
다. 土는 木의 근거지가 되며, 金으로 인하여 절도를 갖춘다.

⊙오기(五氣), 즉 다섯 개의 오행을 갖추었다고 할지라도 서로 모양을 해치면
좋지 않다. 팔자가 자연의 법칙대로 흐르면 좋겠지만 그러한 경우는 드물
다. 보통 상생하는 글자나 합이 되는 글자들끼리 가까이 모여 있으면 형상
을 이루어 좋다.

⊙특정한 오행이 많을 경우에는 그 오행을 극설(尅洩)하는 글자, 특정한 오행
이 미약할 경우에는 그 오행을 돕는 글자가 가까이 있으면 형상을 이루어
좋다. 팔자 원국에서 온전한 형상을 이룬 경우에는 운의 글자가 그 형상을
손상시키지 않아야 하고, 만일 원국에서 형상을 이루지 못했을 때는 운에
서라도 형상을 이루어야 한다. 그렇지 않으면 평생 뜻을 펴지 못한다.

時	日	月	年
戊	甲	壬	壬
辰	子	子	戌

●子월에 壬水가 투하여 편인격이다.
●子辰 반합 등 水 기운이 너무 강하다.

●남방 火운에 수만금의 재물을 모았다.

●寅卯辰 방합이 있고 乙木이 투하여 비겁의 기운이 강하다.

●학문을 계속하지 못했다.

●초년 火土운에는 재물은 넉넉했다.

●庚申, 辛酉운에 재물을 바치고 이로공명(異路功名)하였다.

●관운이 강해지는 시기였다.

●벼슬이 주목(州牧)에 이르렀다.

●癸亥운에 사망하였다.

●양인격에 卯未 반합 등으로 비겁이 무척 강하다.

●비겁이 강하면 재관이 약해진다.

●원국이 파격되어 조업이 마모되고 극처 무자(無子)에 이르렀다.

獨象喜行化地 而化神要昌
독상희행화지   이화신요창

독상(獨象)으로 이루어진 팔자는 화지(化地)로 가는 것이 좋고, 이때 화신
(化神)은 창성(昌盛)해야 한다.

*화지(化地) 식상(食傷), 설기처

原註

一者爲獨, 曲直炎上之類也. 所生者爲化神, 化神宜旺, 則其氣流
行, 然後行財官之地方可.

한 가지 오행으로만 이루어진 형상을 독상이라고 하는데 곡직(曲直),
염상(炎上) 등이 있다. 독상일 때 화신(化神)은 왕성해야만 그 기(氣)가
자연스럽게 유행하게 된다. 그런 후에 재관(財官)의 자리로 가면 좋다.

任氏曰

權在一人, 曲直炎上之類是也. 化者, 食傷也, 局中化神昌旺, 歲運
行化神之地, 名利皆遂也. 八字五行全備, 固爲合宜, 而獨象乘權,
亦主光亨. 木日, 或方或局全, 不雜金爲曲直；火日, 或方或局全,
不雜水爲炎上；土日, 四庫皆全, 不雜木爲稼穡；金日, 或方或局
全, 不雜火爲從革；水日, 或方或局全, 不雜土爲潤下. 皆從一方之
秀氣, 不同六格之常情.

독상(獨象)은 권세가 한 사람에게 있는 것이니 곡직(曲直), 염상(炎上)

등의 부류이다. 화신(化神)은 식신과 상관을 말하는데, 독상의 형상을 이룰 때는 명(命) 중의 화신(化神)이 왕성하고 세운도 화신(化神)의 자리로 가면 명리(名利)를 모두 얻게 된다. 팔자에 오행이 온전하게 갖추어지면 좋겠지만 하나의 오행으로만 이루어진 독상이라도 권세를 잡으면 빛나고 형통할 수 있다. 木일간일 때 寅卯辰이나 亥卯未가 완전히 갖추어지고 金이 섞이지 않으면 **곡직격**(曲直格)이 되며, 火일간일 때 巳午未나 寅午戌이 완전히 갖추어지고 水가 없으면 **염상격**(炎上格)이 된다. 土일간일 때 辰戌丑未가 모두 갖추어지고 木이 섞이지 않으면 **가색격**(稼穡格)이 되고, 金일간일 때 申酉戌이나 巳酉丑이 온전히 갖추어지고 火가 없으면 **종혁격**(從革格)이 된다. 그리고 水일간일 때 亥子丑이나 申子辰이 온전히 갖추어지고 土가 섞이지 않으면 **윤하격**(潤下格)이 된다. 팔자가 하나의 오행으로만 되어 있는 독상이 되면 그 오행의 식상으로 흐르는 수기(秀氣)를 따르면 되니 일반 여섯 개의 격국과는 다르다.

必要得時當令, 遇旺逢生. 但體質過於自强, 須以引通爲妙, 而氣勢必有所關, 務須審察其情. 如木局見土運, 斯雖財神資養, 先要四柱有食有傷, 庶無分爭之慮. 見火運, 謂英華發秀, 須看原局有財無印, 方免反剋爲殃, 名利可遂; 見金運, 謂破局, 凶多吉少; 見水運, 而局中無火, 謂生助强神, 亦主光亨, 故舊有從强之說, 再行生旺爲佳, 若四柱先有食傷, 必主凶禍臨身

독상은 득시하고 당령하며 생왕해야 되지만 체(體)가 지나치게 강하기 때문에 화(化)하여 유통시키는 것을 묘(妙)하게 여긴다. 그러나 그 기세는 반드시 일정치 않으니 주변 상황을 잘 살피는 것이 좋다. 가령 목국(木局)이 土운을 만나면 비록 재신(財神)의 자양을 얻는다고 해도 식상이 있어야 분쟁의 우려가 없다. 목국(木局)이 火운을 만나면 초목이 꽃을 피우는 것이니 원국에 재성인 土가 있어야 하고 인성인 水는 없어야 반극(反剋)의 재앙을 피하고 명리(名利)를 이룬다. 목국(木局)이 金운을 만나면 파국(破局)이 되어 흉다길소(凶多吉小)하게 되지만, 목국(木局)이 水운을 만나면 강한 신(神)을 생조하여 광형(光亨)을 누리게 되는데 이때는 火가 없어야 한다. 이러한 것을 **종강격**(從强格)이라고 하는데 이때는 생왕한 운으로 가면 아름답다. 만일 사주에 식상이 있는데 인수인 水운으로 간다면 오히려 흉화(凶禍)가 있게 된다.

如原局微伏破神, 須運有合沖之妙 ; 若本主失時得局, 要運遇生旺之鄉, 亦主功名小就. 苟行運偶逢殺地, 獨象立見凶災, 若局有食傷反剋之能, 方無大害.

만일 원국에 독상을 파괴하는 파신(破神)이 잠복해 있을 경우에는 운에서 파신(破神)을 합거(合去)하거나 충거(沖去)하는 것이 좋다. 독상의 국(局)을 이루었다 할지라도 일간이 월령을 얻지 못했다면 반드시 생왕한 운으로 흘러야 공명(功名)이 작게라도 이루어진다. 일간이 월령을 얻지 못했을 때 행운에서 칠살을 만나면 흉재(凶災)를 면치 못하게 되지만 만일 원국에 식상이 있어서 칠살을 제하게 된다면 칠살운이라도 큰 피해는 없다.

總之干乃領袖之神, 陽氣爲强, 陰氣爲弱 ; 支乃會格之物, 方力較重, 局力較輕. 獨象雖美, 只怕運途破局 ; 合象雖難, 卽喜制化成功.

결론적으로 천간은 영수(領袖)의 역할을 하니 양기(陽氣)가 강하고 음기(陰氣)는 약하며, 지지에서는 방합은 비교적 중(重)하고 삼합은 비교적 경(輕)하다. 독상은 아름답지만 국(局)을 깨는 운이 오면 두렵고, 합상(合象)은 비록 혼잡하지만 운에서 제화(制化)되면 공(功)을 이루어 기쁘다.

나이스 주

◉독상(獨象)이란 팔자가 한 가지 오행으로만 구성된 일행득기격(一行得氣格)을 말한다. 독상처럼 특정 오행이 강할 때는 설기시키는 화신(化神)도 힘이 있어야 한다. 큰물이 흐를 때는 수로(水路)도 커야 하는 것처럼, 독상이 되면 화신(化神)도 창성(昌盛)해야 한다.

◉일행득기격에는 木으로만 되어 있는 곡직격(曲直格), 火로만 되어 있는 염상격(炎上格), 土로만 되어 있는 가색격(稼穡格), 金으로만 되어 있는 종혁

격(從革格), 水로만 되어 있는 윤하격(潤下格) 등이 있다. 그러나 이렇게 하나의 오행으로만 되어 있는 사주는 드물다. 독상, 즉 일행득기격이 되면 운은 식상으로 흐르면 좋지만 강한 형상을 거스르는 칠살의 운을 만나면 흉(凶)하다.

時	日	月	年
丙	甲	丁	甲
寅	辰	卯	寅

● 寅卯辰 방합 등으로 비겁이 강하다.

● 강한 비겁은 식상으로 흐르면 좋다.

● 어린 나이에 과거에 급제하였다.

● 壬申대운에 관직에서 물러나 고향에 와서 죽었다.

時	日	月	年
己	戊	丁	己
未	子	丑	未

● 丑未충과 子未원진이 있다.

● 원진은 충과 비슷하다.

● 丑월에 戊土는 아직 녹지 않은 언땅이다.

● 비중당의 사주이다.

● 자식을 두지 못했다.

時	日	月	年
乙	丙	甲	丙
未	戌	午	寅

- 寅午戌 삼합에 丙火가 투하였다.

- 화를 거스르는 기운이 없으니 염상격이다.

- 학문은 어려웠고 무과로 관직에 나가 부장(副將)을 하였다.

- 丙申, 丁酉운에 재앙이 없었다.

- 己亥운에 관직을 떠났다.

- 庚子운에 군(軍)에서 죽었다.

時	日	月	年
庚	庚	乙	庚
辰	戌	酉	申

- 申酉戌 방합이 있고 庚金이 투하였다.

- 종혁격이다.

- 水가 없어 학문에는 불리하다.

- 무관으로 관직에 나아가 참장(參將)의 벼슬을 하였다.

- 庚寅운에 진(陣) 중에서 사망하였다.

- 운이 왕신을 건들었다.

時	日	月	年
壬	癸	辛	壬
子	丑	亥	子

- 亥子丑이 있다.

- 亥子丑에 두 개의 壬水가 투하여 윤하격이다.

- 일찍 학업을 이루었다.

- 庚寅운에 수기가 유행하여 과거에 일등을 하였다.

- 乙卯운에 현령(縣令)을 거쳐 주목(州牧)이 되었다.

- 丙辰운에 사망하였다.

全象喜行財地 而財神要旺
전상희행재지 　　　 이재신요왕

전상(全象)은 지지가 재성이면 좋고, 그 재신(財神)은 왕해야 한다.

* **전상(全象)** 일간이 월령을 얻어 온전한 상(象)

原註

三者爲一, 有傷官而又有財也, 主旺喜財旺, 而不行官殺之地方可.

세 가지가 하나가 된다는 것은 일간이 상관을 만나고 또 재를 만나는 것이다. 일간이 왕할 때는 재가 왕하면 좋은데 이때는 지지가 관살의 방향으로 가지 않아야 좋다.

三者爲全, 非專論傷官與財也. 傷官生財, 固爲全矣, 而官印相生, 財官竝見, 豈非全乎? 傷官生財, 日主旺相, 固宜財運, 倘四柱比劫多見, 財星被劫, 官運必佳, 傷官運更美. 須觀局中意向爲是.

세 가지가 온전하다는 것은 오로지 일간과 상관과 재만을 논하는 것이 아니다. **상관생재**(傷官生財)가 온전한 것이라면 관인이 상생하거나 재관이 함께 있는 것도 어찌 온전하지 않겠는가? 상관이 재를 생하고 있을 때 일간이 왕상하다면 재운(財運)으로 가면 좋다. 그러나 만일 사주에 비겁이 많아서 재성을 위협할 때는 관운이 좋고 상관운이라면 더욱 좋다. 그래서 반드시 국(局) 전체를 살피는 것이 바람직하다.

日主旺, 傷官輕, 有印綬, 喜財而不喜官 ; 日主旺, 財神輕, 有比劫, 喜官而不喜財 ; 財官竝見, 日主旺相, 喜財而不喜官 ; 官印相生, 日主休囚, 喜印綬而不喜比劫. 大凡論命, 不可執一, 須察全局之意向, 日主之喜忌爲的.

일간이 왕하고 상관이 경(輕)할 때 인수가 있으면 재운은 좋으나 관운은 좋지 않다. 일간이 왕하고 재가 경(輕)할 때 비겁이 있다면 관운은 좋으나 재운은 좋지 않다. 재와 관이 함께 있을 때 일간이 왕상하면 재운은 좋으나 관운은 좋지 않다. 관과 인수가 상생하고 일간이 휴수되었을 때는 인수운은 좋으나 비겁운은 좋지 않다. 그래서 명(命)을 논할 때는 한 가지만 고집하지 말고 반드시 국(局) 전체를 살펴 일간의 희기를 관찰해야 한다.

나이스 주

⊙ 전상(全象)이란 일간이 월령을 얻고 식상과 재성, 또는 관성과 인성 등이 서로 균형을 이루고 상생 조화하고 있을 때를 말한다. 물론 일간의 강약도 중요하므로 일간을 포함하여 삼자(三者)라는 용어를 썼다.

⊙ 식상생재(食傷生財)란 일을 하고 그 결과물을 얻는 것을 말한다. 일의 종류는 많고 그 결과물은 다양하니, 재성은 재물이나 돈만을 의미하는 것은 아니고 육체적, 정신적 활동에 대한 모든 결과물을 뜻한다.

⊙ 식상만 있고 재가 없으면 노력해도 그 결과물을 얻지 못하게 된다. 그래서 식상은 재를 보는 것이 좋다. 재는 내가 멋대로 다루려고 하는 것이니 관의 통제를 받으면 좋다. 관은 나를 제어하는 것이니 인성이 없으면 고달프다. 관인이 소통이 되어야 일간은 관의 피해를 줄일 수 있다. 그러나 이러한 교과서적인 설명은 실제 팔자를 볼 때는 잘 통하지 않는다. 각 글자의 강약과 기세 그리고 위치에 따라 통변이 크게 달라지기 때문이다.

時	日	月	年
甲	丁	丙	戊
辰	卯	辰	申

- 辰월에 戊土가 투하여 상관격이다.

- 어릴 때 학업을 이루기 어려웠다.

- 庚申, 辛酉운에 십여만금의 재산을 모았다.

- 재운으로 흘러 상관생재가 되던 시기였다.

時	日	月	年
丁	丙	辛	己
酉	午	未	巳

- 巳午未 방합에 丁火가 투하여 비겁이 강하다.

- 조업도 없었고, 부모도 일찍 사망했다.

- 유년에 고통이 있었고 중년에도 굶주렸다.

- 육십전 동남 木火운에 처, 재물, 자식, 관록 등 하나도 좋지 않았다.

- 乙丑대운에 시운을 만나 재물을 모았고, 칠십에 첩을 통해 두 아들을
  낳았다.

- 甲子, 癸亥 북방운에 수만금의 돈을 모았다.

- 수명(壽命)은 90이 넘었다.

形全者宜損其有餘 形缺者宜補其不足
형전자의손기유여　　　　형결자의보기부족

형전(形全)할 때는 유여한 기운을 손(損)해야 하고, 형결(形缺)할 때는 부족한 기운을 보충해야 한다.

原註

如甲木生於寅·卯·辰月, 丙火生於巳·午未月, 皆爲形全；戊土生於寅·卯·辰月, 庚金生於巳·午·未月, 皆爲形缺. 餘倣此.

甲木이 寅, 卯, 辰월에 태어났거나 丙火가 巳, 午, 未월에 태어나면 모두 형상이 온전한 형전(形全)에 속한다. 戊土가 寅, 卯, 辰월에 태어났거나 庚金이 巳, 午, 未월에 태어나면 모두 형상이 결여된 형결(形缺)에 속한다.

任氏曰

形全宜損, 形缺宜補之說, 卽子平旺則宜泄宜傷, 衰則喜幇喜助之謂也. 命書萬卷, 總不外此二句, 讀之直捷痛快, 顯然明白, 故人人得而知之. 究之深奧異常, 其中作用實有至理, 庸俗只知旺用洩傷, 衰用幇助, 以致吉凶顚倒, 宜忌淆亂也.

형상이 온전하면 덜어내는 것이 마땅하고, 형상이 결여되면 보충하는 것이 마땅하다. 왕한 경우에는 설기(洩氣)해야 할 때와 손상시켜야 할 때가 있고, 쇠한 경우에는 방조(幇助)해야 할 때와 생조(生助)해야 할 때가 있다. 명리서(命理書)가 만 권이라도 모두 이 논리를 벗어나지 못한다. "왕즉의설의상(旺則宜洩宜傷), 쇠즉희방희조(衰則喜幫喜助)"의 뜻이 심오하여 이 두 구절 속에 참으로 지극한 이치가 들어 있음이 명백한데도, 보통 사람들은 설(洩)과 상(傷) 그리고 방(幫)과 조(助)의 차이를 모르고 왕하면 설상(洩傷)하고, 쇠하면 방조(幫助)하는 것으로만 알고 있다. 그렇게 단순하게 사용하면 길흉이 바뀌고 의기(宜忌)가 섞여 혼란에 빠질 수 있다.

以余論之, 須將四字分用爲是, 通變在一"宜字". 宜泄則泄之爲妙, 宜傷則傷之有功. 泄者食傷也, 傷者官殺也. 均是旺也, 或泄之有害, 而傷之有利 ; 或泄之有利, 而傷之有害, 所以洩傷兩字, 宜分而用之也. 宜幫則幫之爲切, 宜助則助之爲佳. 幫者比劫也, 助者印綬也. 均是衰也, 幫之則凶, 而助之則吉 ; 或幫之則吉, 而助之則凶, 所以幫助兩字, 亦宜分而用之也.

설상(洩傷)과 방조(幫助) 이 두 가지로만 나누면 안 되고, 반드시 설(洩) · 상(傷) · 방(幫) · 조(助) 이 네 글자를 구분해서 사용해야 한다. 변통(變通)하는 방법은 설(洩)이 마땅한 경우에는 설(洩)해야 좋고, 상(傷)이 마땅한 경우에는 상(傷)해야 공(功)이 있다. 설(洩)하는 것은 식상이고 상(傷)하는 것은 관살이다. 왕할 때도 마찬가지이다. 설(洩)하면 유해(有害)하고 상(傷)하면 유리(有利)한 경우가 있고, 또는 설(洩)이 유리(有利)하고 상(傷)은 유해(有害)한 경우도 있다. 이 때문에 설(洩)과 상(傷) 두 글자를 구분해서 써야 하는 것이다. 또 방(幫)이 마땅한 경우에는 방(幇)해야 하고, 조(助)가 마땅한 경우에는 조(助)해야 아름답다. 방(幇)하는 것은 비겁이고 조(助)하는 것은 인수이다. 똑같이 쇠한데도 방(幇)하면 흉(凶)하고 조(助)하면 길(吉)한 경우가 있고, 방(幇)하면 길(吉)하고 조(助)하면 흉(凶)한 경우도 있으니, 방(幇)과 조(助) 두 글자도 역시 구분해서 써야 한다.

如日主旺相, 柱中財官無氣, 泄之則官星有損, 傷則去比劫之有餘, 補官星之不足, 所謂傷之有利, 而泄之有害也. 日主旺相, 柱中財官不見, 滿局比劫, 傷之則激而有害, 不若泄之以順其氣勢, 所謂"傷之有害, 而泄之有利也.

가령 일간이 왕상하고 팔자의 재관이 무기(無氣)할 때 이것을 식상으로 설(洩)하면 관성에 손상이 있다. 그러나 관성으로 상(傷)하게 하면 비겁의 유여를 제거하고 관성의 부족을 보충하니 이른바 상(傷)하면 유리(有利)하고 설(洩)하면 유해(有害)한 것이다. 일간이 왕상할 때 팔자에 재관이 없고 비겁이 많을 때는 관성으로 상(傷)하면 비겁이 격분하여 유해(有害)하니 왕한 기(氣)를 설(洩)하여 그 기세에 순종하는 것만 못하다. 이른바 상(傷)하면 유해(有害)하고 설(洩)하면 유리(有利)한 경우이다.

日主衰弱, 柱中財星重疊, 印綬助之反壞, 幇則去財星之有餘, 補日主之不足, 所以幇之則吉, 而助之則凶也. 日主衰弱, 柱中官殺交加, 滿盤殺勢, 幇之恐反剋無情, 不若助之以化其强暴, 所以幇之則凶, 而助之則吉也. 此補前人所未發之言也.

일간이 쇠약하고 재성이 중첩되었을 때 인수로 일간을 생조하면 도리어 인수가 파괴되지만 비겁으로 도우면 재성의 유여함을 제거하고 일간의 부족을 보충하게 된다. 이 때문에 방(幇)하면 길(吉)하고 조(助)하면 흉(凶)한 것이다. 일간이 쇠약하고 팔자에 관살이 뒤섞여서 관살의 기세가 가득할 때 일간을 비겁으로 도우면 반극(反剋)이 되어 오히려 무정(無情)하게 되니 이때는 인수로 조(助)하여 관살의 강폭함을 화(化)하는 것이 좋다. 이때는 방(幇)하면 흉(凶)하고 생조하면 길(吉)하다.

至於木生寅卯辰月, 火生巳午未月爲形全, 亦偏論也. 如木生寅卯辰月, 干露庚辛, 支藏申酉, 莫非仍作全形而損之乎? 火生巳午未月, 干透壬癸, 支藏亥子, 莫非仍作全形而損之乎? 土生於寅卯辰月爲形缺, 干丙丁而支巳午莫非仍作缺形而補之乎? 金生於巳午未月, 干戊己而支申酉. 莫非亦作缺形而補之乎? 凡此須究其旺中變弱‧弱中變旺之理, 不可執一而論. 是以實似所當損者, 而損之反有害, 實似所當補者, 而補之反無功, 須詳察焉.

원주의 木이 寅, 卯, 辰월에 태어나고 火가 巳, 午, 未월에 태어나면 형상이 온전하여 형전(形全)이라고 말한 것은 치우친 논리이다. 가령 木이 寅, 卯, 辰월에 태어났을 때 천간에 庚辛金이 노출되고 지지에 申이나 酉가 있을 경우에도 형전(形全)이니 손(損)해야 한단 말인가?

火가 巳, 午, 未월에 태어났을 때 천간에 壬癸水가 투출하고 지지에 亥나 子가 있을 경우에도 형전(形全)으로 간주하여 유여함을 손(損)해야 한단 말인가? 土가 寅, 卯, 辰월에 태어나면 형상이 결여된 형결(形缺)이라고 했는데 천간에 丙丁火가 있고 지지에 巳나 午가 있는 경우에도 형결(形缺)로 간주하여 부족함을 보충해야 하는가? 金이 巳, 午, 未월에 태어났을 때 천간에 戊己土가 있고 지지에 申이나 酉가 있을 경우에도 형결(形缺)로 간주하여 부족함을 보충해야 한단 말인가? 이러한 것들은 원래 왕했으나 약해지거나 또는 원래 약했으나 왕해진 경우이니 그 변하는 이치를 잘 연구해야 하며 한 가지만을 고집하면 안 된다. 이 때문에 손(損)해야 할 경우인데도 손(損)하면 도리어 해(害)가 되는 경우가 있고, 또 보(補)해야 할 경우인데도 보(補)하면 도리어 공(功)이 없는 경우도 있으니 자세히 살펴야 한다.

나이스 주

◎너무도 당연한 말이다. 자연의 운동은 음양의 균형을 맞추기 위함이다. 물이 흐르고 바람이 부는 것도 태과(太過)나 불급(不及)을 없애 균형을 맞추려는 자연스런 시도이다. 팔자에서도 특정 오행이 넘치면 설(洩)이나 상(傷)으로 손(損)하는 것이 좋고, 특정 오행이 결핍되면 방(幇)이나 조(助)로 보(補)해 주면 좋다. 팔자에 따라 왕한 경우에도 설(洩)해야 할 때와 상(傷)해야 할 때가 있고, 쇠한 경우에도 방(幇)해야 할 때와 조(助)해야 할 때가 있으니 잘 구분해야 한다. 설(洩)하는 것은 식상이고, 상(傷)하는 것은 관살

이다. 방(幇)하는 것은 비겁이고, 조(助)하는 것은 인성이다.

⊙임철초의 설명을 보면 강약과 왕쇠를 섞어서 설명하고 있는 것을 볼 수 있다. 앞에서 설명한대로 강약은 통근을 기준으로 하고 왕쇠는 12운성을 기준으로 보면 된다. 체격과 체력의 차이, 외모와 인간성〔실력〕의 차이 등으로 비유하면 이해하기 쉽다.

時	日	月	年
甲	庚	庚	丁
申	子	戌	丑

● 戌월에 庚丁이 투하였지만 庚金이 더 강하다.

● 丑戌형에 申子 반합이 있다.

● 초년 土金운에는 형벌과 상해, 파산과 소모가 있었다.

● 丁未, 丙午대운에 가업(家業)을 일으켰다.

● 乙巳대운에 편안한 노후를 보냈다.

時	日	月	年
乙	庚	壬	戊
酉	申	戌	申

● 戌월에 戊土가 투하여 편인격이다.

● 癸亥, 甲子운에 재물이 넘쳤다.

●丙寅운에 왕신을 건드려 재물이 재처럼 사라졌다.

●의식을 해결하지 못해 스스로 목을 매었다.

時	日	月	年
乙	丙	辛	庚
未	辰	巳	申

●巳월에 庚辛金이 투하여 재격이다.

●甲申, 乙酉운에 파산과 소모가 있었다.

●丙戌, 丁亥운에 명성을 날렸다.

●재다신약으로 비겁운에 좋았다.

時	日	月	年
壬	丙	癸	壬
辰	午	丑	子

●丑월에 壬癸水가 투하여 관살혼잡이다.

●子丑합과 丑午원진이 있다.

●관살을 설기하여 일간을 돕는 甲寅, 乙卯운에 대학에 들어가고 재가
풍부했다.

●丙辰운에 처자를 형극(荊棘)하고 가업의 파산이 있었다.

●재가 관살을 돕는 庚申운에 죽었다.

●인수는 길(吉)하고 비겁은 해로운 사주이다.

11 방국 方局-上

方是方兮局是局 方要得方莫混局
방시방혜국시국 방요득방막혼국

방(方)은 방(方)이고 국(局)은 국(局)이다. 방(方)은 방(方)을 이루어야 하고, 방(方)과 국(局)이 혼합(混合)되면 안 된다.

*방(方) 방합   *국(局) 삼합

原註

寅卯辰, 東方也, 搭一亥或卯或未, 則太過, 豈不爲混局哉!

寅卯辰은 동방(東方)인데 하나의 亥 또는 卯 또는 未가 섞이면 태과 해지니 어찌 혼국(混局)이 되지 않겠는가?

任氏曰

十二支, 寅卯辰東方, 巳午未南方, 申酉戌西方, 亥子丑北方. 凡三字全爲成方, 如寅卯辰全, 其力量較勝於亥卯未木局. 戊日遇寅月, 見三字, 俱以殺論; 遇卯月, 見三字, 俱以官論, 己日反是. 遇辰月, 視寅卯之勢, 較量輕重, 以分官殺, 其餘倣此. 若只二字, 則竟不取,

십이지지 중에 寅卯辰은 동방(東方), 巳午未는 남방(南方), 申酉戌은 서방(西方), 亥子丑은 북방(北方)이다. 팔자에 이러한 세 글자가 모두 모여 있을 때 방합이 된다. 방합은 그 힘의 강도가 삼합보다 더 강하다. 가령 寅卯辰이 모두 있는 것이 삼합국인 亥卯未가 모두 있는 것보다 힘이 더 강하다. 寅월의 戊土일간이 寅卯辰을 모두 만나면 칠살로 간주한다. 卯월의 戊土일간이 寅卯辰 세 글자를 모두 만나면 정관으로 간주한다. 이와 반대로 己土일간이 寅월에 태어나고 寅卯辰이 모두 있으면 정관으로 간주하고, 卯월의 戊土일간에게 寅卯辰이 모두 있으면 칠살로 간주한다. 만일 戊土일간이 辰월에 태어나면 寅卯의 기세를 보아 경중(輕重)을 비교하여 관(官)과 살(殺)을 구분해야 한다. 그러나 세 글자가 아니고 두 글자만 있을 때는 방합으로 간주하지 않는다.

所言方局莫混之量，愚意以爲不然，且如木方而見亥字，爲生旺之神；見未字，爲我剋之財，又是木盤根之地，亦何不可？即用三合木局，豈有所損累耶？至於作用，則局之用多，而方之用狹，弗以論方而別生穿鑿也.

원문에서 방(方)과 국(局)을 혼합하지 말아야 한다고 했는데 이 말은 옳지 않다. 가령 목방(木方)에 亥가 있으면 생왕의 글자이고, 未는 자신이 극하는 재(財)가 된다. 또 이것들은 木이 통근하는 자리인데 왜 불가(不可)하겠는가? 방합과 삼합이 서로 혼국(混局)이 되었다고 해도 전혀 손(損)이나 누(累)가 되지 않는다. 방합보다는 삼합의 작용이 더 넓은 것이니 따로 억지로 말을 만들면 안 된다.

나이스 주

⊙여기서 방(方)은 방합을 말하고, 국(局)은 삼합을 말한다. 원문에서는 방합과 삼합이 섞이면 좋지 않다고 했는데 임철초(任鐵樵)는 이를 반박하고 있다.

⊙방합과 삼합을 이해하기 위해서는 체용(體用)을 구분할 수 있어야 한다. 방합이 체(體)라면 삼합은 용(用)이다. 체(體)가 건물이라면 용(用)은 건물의 용도이다. 체(體)가 건강이라면 용(用)은 하는 일이다. 보통 방합을 가족의 합이라고 하고, 삼합을 사회적인 합이라고 한다. 이렇게 방합과 삼합은 서로 역할이 다르니 섞여서 혼국을 이루면 좋을 리가 없다. 집안 일과 직장 일을 동시에 하려고 하는 것과 같다.

⊙임철초(任鐵樵)의 설명에 "목방(木方)에 亥가 있으면 생왕의 글자이고, 未는 자신이 극하는 재(財)가 된다. 방합과 삼합이 서로 혼국(混局)이 되었다고 해도 전혀 손(損)이나 누(累)가 되지 않을 것이다.'라고 설명하고 있다. 천간 지지가 아닌 오행으로 설명하고 있음을 알 수 있다.

⊙각 지지의 체용(體用) 구분은 방합과 삼합을 기준으로 하면 쉽다.

지지	寅	卯	辰	巳	午	未	申	酉	戌	亥	子	丑
체(體)	木	木	土	火	火	土	金	金	土	水	水	土
용(用)	火	木	水	金	火	木	水	金	火	木	水	金

⊙예를 들어 庚金일간이라면 지지에 寅이 있을 때, 체(體)의 영역에서는 재성

이 되지만 용(用)의 영역에서는 관성이 된다. 가정에서의 역할과 사회에서의 역할이 다른 것이다.

- 寅卯辰 방합에 甲木이 투하여 칠살이 강하다.

- 인수가 칠살을 설기하고 일간을 돕고 있다.

- 명리쌍전(名利雙全)한 사주이다.

- 과거에 우수한 성적으로 합격하여 벼슬이 극품에 이르렀다.

- 방국이 혼잡되어도 해(害)가 없는 사주이다.

<table>
<tr><td>時</td><td>日</td><td>月</td><td>年</td></tr>
<tr><td>丁</td><td>乙</td><td>庚</td><td>丙</td></tr>
<tr><td>亥</td><td>卯</td><td>寅</td><td>辰</td></tr>
</table>

- 寅卯辰 방합이 있어 일간이 왕하다.

- 乙庚합으로 일간이 정관과 합을 하고 있다.

- 국학에 들어가서 과거에 급제하였다.

- 癸巳운에 한림원에서 이름을 날렸다.

- 甲午운에 현명한 대신(大臣)으로 높은 관직에 있었다.

- 丁酉운에 卯酉충이 되어 잘못을 저질러 관직에서 물러났다.

局混方兮有純疵 行運喜南或喜北
국혼방혜유순자　　　행운희남혹희북

삼합이 방합과 섞이는 국혼방(局混方)이 되면 순수함에 흠이 생긴다. 행
운이 남(南)으로 가야 좋을 때가 있고, 북(北)으로 가야 좋을 때도 있다.

原註

亥卯未木局, 混一寅辰, 則太强, 行運南北, 則有純疵, 不能俱利.

亥卯未 목국(木局)에 하나의 寅이나 辰이 혼합되면 목기(木氣)가 태
강(太强)해진다. 운이 남(南)이나 북(北)으로 가면 순수함에 흠이 생기
니 이롭지 못하다.

任氏曰

地支有三位相合而成局者, 亥卯未木局, 寅午戌火局, 巳酉丑金局,
申子辰水局, 皆取生旺墓, 一氣始終也. 柱中遇三支合勢, 吉凶之力
較大. 亦有取二支者, 然以旺支爲主, 或亥卯, 或卯未, 皆可取, 亥
未次之. 凡會忌沖, 如亥卯未木局, 雜一酉丑字於其中, 而以與所沖
之神緊貼, 是爲破局. 雖沖字雜地其中, 而不緊貼, 或沖字處於其外
而緊貼, 則會局與損局兼論, 其二支會局者, 以相貼爲妙, 逢沖卽
破, 他字間之, 亦遙隔無力, 須天干領出可用.

세 지지가 서로 합하여 국(局)을 이루는 경우가 있다. 亥卯未의 목국
(木局)과 寅午戌의 화국(火局)과 巳酉丑의 금국(金局)과 申子辰의 수
국(水局) 등이다. 생왕묘(生旺墓)의 세 글자가 모여 시종(始終)을 이루

며 하나의 왕한 기(氣)를 완성하게 된다. 사주 중에 세 지지가 합을 하면 기세가 태왕해지니 길흉의 힘이 커진다. 세 지지가 아닌 두 지지를 취하는 경우도 있는데 왕지(旺地)가 포함된 亥卯나 卯未 등은 왕하고 왕지가 없는 亥未는 비교적 약하다.

회합한 국(局)은 충을 꺼린다. 가령 亥卯未 목국(木局)에 충하는 글자가 옆에 있다면 국(局)이 파괴되는데, 예를 들면 亥卯未丑이나 亥未卯酉 등이다. 충하는 글자가 있다 하더라도 붙어 있지 않다면 회국(會局)이 될 때도 있고 또는 국(局)을 손상시킬 수도 있다. 예를 들면 亥卯未巳, 未亥卯丑 등이다. 두 개의 지지로 반합을 이룬 경우에는 서로 붙어 있어야 하고, 반합이 충이 된다면 파국(破局)이 된다. 즉, 떨어져 있는 반합은 영향력이 현저히 감소하고, 亥卯酉□ 등처럼 반합이 충이 되면 국(局)이 깨지게 된다. 또 합이 되는 글자들 사이에 다른 글자가 끼어들면 그 사이의 글자에 따라 영향력이 달라진다.

至於局混方兮有純疵之說, 與方要得方莫混局, 之理相似, 究其理亦無所害. 見寅字是謂同氣, 見辰字是謂餘氣, 又是東方濕土, 能生助木神, 又何損累耶? 行運南北之分須看局中意向爲是. 如木局, 日主是甲乙, 四柱純木, 不雜別字, 運行南方, 謂秀氣流行, 則純 ; 運行北方, 謂之生助强神, 無疵. 或干支有火吐秀, 運行南方, 名利裕如 ; 運行北方, 凶災立見. 木論如此, 餘者可知.

국(局)에 방(方)이 섞이면 흠이 생긴다는 말은 앞에 나온 '방(方)은 방(方)을 이루어야 하고 국(局)과 혼합되지 말아야 한다.'는 말과 비슷하다. 그러나 섞여서 혼국(混局)이 되었다고 해서 해로울 것은 없다. 亥卯未 목국(木局)이 寅을 만나면 동기(同氣)를 만난 것이고 辰을 만나면 여기(餘氣)를 만난 것이다. 또 辰은 동방(東方)의 습토(濕土)이므로 木을 생조할 수 있으니 어찌 손상되어 흠이 되겠는가?

남방운과 북방운에 대한 구분은 반드시 팔자 전체를 살핀 후 판단해야 한다. 가령 일간이 甲木이나 乙木이고 지지에 목국(木局)이 있을 때 다른 글자가 섞이지 않았을 때는 운이 남방(南方)으로 간다면 수기(秀氣)가 유행되어 좋을 것이다. 또 운이 북방(北方)으로 간다고 해도 강신(强神)을 생조하게 되니 흠이 없다. 그러나 혹 간지에 火가 있을 때 운이 남방(南方)으로 간다면 명리(名利)가 넉넉하겠지만 운이 북방(北方)으로 간다면 흉(凶)과 재앙이 있을 것이다. 木의 논리가 이와 같으니 다른 오행도 마찬가지이다.

나이스 주

⊙삼합은 亥卯未처럼 생왕묘(生旺墓)의 세 글자로 이루어지게 된다. 세 글자가 모두 있으면 길흉의 영향력이 비교적 크지만, 두 글자만 있는 반합이 되어도 목국(木局)을 이루어 기세가 강해진다. 왕지(旺地)가 포함된 반합이

라고 해도 생지(生地) + 왕지(旺地)와 왕지(旺地) + 묘지(墓地)는 그 기세가 다를 것이고, 또 각 글자의 위치에 따라서도 달라질 것이니 전체적인 상황을 살펴야 한다. 반합이라도 천간에 해당 오행의 글자가 투(透)하면 천간의 유인력이 작동되어 삼합만큼은 아니더라도 강력한 기운이 형성된다. 반합의 글자는 운에서 나머지 한 글자가 올 때 합국이 되어 변화를 일으키는 경우가 많다.

⊙여기서도 삼합과 방합이 섞인 혼국(混局)에 대해 원주와 임철초(任鐵樵)의 해석은 다르다. 물론 순수하면 좋겠지만 서로 혼국(混局)이 되었을 경우는 각 시기마다 일어나는 현상이 달라진다. 즉, 寅卯辰은 체(體)는 같지만 용(用)이 다르고, 亥卯未는 체(體)는 다르지만 용(用)이 같다. 각 지지의 체용을 구분하지 못하고 단순히 오행으로만 통변하려는 경향이 있다. 예를 들면 '나'라는 체(體)는 곁에 있는 사람이나 있는 장소에 따라 용(用)은 달라진다. 지지 글자도 마찬가지이다. 예를 들면 같은 寅의 글자라도 옆에 있는 글자에 따라 寅의 역할은 달라진다. 寅辰격각, 寅巳형, 寅午 반합, 寅未귀문, 寅申충, 寅酉원진, 寅戌 반합, 寅亥합, 寅子격각 등으로 역할이 달라짐을 알 수 있다. 또 寅의 글자가 년지, 월지, 일지, 시지의 어디에 있느냐에 따라 역할이 달라지게 된다. 팔자의 특정한 글자들만 가지고 판단하는 단식판단은 가급적 피하는 것이 좋다.

時	日	月	年
癸	乙	乙	甲
未	卯	亥	寅

● 亥卯未 삼합과 甲乙木이 있어 곡직격이다.

● 소년 시절에 과거에 급제하였다.

● 庚辰, 辛巳운에 형상(刑傷)과 기복이 있어 벼슬길에 차질이 있었다.

● 壬午, 癸未운에 현령에서 사마 그리고 황당(黃堂)을 거쳐 관찰사가
　되었다.

時	日	月	年
丁	乙	丁	甲
亥	未	卯	寅

● 亥卯未 삼합에 甲木이 투하여 일간이 강하다.

● 강한 일간이 丁火 식신으로 흐르고 있다.

● 己巳운에 과거에 일등으로 급제하였다.

● 庚午, 辛未운에 벼슬길이 순탄하였다.

● 壬申운에 군(軍)에서 죽었다.

12 방국方局-下

若然方局一齊來 須是干頭無反覆
약연방국일제래   수시간두무반복

지지에 방합이나 삼합이 있을 때는 천간에서 반복(反覆)하지 않아야 한다.

*반복(反覆) 목국(木局)에 金이나, 화국(火局)에 水가 있을 경우를 말한다

原註

木局木方全者, 須要天干全順得序, 行運不背乃好.

지지에 亥卯未 합국(合局)이나 寅卯辰 방국(方局)이 모두 이루어진 경우는 반드시 천간도 순수하게 이러한 질서를 따라야 한다. 행운에 서도 이 강한 기세를 거스르지 않는 것이 좋다.

任氏曰

方局齊來者, 承上文方混局局混方之謂也. 如寅卯辰兼亥未, 亥卯未 兼寅辰, 巳午未兼寅戌, 寅午戌兼巳未, 申酉戌兼巳丑, 巳酉丑兼 申戌, 亥子丑兼申辰, 申子辰兼丑亥之類是也. 干頭無反覆者, 方局 齊來, 其氣旺盛, 要天干順其氣勢爲妙. 若地支寅卯辰, 日主是木, 或再見亥之生, 未之庫, 如地支亥卯未, 日主是木, 或再逢寅之祿・ 辰之餘, 旺之極矣, 非金所能剋也, 須要天干有火, 泄其精英, 不見金水, 則干頭無反覆, 然後行土運, 乃爲全順得序而不悖矣.

방국(方局)이 나란히 있다는 것은 방(方)에 국(局)이 섞이거나 국(局)에 방(方)이 섞이는 경우를 말한다. 예를 들면 寅卯辰에 亥나 未가 있거나 亥卯未에 寅이나 辰이 있는 경우이다. 마찬가지로 巳午未에 寅이나 戌이 있거나 寅午戌에 巳나 未가 있는 경우, 또 申酉戌에 巳나 丑이 있거나 巳酉丑에 申이나 戌이 함께 있는 경우, 또 亥子丑에 申이나 辰이 있거나 申子辰에 丑이나 亥가 있는 경우도 마찬가지이다.

간두(干頭)에 반복(反覆)이 없어야 한다는 것은 방(方)이나 국(局)이 이루어진 경우에 그 기세가 왕성하므로 반드시 천간도 그 기세에 순응해야 한다는 것이다. 만일 木일간일 때 지지에 寅卯辰이 있고 다시 亥나 未가 있거나, 또는 木일간일 때 지지에 亥卯未가 있고 다시 寅이니 辰이 있다면 목기(木氣)가 왕성하니 金이 木을 이길 수가 없다. 이때는 반드시 천간에 火가 있어서 木의 빼어난 기(氣)를 설기해야 하고, 金水를 만나지 않아야 간두(干頭)에서 반복(反覆)하지 않게 된다. 그런 후에 土운으로 가면 목생화, 화생토로 순서가 어긋나지 않아 좋다.

如天干無火而有水, 謂之從强, 行水運, 順其旺神最未, 行金運, 金生水, 水仍生木, 如天干無火而仍生木, 逢凶有解. 苟有火而見水, 或無火而見金, 此謂干頭反覆, 如得運程安頓, 遇土則可止其逆水, 遇火則可去其微金, 亦不失爲吉耳. 如日干是土, 別干得火, 相生之

誼, 亦不反覆；見金以寡敵眾, 見水生助強神則反覆矣. 所以制之以
盛, 不若化之以德, 則其流行全順矣. 餘倣此.

만일 지지에 목국(木局)이 있을 때 천간에 火가 없고 水만 있으면 水
가 목국(木局)을 생하니 종강(從强)이 된다. 이때 水운으로 가면 그 왕
신을 따르므로 아름답고, 金운으로 가면 금생수, 수생목이 되어 흉
(凶)이 있다고 해도 벗어날 수 있다. 그러나 火를 용(用)할 때 水를 만
나거나 혹은 火가 없을 때 왕한 木을 거역하는 金을 만나면 간두(干
頭)가 반복(反覆)하게 된다. 水가 火를 제(制)할 때 土가 있으면 거슬
리는 水를 제(制)할 수 있고, 또 미약한 金이 왕한 목국(木局)을 건들
면 火를 만나야 金을 제거할 수 있다. 그러나 이러한 경우는 나쁘지
않을 뿐이지 좋다고는 할 수 없다.

일간이 木일 때 지지에 목국(木局)이 있고 다른 천간에서 火를 만나
면 상생의 정(情)이 있으니 반복(反覆)이 되지 않지만, 만일 金을 만나
면 적은 세력으로 많은 세력을 대적하게 되니 반복(反覆)이 된다. 왕
한 세력을 제(制)하는 것은 화(化)하는 것만 못한데 그 이유는 화(化)
해야 그 기(氣)의 흐름이 온전히 순(順)하게 흐르기 때문이다. 나머지
도 이와 같다.

나이스 주

⊙반복(反覆)이란 지지에 방국(方局)을 이루었을 때 이를 극하는 오행이 천

간에 투(透)한 것을 말한다. 지지에 방국(方局)을 이루면 천간 글자들은 그 강한 지지 오행의 기운에 순응해야지 배반하면 안 된다. 예를 들어 지지에 목방국(木方局)이 형성되면 천간에 庚金이나 辛金이 없어야 한다.

⊙ 여기서도 임철초(任鐵樵)는 방합과 삼합이 섞이는 혼국(混局)을 이야기하고 있다. 혼국(混局)이 아니더라도 삼합이든 방합이든 지지에 거센 기운이 형성되면 천간에 이를 극하는 오행의 글자가 오면 안 된다는 것을 설명한 장(章)이다. 일간이 木이고 목국(木局)이 형성되었을 때 水를 만나면 왕한 신(神)을 생조하게 되니 반복(反覆)이 아니다.

時	日	月	年
癸	乙	丁	甲
未	亥	卯	寅

- 亥卯未 삼합에 甲木이 투하여 일간이 강하다.
- 초운에 寅卯辰 방합이 되어 혼국이 되었다.
- 丁火를 용(用)하는데 癸水가 반복하고 있다.
- 뜻을 펴지 못했고 가난하고 자식도 없었다.

時	日	月	年
乙	甲	甲	丁
亥	寅	辰	卯

- 寅卯辰 방합에 甲乙木이 투하여 곡직격이다.

- 향시(鄕試)에 합격하여 주뭉이 되었다.

- 자식도 많았고 재물도 흥왕하였다.

- 성품이 인자하고 수명이 팔순이 넘었다.

- 곡직인수라 수명이 길었던 것이다.

成方干透一元神 生地庫地皆非福
성방간투일원신　　　생지고지개비복

방합(方合)이 이루어지고 그 원신(元神)이 천간에 투(透)할 경우에는 생지(生地) 고지(庫地) 모두 복(福)이 되지 않는다.

寅卯辰全者, 日主甲乙木, 則透元神, 而又遇亥之生, 未之庫, 決不發福, 惟純一火運略好.

寅卯辰 방합이 모두 갖추어지고 일간이 甲木이나 乙木이면 원신(元神)이 투출된 것이다. 이때 다시 생지(生地)인 亥나 고지(庫地)인 未를 만나면 발복이 되지 않는다. 오직 순수한 火운만이 좋다.

成方干透元神者, 日主卽方之氣也. 如木方日主是木, 火方日主是火, 卽爲元神透出也. 生地庫地皆非福者, 身旺不宜再助也, 然亦要看其氣勢, 不可一例而推. 成方透元神, 旺可知矣, 固不宜再行生地

庫地, 以幫方也. 倘年月時干不雜財官, 又有劫印, 謂之從强, 則生
地庫地, 亦能發福. 如逢純一火運, 眞謂秀氣流行, 名利皆遂. 如年
月時干, 財官無氣, 再行生地庫地之運, 不但不能發福, 而且刑耗
多端. 此屢試屢驗, 故誌之.

지지가 방(方)을 이루고 천간에 원신(元神)이 투출했다는 의미는 일
간이 방(方)과 같은 오행이라는 것이다. 예를 들면 지지에 목방(木方)
이 있을 때 일간이 木이거나, 지지에 화방(火方)이 있을 때 일간이 火
일 경우에는 원신(元神)이 투출된 것이다. 생지나 고지가 다 복(福)이
되지 않는다는 것은 신왕한 경우에 거듭해서 도와주면 좋지 않다는
뜻이다. 그러나 전체적인 상황을 보고 판단해야지 단편적인 예(例)만
보고 추리해서는 안 된다. 방(方)을 이루고 원신(元神)이 투출한 경우
에는 일간이 왕하므로 다시 생지나 고지의 글자가 있어서 방(方)을
도우면 좋지 않다. 그러나 혹시 년월시(年月時)의 천간에 재관이 있
다 하더라도 비겁이나 인수가 있으면 종강(從强)이 되므로 이때는 생
지나 고지도 발복할 수 있다. 만일 木으로 된 종강(從强)의 팔자가 순
수한 火운을 만나면 수기(秀氣)가 유행하여 명리(名利)를 이루게 된
다. 그러나 만일 년월시(年月時)의 천간에 재관이 있다 하더라도 무
력할 때는 운이 다시 생지나 고지로 행(行)한다면 발복할 수도 없고
오히려 형모(刑耗)가 많을 것이다. 여러 번 경험하여 여기에 기록하
는 것이다.

◎원문을 인터넷에서 검색해 보면 비복(非福)이 위복(爲福)으로 되어 있는 경우도 있다. 명리 고전(古典)에서 흔히 볼 수 있는 현상이다. 그래서 『적천수』 원문이라고 무조건 신봉(信奉)하며 억지로 꿰맞추려 하면 안 된다. 인터넷에서는 베끼기가 성행하므로 위(爲)나 비(非) 중에서 많은 것이 옳다고 볼수도 없다. 자연의 법칙을 기준으로 하여 판단할 일이다.

◎원주에서는 寅卯辰에 亥나 未를 언급함으로써 혼국(混局)을 예로 들었는데, 寅卯辰 방합이 있고 일간이 그 원신(元神)인 木일 경우에 생지(生地)인 亥나 고지(庫地)인 未의 운에는 혼국(混局)이 되니 모두 복(福)이 되지 않는다는 것이다. 방합이 되고 해당 오행이 일간에 투(透)하면 일간은 몹시 강하게 된다. 이때 방합이 동(動)하게 되면 방합의 기(氣)에 반대되는 미약한 오행들은 큰 타격을 입게 된다.

◎팔자 원국의 글자는 정적(靜的)으로 존재한다. 원국의 글자들은 운에서 오는 글자와 반응하여 일상의 여러 가지 현상들을 일으킨다. 원국에 방합이 있을 때 운에서 오는 글자에 의하여 방합이 동(動)하게 되면 강한 비겁의 기운이 동(動)하여 큰 변화가 일어날 것이다. 이러한 변화 중에서는 복(福)이 되는 일도 있고 복(福)이 되지 않는 일도 있을 것이다. 그래서 위복(爲福)이나 비복(非福)의 구절들이 돌아다닌 것일 것이다.

時	日	月	年
丁	甲	甲	戊
卯	辰	寅	寅

●寅卯辰 방합에 원신인 甲木이 투하여 일간이 왕하다.

●팔자에 金水가 없으니 순수하다.

●초년 火土운에 향시(鄕試)에 합격하여 수령이 되었다.

●庚申운에 화(禍)가 있었다.

●丁卯가 아닌 丙寅시였다면 과거에 급제하고 벼슬길이 더 좋았을 것
이다.

時	日	月	年
丙	甲	丙	癸
寅	辰	辰	卯

●辰월에 癸水가 투하여 인수격이다.

●물려받은 가산이 십여만금이었다.

●초년 水木운에 모두 사라졌다.

●辛亥운에 굶어 죽었다.

●방국을 논하기 이전에 재관의 세력을 살펴야 한다.

成局干透一官星 左邊右邊空碌碌
성국간투일관성　　　좌변우변공록록

삼합을 이루었을 때 국(局) 오행을 극하는 하나의 관성이 천간에 투(透)하면 좌우 볼 것 없이 흉(凶)하다.

原註

甲乙日遇亥卯未全者, 庚辛乃木之官也, 又見左辰右寅, 則名利無成. 甲乙日單遇庚辛, 則亦無成.

甲木이나 乙木일간이 완전한 亥卯未를 만나 목국(木局)을 이룰 때 관살인 庚金이나 辛金이 투(透)하고 또 辰이나 寅을 보면 명리(名利)를 이루지 못하게 된다. 甲木이나 乙木일간이 단 하나의 庚金이나 辛金만 만날지라도 성공하지 못한다.

任氏曰

如地支會木局, 日主元神透出, 別干見辛之官·庚之殺, 虛脫無氣, 卽餘干有土, 土亦休囚, 難以生金, 須地支有一申酉丑字爲美. 若無申酉丑, 反加之寅辰字, 則木勢愈盛, 金勢愈衰矣, 故碌碌終身, 名利無成也. 若得歲運去其官星, 亦可發達, 必要柱中先見食傷, 然後歲運去淨官煞之根, 名利遂矣. 木局如此, 餘局倣此論之可也.

지지에 木이 회국(會局)하고 있을 때 일간이 같은 원신(元神)이라면 다른 천간에 있는 庚辛金 관살은 기(氣)가 극도로 약해진다. 천간에

金을 돕는 土가 있다고 해도 土도 역시 휴수되어 金을 생하기는 어렵다. 이때는 반드시 庚辛金의 뿌리가 되는 申이나 酉 또는 丑이 있어야 아름답다. 만일 申이나 酉 또는 丑은 없고 도리어 寅이나 辰이 더해진다면 木은 더욱 왕성해지고 관성인 金은 더욱 쇠약해지니, 이렇게 되면 일생동안 명리(名利)를 이룰 수 없게 된다. 만일 세운에서 그 관성을 깨끗하게 제거해 버린다면 발달할 수 있고, 팔자 원국에서 식상을 만나 관을 약하게 한 뒤에 세운에서 관살의 뿌리를 제거한다면 명리(名利)를 이룰 수 있게 된다. 목국(木局)이 이와 같으니 다른 국(局)도 마찬가지이다.

나이스 주

⊙『적천수(滴天髓)』에서 자주 인용되는 구절 중 하나이다. 국(局)을 이루고 일간이 그 원신(元神)이라면 그 세력은 무척 강해진다. 이렇게 지지에 일간의 오행과 같은 국(局)이 형성되었을 때 천간에 이를 극하는 오행인 관성이 하나라도 출간(出干)하면 그 팔자는 물어볼 것도 없이 관을 쓸 수가 없으니 명리(名利)와는 거리가 멀게 된다. 그러나 천간에 관이 있다 하더라도 뿌리 없이 미약할 때는 크게 천명(賤命)은 되지 않지만, 관이 뿌리가 있거나 재가 관을 돕는다면 흉하게 된다.

時	日	月	年
丁	乙	辛	辛
亥	未	卯	未

● 亥卯未 삼합으로 일간이 왕하다.

● 왕한 일간을 거스르는 초운 土金운에 열심히 노력했으나 때를 만나지 못했다.

● 丁亥운에 왕한 기운이 火로 흘러 군에서 현좌(縣佐)가 되었다.

● 丙戌운에 현령(縣令)으로 승진하였다.

● 강한 것이 많고 약한 것이 적을 때는 약한 것을 제거해야 한다.

● 乙酉운에 칠살이 록왕을 만나 죽었다.

時	日	月	年
戊	乙	辛	辛
寅	未	卯	未

● 卯未 반합으로 일간이 왕하다.

● 초운인 土金운에 국학에 입학하여 가업이 풍유했다.

● 丁亥운에 처자를 형극(莉棘)하고 파모(破耗)가 심했다.

● 이 운에 죽었다.

時	日	月	年
癸	乙	己	庚
未	亥	卯	寅

- 亥卯未 삼합으로 일간이 왕하다.

- 사람이 변덕스러웠고 가업이 파모(破耗)되었다.

- 의술을 배우고 풍수도 배우고 무당의 방술도 배웠다.

- 역술도 배우고 명리도 배웠다.

- 결국 재물은 사라지고 머리 깎고 중이 되었다.

13 격국格局

財官印綬分偏正 兼論食傷格局定
재관인수분편정　　　겸론식상격국정

재성과 관성 그리고 인성은 정편(正偏)으로 나눈다. 그리고 식신과 상관
까지 포함하여 여덟 개의 격국이 정해진다.

原註

自形象氣局之外, 而格爲最. 格之眞者, 月支之神, 透於天干也. 以
散亂之天干, 而尋其得所附於提綱, 非格也. 自八格之外, 若曲直五
格皆爲格, 而方局氣象定之者, 不可言格也. 五格之外, 飛天合祿雖
爲格, 而可以破害刑沖論之者, 亦不可言格也.

팔자를 분류할 때 형상(形象)과 기국(氣局) 외에도 격(格)을 따져 정하는
방법이 가장 많이 전해진다. 격(格) 중에서 가장 참된 것은 월지의 글자
가 천간에 투출한 것이다. 그러나 제강에 득소하고 있다고 해도 천간에
흩어져 어지럽다면 참된 격(格)이 아니다. 팔격(八格) 외에도 곡직격(曲
直格) 등 다섯 개의 격(格)이 더 있다. 방(方)이나 국(局) 등 기상(氣象)으
로 되어 있는 팔자들은 여기서 말하는 격(格)이 아니다. 곡직격(曲直格)
등을 제외하고 비천록마격(飛天祿馬格)이나 합록격(合祿格) 등은 격
(格)이라는 글자는 붙었지만 역시 여기서 말하는 격(格)이 아니다.

八格者, 命中之正理也. 先觀月令所得何支, 次看天干透出何神, 再
究司令以定眞假, 然後取用, 以分淸濁, 此實依經順理, 若月逢祿
刃, 無格可取, 須審日主之喜忌另尋別支透出天干者, 借以爲用.

명(命)을 구분할 때 팔격(八格)으로 나눈 것은 이치에 맞다. 먼저 월령
의 지지를 본 후 월령에서 투출한 천간 글자로 격(格)을 정하는 것이
일반적이다. 그 후 다시 사령을 연구하여 진가(眞假)를 정한 후에 청탁
을 구분하는 방법이 순리(順理)에 맞다. 만일 월지에 록(祿)이나 양인
이 있을 때는 격(格)으로 취급하지 않는다. 그때는 일간의 희기를 살펴
다른 지지에서 천간에 투출된 것을 찾아 그것을 용(用)하면 된다.

然格局有正有變, 正者必兼五行之常禮也, 曰官印, 曰財官, 曰煞
印, 曰財煞, 曰食神制殺, 曰食神生財, 曰傷官佩印, 曰傷官生財;
變者, 必從五行之氣勢也, 曰從財, 曰從官殺, 曰從食傷, 曰從强, 曰
從弱, 曰從勢, 曰一行得氣, 曰兩氣成形. 其餘外格我端, 余備考群
書, 俱不從五行正理, 盡屬謬談;

격국(格局)에는 정격(正格)과 변격(變格)이 있다. 정격(正格)은 오행의
일반적인 상식에 따라 관인격(官印格), 재관격(財官格), 살인격(殺印
格), 재살격(財殺格), 식신제살격(食神制殺格), 식신생재격(食神生財
格), 상관패인격(傷官佩印格), 상관생재격(傷官生財格) 등이 있다. 변
격(變格)은 오행의 기세를 따르는 것으로 종재격(從財格), 종관살격

(從官殺格), 종식상격(從食傷格), 종강격(從强格), 종약격(從弱格), 종세격(從勢格), 일행득기격(一行得氣格), 양기성형격(陽氣成形格) 등이 있다. 그 밖에 수많은 외격(外格)이 있는데, 그중에는 오행의 올바른 이치를 따르지 않는 것들도 있는데 그런 것들은 무시해도 된다.

至於《蘭台妙選》, 所定一切奇格異局, 納音諸法, 尤屬不經, 不待辯而知其荒唐也. 自唐宋以來, 作者甚多, 皆盧邱之論; 更有吉凶神煞, 不知起自何人, 作此險語, 往往全無應驗, 誠意伯〈千金賦〉云 : "吉凶神煞之多端, 何如生剋制化之一理". 一言以蔽之矣,

《난대묘선(蘭臺妙選)》에 나오는 일체의 기격(奇格)이나 이상한 국(局), 납음(納音) 등은 논리가 불합리하고 황당하다. 또 당(唐), 송(宋) 이래로 저작된 많은 책에도 출처가 어디인지도 모르고 허망한 이론이나 신살 등이 사용되고 있다. 성의백(誠意伯)은 〈천금부(千金賦)〉에서 "길흉을 나타내는 신살들의 종류가 많지만 어찌 생극제화(生剋制化)의 이치만 하겠는가? 생극제화(生剋制化) 이 한마디로 모든 것을 대표할 수 있다."라고 하여 오행의 생극제화의 중요성을 말하고 있다.

卽如壬辰日爲 "壬騎龍背", 壬寅日爲 "王騎虎背", 何不再取壬午·壬申·壬戌·壬子, 謂騎猴馬犬鼠之背乎? 又如六辛日逢子時, 謂 "六陰朝陽", 夫五陰皆陰, 何獨辛金可朝陽, 餘干不可朝陽乎? 且子乃體陽用陰, 子中癸水, 六陰之至, 何謂陽也? 又如六乙日逢子時, 謂

"鼠貴格", 夫鼠者, 耗也, 何以爲貴? 且十干之貴, 時支皆有之者, 豈餘干不可貴乎? 不待辯而知其謬也. 其餘謬格甚多, 支離無當, 學者宜細詳正理五行之格, 弗以謬書爲惑也.

壬辰일을 **임기용배격**(壬騎龍背格)이라 하고, 壬寅일을 **임기호배격**(壬騎虎背格)이라고 하면서 壬午일이나 壬申일, 壬戌일, 壬子일은 기마(騎馬)·기후(騎猴)·기견(騎犬)·기서(騎鼠)라고 하지 않았다. 또 육신(六辛)일이 子시를 만나면 **육음조양격**(六陰朝陽格)이라고 하는데, 왜 하필 辛金만 조양(朝陽)이 되고 다른 음간은 조양(朝陽)이 되지 않는가? 또 子水의 체(體)는 양(陽)이 되고 용(用)은 음(陰)이라고 하는데, 子 중 癸水는 육음(六陰) 중에서도 음(陰)이 강한 글자인데 왜 양(陽)이라고 하는가? 또 육을(六乙)일이 子시를 만나면 **서귀격**(鼠貴格)이라고 하는데, 곡식을 없애는 쥐가 어찌 귀하다는 말인가? 또 십간의 귀(貴)는 모두 시지(時支)에 있다고 하는데, 왜 다른 지지에는 귀(貴)가 없단 말인가? 이런 것들은 모두 잘못되었고, 이 외에도 수많은 격(格)들이 있으나 갈피를 잡을 수가 없으니 이런 책들에게 미혹(迷惑)되지 말아야 한다.

由此數造觀之, 格局不可執一論也, 不拘財官印綬等格, 與日主無干. 旺則宜抑, 衰則宜扶, 印旺泄官宜財星, 印衰逢財宜比劫, 此不易之法.

격국은 한 가지 논리만 고집해서도 안 된다. 또 팔자를 볼 때 오로지 재·관·인수 등에만 얽매어서도 안 되고, 왕할 때는 억제해야 하고 쇠할 때는 부조해야 한다. 인수가 왕하여 관을 설기할 때는 재성이 적합하고, 인수가 쇠할 때 재가 있으면 비겁이 적합하다. 이것은 바꿀 수 없는 법칙이다.

나이스 주

⊙격국(格局)은 보통 월지와 일간과의 관계로 정한다. 팔자에서 가장 핵심적인 글자들이기 때문이다. 격국에 대해서는 『자평진전(子平眞詮)』에 비교적 잘 설명되어 있다. 『적천수(滴天髓)』에는 정재·편재·정관·편관·정인·편인·식신·상관으로 팔격(八格)을 잡았으나, 『자평진전(子平眞詮)』에서는 재관인식(財官印食)이라는 사길신(四吉神)과 살상효인(殺傷梟刃)이라는 사흉신(四凶神)으로 격(格)을 나누었다.

⊙격(格)이란 팔자에서 가장 주도적인 세력을 말한다. 그래서 가장 강한 세력을 찾아 격(格)으로 정하면 된다. 격(格)은 타고난 능력이나 적성과 같으니 미리 격(格)을 파악하여 진로나 전공 등에 활용하면 좋을 것이다. 문제는 대운이나 세운의 흐름에 따라서 팔자의 주도적인 세력이 바뀌게 되니 격(格)도 변한다는 것이다.

⊙임철초(任鐵樵)가 비판한 것은 팔자 분석을 위한 격(格)이 아니라 격(格)을 위한 격(格)을 정하는 경우이다. 팔자 중 두세 개의 글자로만 정해지는 격(格)들이 많기 때문이다.

◉다음은 『자평진전』에 나오는 격국의 성격과 파격에 관한 내용이다.

　재격으로 성격된 경우는 재왕생관(財旺生官)이나 재봉식상(財逢食傷) 또는 재격투인(財格透印) 등이다. **재격투인으로 성격**될 때는 투출한 재와 인수가 서로 극하지 않도록 떨어져 있어야 한다. **정관격으로 성격**된 경우는 관봉재인(官逢財印), 정관용재(正官用財) 그리고 정관패인(正官佩印) 등인데 정관격이 성격되려면 지지에 형충이 없어야 한다. **인수격으로 성격**된 경우는 인봉관살(印逢官殺), 인용식상(印用食傷) 그리고 인다용재(印多用財) 등이다. 인수격에서 칠살을 용할 때는 인수가 경(輕)할 때이고, 정편인이 강할 때에는 재를 쓰면 좋다. **식신격이 성격**된 경우는 식신생재(食神生財), 식신대살(食神帶殺) 그리고 기식취살(棄食就殺) 등인데, 식신대살이 되려면 재가 없어야 하고, 기식취살이 되려면 인수가 투해야 한다. **칠살격이 성격**된 경우는 살용식제(殺用食制), 살격용인(殺格用印) 그리고 살격봉인(殺格逢刃) 등인데, 살격봉인은 양인이 일지나 시지에 있어야 좋다. **상관격이 성격**된 경우는 상관생재(傷官生財), 상관패인(傷官佩印) 그리고 상관대살(傷官帶殺)의 경우인데, 상관패인이 되려면 인수가 통근해야 하고, 상관대살은 재가 없어야 한다. **양인격이 성격**된 경우는 양인로살(陽刃露殺), 양인용관(陽刃用官)의 경우인데, 양인격이 성격되려면 상관이 없어야 하고, 재와 인수가 있으면 좋은데 이때 재와 인수는 서로 극하지 않는 곳에 위치해야 한다. **록겁격이 성격**된 경우는 록겁용관(祿劫用官), 록겁용살(祿劫用殺) 그리고 록겁용재(祿劫用財) 등이다. 록겁용살에서는 식신이 없으면 좋고, 록겁용재는 식상이 있으면 좋다. 그리고 록겁용관은 재와 인수가 함께 있으면 좋다.

파격이 된 경우는 다음과 같다. **재격이 파격**된 경우는 재경비중(財輕比重)이거나 재투칠살(財透七殺) 등이다. **정관격이 파격**된 경우는 상관을 만나거나 지지에 형충이 있을 때이고, **인수격이 파격**이 된 경우는 인경봉재(印輕逢財), 신강인중(身强印重)일 때 칠살이 투한 경우이다. **식신격이 파격**이 된 경우는 식신봉효(食神奉梟)이거나 식신이 재를 생하고 다시 재가 칠살을 생할 때이다. **칠살격이 파격**이 될 경우는 칠살이 재를 만났을 때이고, **상관격이 파격**이 될 경우는 상관견관(傷官見官)이거나 상관이 재를 생할 때 다시 칠살을 만나는 때이다. **양인격이 파격**이 될 경우는 양인격에 정관이나 칠살이 없을 때이고, **록겁격이 파격**이 될 경우는 록겁격에 재관이 없거나 칠살과 인수가 투했을 때이다. 기타 관이 경(輕)할 때 재가 없거나, 관이 약할 때 인수가 중(重)하거나, 칠살이 중(重)할 때 일간이 경(輕)하거나, 칠살이 많은데 제(制)가 없거나, 인수가 경(輕)할 때 재를 만날 때도 파격이 될 가능성이 크다. 또 살경제중(殺輕制重)이거나, 관살혼잡(官殺混雜) 또는 재다신약(財多身弱) 등도 파격에 가깝다.

時	日	月	年
癸	乙	癸	庚
未	未	未	辰

●未월에 乙木은 재격이다.

●과거에 급제하고 관직에 등용되어 번얼(藩臬)에 이르렀다.

●살면서 편안하고 어려움이 없었다.

時	日	月	年
丙	丁	壬	己
午	未	申	丑

●申월에 壬水가 투하여 정관격이다.

●일간이 극설된 사주이다.

●공명도 없었고, 재물도 날아가고 처자를 형극(荊棘)하였다.

●木火운에 좋아졌다.

時	日	月	年
辛	丙	乙	癸
卯	午	卯	未

●卯월에 乙木이 투하여 인수격이다.

●사람이 품위가 있고 재주가 탁월하고 품행도 좋았다.

●인성(印星)이 중첩되어 관성이 설기되어 공명에 차질이 생겼다.

●그러나 명리(名利)가 온전하고 벼슬길이 청고하였다.

●교육을 통해 많은 인재를 길렀다.

時	日	月	年
壬	癸	丙	辛
戌	卯	申	卯

- 申월에 辛金이 투하였으나 丙辛합이 되었다.

- 申월에 壬水가 투하여 비겁이 강하다.

- 팔자가 중화를 이루고 순수하다.

- 癸巳운에 과거에 연달아 급제하였다.

- 壬辰운에 군수가 되었다.

- 辛卯, 庚寅대운에도 명리(名利)가 온전하였다.

時	日	月	年
甲	癸	丙	辛
寅	卯	申	卯

- 위 사주와 시주만 다르다.

- 申월의 癸水는 인수격이다.

- 격국이 바르고 참되고 인수가 월령에 있어 마음이 넓고 활달하였다.

- 문학에 대한 재주가 뛰어났다.

- 이 팔자는 재산이 흩어지고 좋지 못했다.

- 壬辰운에 재물이 조금 넉넉할 뿐이었다.

- 辛卯와 庚寅운에 공명을 취하지 못하고 가업만 안정되었다.

影響遙繫旣爲虛 雜氣財官不可拘
영향요계기위허　　　　잡기재관불가구

영향(影響)과 요계(遙繫)는 허(虛)한 것이다. 그리고 잡기재관(雜氣財官)과
같은 것에 구애받지 말아야 한다.

*__영향요계__(影響遙繫) 그림자와 울림으로 멀리 떨어져 있는 글자끼리 얽어맨다는 뜻
*__영향__(影響) 떨어져 있는 지지끼리 충하는 것
*__요계__(遙繫) 떨어져 있는 글자끼리 합을 이루는 것

原註

飛天合祿之類，固爲影響遙繫而非格矣. 如四季月生人，只當取土爲
格，不可言雜氣財官；戊己日生於四季月者，當看人元透出天干者取
格，不可槪以雜氣財官論之；至於建祿月劫羊刃，亦當看月令中人元
透於天干者取格，若不合氣象形局，則又無格矣. 只取用神，用神又無
所取，只得看其大勢，以皮面上斷其窮通. 不可執格論也.

비천(飛天)이나 합록(合祿) 등의 부류는 멀리 떨어져 있어서 영향력
이 적으므로 격(格)이 아니다. 辰戌丑未월에 태어난 사주는 월지의
土를 취하여 격(格)을 정하면 되고 일부러 **잡기재관**(雜氣財官)이라고
따로 말할 필요가 없다. 戊土나 己土일간이 辰戌丑未월에 태어난 경
우에는 인원(人元)이 천간에 투출했는가를 보고 격(格)을 취하면 되
고, 이를 따로 잡기재관(雜氣財官)이라고 말할 필요는 없다. 또 건록,
월겁(月劫), 양인(羊刃)도 월령의 인원(人元)이 천간에 투출한 것을 보
며 격(格)을 취하면 된다. 만일 사주가 기상(氣象)이나 형국(形局)과

부합되지 않으면 격(格)으로 논할 수 없다. 단지 용(用)할 글자를 취하되 용(用)할 글자도 없으면 사주의 대세를 보며 표면에 드러난 것 중심으로 궁통을 판단하면 되는 것이고 지나치게 격(格)에 집착할 필요는 없다.

任氏曰

影響遙繫者, 卽暗沖暗合之格也. 俗書所謂飛天祿馬是也. 如丙午日支全三午, 癸酉日支三酉, 逢三則沖, 午去暗沖子水爲官, 酉去暗合辰土爲官. 尙有沖財合財, 如壬子日支全三子, 暗沖午火爲財, 乙卯日支三卯, 暗合戌土爲財.

영향(影響)이나 요계(遙繫)라는 말은 암충(暗沖)이나 암합(暗合)하여 불러오는 글자를 격(格)으로 삼는 것을 말한다. 속서(俗書)에서 말하는 비천록마격(飛天祿馬格) 등이 그것이다. 예를 들면 丙午일간의 지지에 세 개의 午가 있으면 이 세 개의 午가 충으로 불러오는 子를 관(官)으로 삼는다거나, 癸酉일간의 지지에 세 개의 酉가 있다면 이 세 개의 酉가 암합(暗合)하여 불러오는 辰을 관(官)으로 삼는 것을 말한다. 또 관(官)뿐만 아니라 재(財)를 불러오는 충재(沖財)와 합재(合財)도 있는데, 예를 들면 壬子일의 지지에 세 개의 子가 있을 때 세 개의 子가 암충(暗沖)하여 불러오는 午를 재(財)로 삼거나, 乙卯일의 지지에 세 개의 卯가 있을 때 세 개의 卯가 암합(暗合)하여 불러오는 戌土를 재(財)로 삼는 것 등이다.

又云, 先要四柱不要財官, 爲眞方可沖合. 夫沖者, 散也, 合者, 化也, 何能爲我用乎? 四柱原有財官, 不宜沖合, 尚有喜與不喜, 何況四柱無財官乎?

또 말하기를 사주에 재관(財官)이 없을 때는 암충이나 암합으로 불러오는 재관이 참되다는 말이 있다. 그러나 충은 흩어지게 하는 것이고 합은 묶어서 역할을 못하게 하는 것인데 어찌 일간이 그런 것을 용(用)할 수 있단 말인가? 사주 국(局)에 재관이 있을 때 충이나 합으로 훼손되면 나빠지는 경우도 있지만 좋아지는 경우도 많다. 그렇지만 사주에 재관이 없다면 어찌 좋을 수가 있겠는가?

至於雜氣財官, 亦是畵蛇添足. 辰戌丑未, 無非支藏三干, 各爲雜氣; 寅申巳亥, 亦有三干, 何故不論? 夫庫中餘氣, 可以言格, 生地之神, 莫非反棄? 又云雜氣財官喜沖, 尤爲穿鑿. 若甲木生丑月, 爲雜氣財官, 喜未沖之, 未中丁火, 緊傷丑中辛金之官,

잡기재관(雜氣財官)이라는 말은 사족(蛇足)에 불과하다. 辰戌丑未의 지장간이 세 개가 있어서 잡기(雜氣)라고 한다면 寅巳申亥도 지장간이 세 개인데 왜 잡기(雜氣)라고 하지 않는가? 무릇 고(庫) 중의 여기(餘氣)는 그 자체로 격(格)을 잡을 수 있지만, 생지(生地)의 여기(餘氣)는 뭐가 달라서 버려야 한단 말인가? 또 잡기재관이 충을 좋아한다고 하는 것은 억지에 불과하다. 가령 甲木이 丑월에 생하면 未가 충해야 기쁘다고 하는데 未 중 丁火가 丑 중 辛金을 손상시키면 오히려 격

(格)이 파괴될 것이다. 나머지 지지도 마찬가지이다. 투출된 천간으로 격(格)을 삼는 것이 가장 올바른 방법이다.

諸書所載, 祿分四種, 年爲背祿, 月爲建祿, 日爲專祿, 時爲歸祿. 又云建祿喜官, 歸祿忌官, 則又遺背祿專祿矣, 又云日祿歸時沒官星, 號爲靑雲得路, 誠如所論, 則丙辛兩日生人, 逢癸巳丁酉時者, 世無讀書出仕者乎? 無非日干旺地之比肩也, 不可認作食祿爲王家之格言, 則四柱神, 竟同親刻, 旣柱中之祿爲美, 何得運逢祿支反爲祿堂而家破人亡乎? 命徹底根源, 則窮通壽夭, 自不爽矣.

많은 책에서 록(祿)을 네 가지로 나누고 있다. 년(年)의 록(祿)은 배록(背祿), 월의 록(祿)은 건록, 일(日)의 록(祿)은 전록(專祿), 시(時)의 록(祿)을 귀록(歸祿)이라고 하였다. 건록은 관을 좋아하고 귀록(歸祿)은 관을 꺼린다는 말이 있는데, 배록(背祿)과 전록(專祿)에 대한 설명은 없다. 또 일록귀시격(日祿歸時格)에 관성이 없으면 청운득로(靑雲得路)한다고 하였는데, 이와 같은 논리라면 丙火일간이나 辛金일간이 癸巳나 丁酉시를 만나면 독서도 없이 벼슬을 한단 말인가? 일간의 왕지(旺地)는 비견이 아닌 것이 없으니 식록(食祿)이라고 하여 왕가(王家)의 록(祿)이라고 하는데 이런 것은 말도 안 된다. 만일 팔자의 다른 글자들을 무시하고 록(祿)이라는 글자 하나만 가지고 격(格)을 정한다면 나머지 글자들은 모두 폐기처분해야 될 것이다. 또 사주 원국에 있는 록(祿)은 아름답게 여기면서 왜 운에서 오는 록(祿)은 그렇게 여기지 않는가? 운에서 오는 록(祿)을 녹당(祿堂)이라고 하는데 어찌하여 그 시기에 집안이 파괴되기도 하고 사람이 죽기도 하는 경우가 생기는가? 명(命)은 오행의 이치이고, 격(格)은 오행의 올바른 틀이니 명(命)을 논하고 격(格)을 취할 때는 반드시 오행의 바른 이치를 궁구하여 적용해야 궁통(窮通)과 수요(壽夭)의 판단이 어긋나지 않게 될 것이다.

大凡格局眞實而純粹者, 百無一二, 破壞而雜氣者, 十有八九, 無格可取者甚多, 無用可尋者不少. 格正用損, 行運不悖, 名利自如；格破用損, 謂這有病, 憂多樂少. 倘行運得所, 去其破損之物, 扶其喜用之神, 譬如人染沈痾, 得良劑以生也, 不貴亦富.

대체로 수많은 팔자 중에서 격(格)이 진실하고 순수한 경우는 백에 한 둘밖에 없고, 파격이 되거나 기(氣)가 잡(雜)한 경우가 십중팔구(十中八九)가 된다. 또 격(格)을 찾을 수 없는 경우도 적지 않다. 격(格)은 바르고 용(用)이 참되며 행운도 어그러지지 않았다면 명리(名利)가 뜻대로 이루어지겠지만, 격(格)은 파괴되고 용(用)도 손상되었다면 팔자에 병(病)이 있는 것이니 근심이 많고 즐거움은 적게 된다. 혹 격(格)을 파괴하거나 용신을 손상시키는 글자를 행운의 글자가 제거하거나 행운의 글자가 희신과 용신의 글자를 부조하면 고질병을 앓다가 약(藥)을 만나 좋아지는 것처럼 귀(貴)하거나 부(富)하게 되기도 한다.

無格可取, 無用可尋, 只可看其大勢, 與日主之所向, 運途能補其
所喜, 去其所忌, 雖碌碌營生, 可免饑寒之患. 若行運又無可取, 則
不貧亦賤；若格正用眞, 五行反悖, 一生有志難伸矣.

팔자에 취할만한 격(格)이 없거나 찾을만한 용신이 없는 경우에는 대
운을 보면서 일간 중심으로 판단한다. 운에서 일간이 좋아하는 글자
를 보충해 주고 꺼리는 것을 제거해 준다면 비록 평범하게 살더라도
춥고 배고픈 근심은 피할 수 있다. 만일 행운에서조차 취할만한 것이
없다면 가난하거나 천하게 될 것이다. 또 격(格)이 바르고 용신이 참
되더라도 오행이 서로 배반하고 어그러진다면 평생 뜻을 펴기 어려울
수도 있다.

나이스 주

◉ 떨어져 있는 글자끼리 영향을 미치는 영향(影響)이나 요계(遙繫)는 영향력이
  적다. 허자(虛字)와 같이 팔자에 없는 글자를 불러오거나, 팔자에 있다고 하더
  라도 멀리 떨어져 있어서 영향력이 적은 글자를 격(格)으로 정하면 안 된다.

◉ 격(格)이란 팔자에서 가장 강한 세력을 말하는 것이니 팔자 내에서 찾아야
  한다. 허자를 다루는 사람들은 팔자에 재관이 있어야 관직을 갖는다고 생각
  했다. 재관이 없는데도 높은 관직을 가지면 허자(虛字)로라도 재관을 찾으
  려고 했다.

⊙잡기(雜氣)는 辰戌丑未월에 태어난 사주를 말한다. 辰戌丑未는 환절기와 같아 처음과 끝의 기(氣)가 다르다. 그래서 잡기(雜氣)라고 하는 것이지 임철초(任鐵樵)의 말대로 지장간의 글자가 세 개여서 잡기(雜氣)라고 하는 것이 아니다. 辰戌丑未도 격(格)을 취할 때는 그대로 土를 취하거나 지장간에서 투(透)한 천간으로 격(格)을 삼으면 된다. 월지가 건록이나 월겁(月劫) 양인(陽刃)일 경우에도 월령에서 투(透)한 천간으로 격(格)을 취하면 된다. 만일 투한 글자가 없을 때는 팔자에서 가장 강한 세력을 격으로 잡는다.

⊙명리(命理)의 고전(古典)들은 주로 오행 중심으로 팔자를 풀어가는 경향이 있었다. 木, 火, 金, 水는 같은 오행의 글자끼리 비슷한 경향이 있지만 그러나 土는 그렇지 않으니 土에 대해서는 더욱 이론(異論)이 분분하다. 오행이 아닌 천간과 지지 중심의 설명을 하면 쉽게 해결 될 수 있는 문제들이다.

時	日	月	年
甲	丙	庚	己
午	午	午	巳

● 午월의 丙火로 양인격이다.

● 火土로 된 상관생재격이다.

● 초반 己巳, 戊辰운에 가업이 풍부하였다.

● 丁卯, 丙寅운에 세 번의 화재를 당했다.

● 이때 두 처와 네 아들을 극하여 가업이 파산되었다.

●乙丑운에 사업을 하여 돈을 벌고 첩도 얻어 아들을 낳았다.

●甲子, 癸亥운에는 수만금의 재산을 모았다.

時	日	月	年
己	乙	癸	丁
卯	卯	卯	丑

●일간이 강한 뿌리를 두었다.

●학업을 하지 못했고, 초년 水木운에 형상(刑傷) 파모(破耗)가 있어 가업이 쇠퇴하였다.

●戊戌, 丁酉운에 사업을 통해 막대한 재산을 모았다.

時	日	月	年
甲	甲	癸	丁
戌	辰	丑	未

●丑월에 癸水가 투하여 인수격이다.

●지지에 辰戌丑未가 있다.

●초년 壬子, 辛亥운에 조상의 음덕(蔭德)이 있었다.

●庚戌운에 부모가 모두 사망하고 처자를 형극(荊棘)하였다.

●己酉, 戊申운에는 가업이 파(破)하고 자식도 없이 죽었다.

時	日	月	年
辛	甲	癸	丁
未	子	丑	亥

●일찍 土金水운에 학교에 가고 과거에 합격하였다.

●팔자가 차서 높은 벼슬은 하지 못했다.

●가르치고 거문고를 연주할 뿐이었다.

●묘고(墓庫)가 충이 되어야 발달한다는 말은 잘못이다.

14 체용 體用

道有體用 不可以一端論也 要在扶之抑之得其宜
도유체용　　　불가이일단론야　　•요재부지억지득기의

도(道)에는 체용(體用)이 있으니 한 가지로만 단정하여 논(論)하는 것은 불
가(不可)하다. 부(扶)하거나 억(抑)하여 마땅한 것을 얻는 것이 필요하다.

原註

有以日主爲體. 提綱爲用. 日主旺. 則提綱之食神財官皆爲我用. 日主
弱. 則提綱有物幇身以制其强神者亦皆爲我用. 提綱爲體. 喜神爲用
者. 日主不能用乎提綱矣. 提綱食傷財官太旺. 則取年月時上印比爲喜
神. 提綱印比太旺. 則取年月時上食傷財官爲喜神而用之. 此二者. 乃
體用之正法也.

일간을 체(體)로 삼고 제강(提綱)을 용(用)으로 삼는 경우가 있다. 일
간이 왕하면 제강에 있는 식신이나 재관이 모두 일간의 용(用)이 된
다. 일간이 약할 때는 제강에 있는 인비(印比)가 일간을 약하게 하는
글자를 제압하면 그것이 일간의 용(用)이 된다. 제강을 체(體)로 삼고
희신을 용(用)으로 삼는 경우도 있는데 이때는 일간이 제강을 용신으
로 쓸 수 없다. 제강이 식상이나 재관으로 되어 있으면서 태왕하다면
년(年)이나 월(月) 또는 시상(時上)에 있는 인성이나 비겁을 취하여 희

신으로 삼는다. 만일 제강이 인성이나 비겁으로 태왕하다면 년(年)이
나 월(月) 또는 시상(時上)에 있는 식상이나 재관을 취하여 용(用)하면
된다. 이러한 방법이 체용(體用)의 정법(正法)이다.

有以四柱爲體. 暗神爲用者. 必四柱俱無可用. 方取暗沖暗合之神. 有
以四柱爲體. 化神爲用. 四柱有合神. 卽以四柱爲體. 而以化合之神可
用者爲用. 有以化神爲體. 四柱爲用. 化之眞者. 卽以化神爲體. 以四柱
中與化神相生相剋者. 取以爲用. 有以四柱爲體. 歲運爲用. 有以喜神
爲體. 輔喜神之神爲用. 所喜之神. 不能自用. 以爲體用輔喜之神.

사주를 체(體)로 삼고 암신(暗神)을 용(用)으로 삼는 경우도 있다. 사
주에 용(用)할 수 있는 글자가 전혀 없을 때 암충(暗沖)이나 암합(暗
合)의 글자를 용(用)으로 취하기도 한다. 또 사주를 체(體)로 삼고 화
신(化神)을 용(用)으로 삼는 경우도 있고, 사주에 천간합(天干合)이 있
을 때 사주를 체(體)로 삼고 합화(合化)하는 글자 중에서 적당한 글자
를 찾아 용(用)으로 삼기도 한다. 또 화신(化神)을 체(體)로 삼고 사주
를 용(用)으로 삼는 경우도 있는데, 진화(眞化)가 되면 화신(化神)을
체(體)로 삼고 사주 중 화신(化神)과 상생이나 상극하는 글자를 취해
용(用)으로 삼는다. 또 사주를 체(體)로 삼고 세운을 용(用)으로 삼는
경우도 있고, 희신을 용(用)할 수 없을 때는 그것을 체(體)로 삼고 희
신을 보좌하는 글자를 용(用)으로 삼기도 한다.

有以格象爲體. 日主爲用者. 須八格氣象. 及暗神化神忌神客神. 皆成
一個體段, 若是一面格象, 與日主無干者, 或傷剋日主太過, 或幫
扶日主太過, 中間要尋體用辨處, 而又無形跡, 只得用日主自去引
生喜神, 別求活路爲用矣, 有以日主爲用, 有用過於體者, 如用食
財, 而財官食神盡行隱伏. 及太發露浮泛者. 雖美亦過度矣.

격(格)의 형상을 체(體)로 삼고 일간을 용(用)으로 삼는 경우에는 반드
시 기상(氣象)이나 암신(暗神), 화신(化神), 기신(忌神), 객신(客神) 등
이 모두 하나의 개체(個體)를 이루어야 한다. 만일 격(格)의 형상이 일
간과 관계가 없고 일간을 상극(傷剋)하거나 방부(幫扶)함이 지나친 경
우에는 체(體)와 용(用)이 분별되는 곳을 찾아야 한다. 또 형상의 자취
를 찾을 수 없어서 일간이 스스로 희신을 찾아야 하는 경우에는 별도
로 활로를 찾아 용(用)으로 삼으면 된다. 일간이 용(用)이 될 때 용(用)
이 체(體)보다 지나친 경우가 있는데, 예를 들면 식재(食財)를 써야할
때 재성이나 식신 등이 약하거나 은복되어 있는 경우이다. 반대로 체
(體)가 너무 드러나서 넘치는 경우도 있는데 그렇게 되면 과도한 모습
이 되어 좋지는 않다.

有用立而體行者. 有體立而用行者. 正體用之理也. 如用神不行於流行
之地. 且又行助體之運則不妙. 有體用各立者. 體用皆旺. 不分勝負. 行
運又無輕重上下. 則各立. 有體用俱滯者. 如木火俱旺. 不遇金土則俱
滯. 不可一端定也.

올바른 체(體)와 용(用)의 이치는 용(用)이 입(立)할 때 체(體)가 행(行)하거나, 체(體)가 입(立)할 때 용(用)이 행(行)하는 것이다. 만일 용신이 행(行)해야 할 곳으로 가지 않고 체(體)를 돕는 운으로 가면 좋지 않다. 체(體)와 용(用)이 독립되어 있으면서 모두 왕하여 승부(勝負)를 나눌 수 없거나 행운에서도 경중(輕重)이나 상하(上下)를 구분할 수 없는 경우도 있다. 또 체(體)와 용(用)이 모두 정체된 경우가 있는데, 예를 들면 木火가 함께 왕할 때 金土를 만나지 않으면 정체가 된다. 체용(體用)에는 이러한 여러 가지 경우가 있으니 한 가지 단서로만 결정해서는 안 된다.

然體用之用. 與用神之用有分別. 若以體用之用爲用神固不可. 舍此以別求用神又不可. 只要斟酌體用眞了. 於此取緊要爲用神. 而二三四五處用神者, 的非妙造, 須抑揚其重輕, 毋使有餘不足.

그러나 체(體)의 용(用)과 용(用)의 용(用)에는 구분이 있으니, 체(體)의 용(用)을 용신으로 삼아서는 안 되고, 용(用)의 용(用)을 용신으로 삼아야 한다. 그러나 체용(體用)의 용(用)을 버리고 따로 용신을 구하는 것도 옳은 방법이 아니니, 체(體)와 용(用)을 깊이 생각하여 결정해야 할 것이다. 팔자에서 가장 긴요한 것을 용신으로 삼는 것이니, 만일 용신이 이삼사오 개로 여기저기에 난립해 있는 경우라면 좋은 명조(命造)가 아니다. 용신이 여러 개일 경우에는 반드시 그 경중에 따라 억양(抑揚)하여 넘치거나 부족함이 없게 해야 한다.

體者, 形象氣局之謂也. 如無形象氣局. 卽以日主爲體. 用者, 用神也.
非體用之外別有用神也. 原注體用與用神有分別. 又不詳細載明. 乃屬
模糊了局. 可知除體用之外. 不能別求用神. 玩本文末句云. 要在扶之抑
之得其宜. 顯見體用之用. 則用神無疑矣.

체(體)는 형상(形象)과 기국(氣局)을 말한 것이다. 만일 팔자에 형상
(形象)과 기국(氣局)이 형성되어 있지 않으면 일간이 체(體)가 되고 용
신이 용(用)이 되니 체용(體用) 이외에 별도의 용신이 있는 것이 아니
다. 원주에서 체(體)의 용(用)과 용(用)의 용(用)에는 분별이 있다고 했
으나 상세하게 밝히지는 않았다. 체용을 제외하고는 별도로 용신이
있을 수가 없다. 원문 마지막에 부조할 것은 부조하고 억제할 것은
억제하여 그 알맞음을 얻어야 한다는 말이 체용의 용신을 분명하게
나타낸 것이니 용신에 대해서는 의심할 것이 없다.

旺則抑之. 弱則扶之. 雖爲不易之法. 然有不易中之變易者. 惟在審察
得其宜三字而已. 旺者抑之. 如不可抑. 又宜扶之. 弱者扶之. 如不可
扶. 反宜抑之. 此命理之眞機. 五行顚倒之妙用也. 蓋旺極者抑之. 抑之
反激而有害. 則宜從其强而扶之. 弱極者扶之. 扶之徒勞而無功. 則宜
從其弱而抑之. 是不可以一端論也.

왕(旺)하면 억제하고 약(弱)하면 부조하는 것은 바꿀 수 없는 법이지
만 바뀌는 경우도 있다. 그것은 원문의 '마땅한 것을 얻어야 한다.'는

'득기의(得其宜)' 세 자가 나타내는데 이를 자세히 살펴보면, 왕할 때에는 억제해야 하고 만일 억제할 수 없으면 반대로 그것을 부조(扶助)해야 한다는 것이다. 또 약할 때에는 부조해야 하는데 만일 부조할 수 없다면 반대로 그것을 억제해야 하는 것이 명리의 참된 기틀이며 오행이 전도(顚倒)되는 묘한 이치이다. 대체로 왕이 극(極)에 이르면 억제해야 하지만 억제하면 도리어 왕한 자를 자극하여 해(害)가 될 수도 있다. 이때는 오히려 그 왕한 세력을 부조하며 종(從)하는 것이 낫다. 쇠가 극(極)에 이를 경우에는 부조하는 것이 헛수고일 뿐 공(功)이 되지 않으니 약한 세력을 억제하는 것이 마땅하다. 그러니 한 가지 단서로만 논하려고 하면 안 된다.

如日主旺. 提綱或官, 或財, 或食傷, 皆可爲用. 日主衰. 別尋四柱干支有幫　身者爲用. 提綱是祿刃. 卽以提綱爲體. 看其大勢. 以四柱干支食神財官. 尋其得所者用之. 如四柱干支財殺過旺. 日主旺中變弱. 須尋其幫　身制化財殺者用之.

가령 일간이 왕할 때 제강에 관이나 재나 식상이 있으면 모두 용신으로 삼을 수 있다. 반대로 일간이 쇠할 때는 사주 간지에서 일간을 돕는 글자를 찾아서 용신으로 삼는다. 제강에 록(祿)이나 양인(陽刃)이 올 때는 제강을 체(體)로 삼고 전체를 살펴 간지의 식신이나 재나 관 중에서 적당한 것을 찾아 용(用)으로 삼으면 된다. 제강에 록(祿)이나 양인(陽刃)이 있다고 할지라도 사주에 재와 살(殺)이 지나치게 왕하면 일간이 왕한 가운데 약으로 변할 수 있으니 그때는 일간을 돕거나 아니면 재나 살(殺)을 제화(制化)시키는 글자를 찾아 용(用)해야 한다.

日主爲體者. 如日主旺. 印綬多. 必要財星爲用. 日主旺. 官殺輕. 亦以財星爲用. 日主旺. 比劫多. 而無財星. 以食傷爲用, 日主旺. 比劫多. 而財星輕. 亦以食傷爲用. 日主弱. 官殺旺. 則以印綬爲用. 日主旺. 官星輕. 印綬重. 亦以財星爲用. 日主弱. 食傷多. 亦以印綬爲用. 日主弱. 財星旺. 則以比劫爲用. 日主與官殺兩停者. 則以食傷爲用. 日主與財星均敵者. 則以比劫爲用. 此皆用神之的當者也.

일간을 체(體)로 삼을 때 일간이 왕하고 인수가 많으면 반드시 재성을 용신으로 삼아야 하고, 일간이 왕하고 관살이 경(輕)할 때도 역시 재성을 용신으로 삼아야 한다. 또 일간이 왕하고 비겁이 많을 때 재성이 없으면 식상을 용신으로 삼고, 일간이 왕하고 비겁이 많을 때 재성이 경(輕)해도 역시 식상을 용신으로 삼아야 한다. 또 일간이 왕하고 관성이 경(輕)하고 인수가 많으면 재성을 용신으로 삼고, 일간이 약하고 관살이 왕하면 인수를 용신으로 삼는다. 일간이 약하고 식상이 많을 때는 인수를 용신으로 삼고, 일간이 약하고 재성이 왕할 때는 비겁을 용신으로 삼는다. 일간과 관살이 대등할 때는 식상을 용신으로 삼고, 일간과 재성이 대등할 때는 인수나 비겁을 용신으로 삼는다. 이것이 용신을 찾는 적당한 방법이다.

如日主不能爲力. 合別干而化. 化之眞者. 卽以化神爲體. 化神有餘. 則以
洩化神之神爲用. 化神不足, 則以生 助化神之神爲用. 局方曲直五格,
日主是元神. 卽以格象爲體, 以生助氣象者爲用, 或以食傷爲用, 或
以財星爲用, 只不宜官殺. 總宜視其格局之勢意向而用之, 毋執一也.

가령 일간이 무력할 때 다른 천간과 합하여 진화(眞化)가 되면 화신
(化神)을 체(體)로 삼는다. 화신(化神)이 유여한 경우에는 화신(化神)
을 설기하는 글자를 용신으로 삼고, 화신(化神)이 부족한 경우에는
화신(化神)을 생조하는 글자를 용신으로 삼는다. 방국(方局)이나 곡
직(曲直) 등은 일간이 원신(元神)이니 격(格)이나 상(象)을 체(體)로 삼
고, 기상(氣象)을 생조하는 것을 용신으로 삼거나 또는 식상이나 재
성을 용신으로 삼는다. 그러나 관살을 용신으로 삼아서는 안 되고 그
외(外)에는 격국의 기세와 의향을 보아서 용(用)하면 된다. 항상 전체
적인 상황을 보아야지 한 가지만 고집하면 안 된다.

如無格無局. 四柱又無用神可取. 卽或取之. 或被閑神合住. 或被沖神
損傷. 或被忌神劫占. 或被客神阻隔. 不但用神不能顧日主. 而日主亦
不能顧用神. 若得歲運破其合神. 合其沖 神. 制其劫占. 通其阻隔. 此
謂歲運安頓. 隨歲運取用. 亦不失爲吉也.

격(格)도 없고 국(局)도 없으며 사주에 취할만한 용신도 없거나, 또는
취할만한 용신이 있다 하더라도 한신에게 합 또는 충으로 손상된 경
우이거나, 기신이 자리를 잡고 있거나 객신에게 막혀 있어서 용신이

일간을 도울 수도 없거나 또는 일간도 용신을 도울 수 없는 경우가 있다. 이러한 상태일 때는 세운에서 원국에 있는 문제를 해결할 수 있다면 길(吉)하게 된다. 즉 용신을 합하는 글자를 파손하거나, 충하는 글자를 합하거나, 기신을 제압하거나, 막힌 글자를 유통시킨다면 세운에서라도 용신을 취하게 되니 길(吉)을 잃지는 않는다.

原注云, 二三四五用神者. 的非妙造. 此說大謬. 只有八字. 若去四五字爲用神. 則是除日干之外. 只有兩字不用. 斷無此理. 總之有用無用. 定有一個着落. 確乎不易也. 命中只有喜用兩字. 用神者, 日主所喜, 始終依賴之神也. 喜神者, 幇助用神之神也. 忌神者剋害用神之神也. 除用神, 喜神, 忌神外. 皆閑神客神也. 學者宜審察之. 大凡天干作用. 生則生. 剋則剋. 合則合沖. 則沖. 易於取材. 而地支作用. 則有種種不同者. 故天干易見. 地支難推.

원주에서 용신이 이삼사오 개로 여러 개 있을 경우는 좋은 명조(命造)가 아니라고 했는데 이 말은 잘못되었다. 사주는 여덟 글자로 정해졌기 때문에 용신이 여러 개가 되는 경우는 발생하지 않는다. 용신은 적어도 하나는 있다는 것이 변하지 않는 원칙이다. 명(命) 중에는 다만 용신과 희신 두 글자가 있는데 용신이란 일간이 시종일관 의지하고 신뢰하는 글자를 말하고, 희신이란 그 용신을 보조하는 글자를 말한다. 용신, 희신, 기신을 제외하면 나머지는 모두 한신이나 객신이니 이를 잘 살펴 구별해야 한다. 대체로 천간은 순일(純一)하여 생

이나 극·합·충 등이 보이는 그대로여서 헤아리기가 쉽지만, 지지의
작용은 같은 글자라도 다른 작용을 하는 경우가 많다. 그래서 천간은
파악하기가 쉽지만 지지는 추리하기가 어렵다.

나이스 주

⊙명리(命理)의 틀을 격국 중심으로 설명했던 『자평진전(子平眞詮)』이나 각
일간을 월별로 나누어 팔자를 분석했던 『난강망(欄江網)』은 주로 명리의
체(體)의 영역을 다루고 있다. 『적천수(滴天髓)』 또한 주로 체(體)의 영역
에 맞추어져 있지만 용(用)의 영역을 상당히 다루고 있어 후학(後學)들이
많은 관심을 갖게 되었다.

⊙그러나 『적천수(滴天髓)』가 용(用)의 영역에 상당한 비중을 두고 있다고 해
도 주로 용(用)의 영역을 다루는 현대명리를 따라갈 수는 없다. 현대명리에
서 경계해야 할 것은 체(體)를 무시하고 용(用)을 다루는 것이다. 체력(體
力) 등 기본을 무시하고 잔기술 등 묘기(妙技)만 익히려는 운동선수처럼 명
리학계에도 각종 파(派)들이 잠시 활개를 치다가 사라지는 경우가 많다. 온
고이지신(溫故而知新)이란 체(體)를 다진 후 용(用)에 관심을 가지라는 말
이다.

⊙세상 만물에는 체(體)와 용(用)이 있다. 일단 물건(體)이 있어야 그것을 사

용(用)할 수 있는 것이다. 이때 체(體)와 용(用) 사이는 조화를 이루어야 한다. 체(體)가 강하거나 용(用)이 강하면 다른 한편을 부(扶)하거나 억(抑)하여 균형을 맞추어야 한다. 체(體)가 작으면 용(用)을 수용하는 데 한계가 있고, 체(體)는 큰데 용(用)이 작으면 이것 또한 적절하지 못하다. 체(體)의 크기에 따라 용(用)이 정해져야 분수에 맞는 삶이 전개된다.

⊙체용(體用)은 변할 수 있으니 일간이 체(體)라면 월령이 용(用)이 되고, 또 팔자가 체(體)라면 운이 용(用)이 되며, 또 팔자와 대운이 체(體)라면 세운이나 월운은 용(用)이 된다. 역학을 공부하는 사람은 항상 고정된 관념을 버리고 유연한 사고를 가져야 한다. 변하는 것이 역(易)이기 때문이다.

時	日	月	年
癸	丙	甲	丙
巳	午	午	寅

● 午월에 丙火가 투하여 양인격이다.
● 寅午와 巳午가 있어 혼국이다.
● 木火土운에 재물이 증가하였다.
● 丙申, 丁酉운에 형벌과 소모가 많았다.
● 己亥운에 가업이 파산되어 망했다.
● 왕한 세력을 격분시키면 안 된다.

時	日	月	年
丙	丙	庚	戊
申	申	申	寅

● 亥子丑운에 사업이 크게 번창하였다.

● 丙寅운에 일간이 힘을 얻어 형상(刑傷)과 파모(破耗)를 당했다.

● 지극히 약할 때 부조하는 것은 해만 있다.

15 정신 精神

人有精神 不可以一偏求也 要在損之益之得其中
인유정신　　불가이일편구야　　요재손지익지득기중

사람에게는 정(精)과 신(神)이 있는데 한 가지만 구하는 것은 불가(不可)
하다. 손(損)하거나 익(益)하여 그 중(中)을 얻는 것이 필요하다.

原註

精氣神氣皆元氣也. 五行大率以金水爲精氣. 木火爲神氣. 而土所以實
之者也. 有神足不見其精而精自足者. 有精足不見其神而神自足者. 有
精缺神索. 而日主虛旺者. 有精缺神索. 而日主孤弱者. 有神不足而精
有餘者. 有精不足而神有餘者. 有精神俱缺而氣旺. 有精神俱旺而氣
衰. 有精缺得神以助之者. 有神缺得精以生之者, 有精助精而精反泄
無氣者, 有神助神而神反斃無氣者, 二者皆由氣以主之也. 凡此皆不
可以一偏求也. 俱要損益其進退. 不可使有過不及也.

정기(精氣)와 신기(神氣)는 모두 원기(元氣)이다. 오행에서는 金水가
정기(精氣)이고 木火가 신기(神氣)이며 土는 그것들을 충실하게 하는
것이다. 신(神)이 족(足)하면 정(精)이 없더라도 정(精)이 있는 것처럼
되는 경우가 있고, 정(精)이 족(足)하면 신(神)이 없더라도 신(神)이 있
는 것과 같은 경우도 있다. 또 정(精)이 모자라고 신(神)이 하나도 없

는 경우에 일간이 실속없이 왕한 경우도 있고, 정(精)이 모자라고 신
(神)이 하나도 없어서 일간이 외롭고 약한 경우도 있다. 또 신(神)은
부족한데 정(精)은 유여한 경우가 있고, 정(精)은 부족한데도 신(神)이
유여한 경우도 있다. 또 정(精)과 신(神)이 모두 부족한데 기(氣)가 왕
한 경우가 있고, 정(精)과 신(神)이 모두 왕한데 기(氣)는 쇠한 경우도
있다. 정(精)이 부족할 때 신(神)이 있어 정(精)을 돕는 경우가 있고,
신(神)이 부족할 때 정(精)이 있어 그것을 생하는 경우도 있다. 정(精)
이 정(精)을 돕는데도 반대로 정(精)이 설기되어 무기(無氣)한 경우도
있고, 신(神)이 신(神)을 돕는데도 반대로 신(神)이 죽어서 무기(無氣)
한 경우도 있다. 정(精)과 신(神) 두 가지는 모두 기(氣)를 근거로 하므
로 한쪽만 보지 말고 진퇴에 따라 나타나는 손익을 함께 구하여야 하
는데 태과하거나 불급하면 안 된다.

任氏曰

精者, 生我之神也. 神者, 剋我之物也. 氣者本氣貫足也. 二者以精爲
主. 精足則氣旺. 氣旺則神旺. 非專以金水爲精氣. 木火爲神氣也. 本文
末句云. 要在損之益之得其中. 顯非金水爲精. 木火爲神. 必得流通生
化. 損益適中. 則精氣神三者皆備矣. 細究之, 不特日主用神體象有精
神. 卽五行皆有也.

정(精)은 일간을 생하는 신(神)이고, 신(神)은 일간을 극하는 물(物)이
다. 기(氣)는 본기(本氣)가 서로 충분히 통하고 있는 것을 말한다. 두

가지 중에 정(精)이 주(主)가 되니 정(精)이 충족되면 기(氣)가 왕하고, 기(氣)가 왕하게 되면 신(神)도 왕하다. 그러므로 원주의 설명처럼 金水가 정기(精氣)이고 木火가 신기(神氣)인 것은 아니다. 원문의 끝에 나오는 '덜어내거나 빼서 중(中)을 이룸에 있다.' 라는 구절이 중요하다. 이 구절에서 보듯이 金水가 정(精)이고 木火가 신(神)인 것은 아니며, 필히 유통(流通)·생화(生化)·손익(損益)이 적절하게 중(中)을 이루어야 정기신(精氣神) 세 가지가 갖추어지는 것이다. 이것을 자세히 연구해 보면 일간이나 용신, 그리고 체상(體象)에만 정(精)과 신(神)이 있는 것이 아니라 오행에도 모두 있다는 것을 알 수 있다.

有餘則損之. 不足則益之. 雖爲一定之理. 然亦有一定中之不定也. 惟在審察得其中三字而已. 損者, 剋制也. 益者, 生扶也. 有餘損之. 過則宜洩之. 不足益之. 過則宜去之. 此損益之妙用. 蓋過於有餘. 損之反觸其怒. 則宜順其有餘而洩之. 過於不足. 益不受補. 則宜從其不足而去之. 是不可以一偏求也.

유여할 때는 손(損)하고, 부족할 때는 익(益)하는 것은 정해진 이치이지만, 정해진 가운데 정해지지 않은 것도 있으니 전체의 상황을 보며 살펴야 한다. 손(損)은 극제(剋制)하는 것이고 익(益)은 생부(生扶)하는 것이다. 그러나 유여할 때도 과하게 극하기보다는 설기해야 할 경우가 있고, 부족할 때도 지나치게 생부하기 보다는 오히려 극제(剋制)해야 할 경우가 있으니 이것이 손익의 묘한 이치이다. 그러나 유여함이 지나칠 경우에는 그것을 극제하면 왕신(旺神)이 분노하니 차라리 순응하여 설(洩)하는 것이 좋다. 부족함이 지나칠 경우에는 그것을 부조하면 도와주는 것도 받아들이지 못하니 그때는 차라리 부족한 것을 제거하는 것이 마땅하다. 그래서 정해진 규칙 속에 또 다른 규칙이 있으니 고정된 생각만 가지면 안 되고 상황에 따라 유연하게 대처해야 한다.

總之精太足, 宜益其氣. 氣太旺, 宜助其神. 神太洩, 宜滋其精. 則生化流通. 神淸氣壯矣. 如精太足, 反損其氣. 氣太旺, 反傷其神. 神太洩, 反抑其精. 則偏枯雜亂. 精索神枯矣. 所以水泛木浮, 木無精神. 木多火熾, 火無精神. 火炎土焦, 土無精神. 土重金埋, 金無精神. 金多水弱, 水無精神.

종합하면 정(精)이 지나치게 많을 때는 기(氣)를 극제하는 것보다는 익(益)하는 것이 좋고, 기(氣)가 태왕하면 설기하는 것보다는 조(助)하는 것이 좋으며, 또 신(神)의 설기가 지나치면 정(精)을 자양하는 것이 좋은데 그렇게 되면 생화하고 유통되면서 신(神)은 맑아지고 기(氣)는 굳세게 될 것이다. 가령 정(精)이 지나치게 많으면 기(氣)가 손상되고, 기(氣)가 지나치게 설기되면 정(精)을 억제하게 되어 편고하거나 잡란(雜亂)하게 되어 정(精)은 다하고 신(神)은 마를 것이다. 이 때문에 **수범목부**(水泛木浮)가 되면 木의 정신(精神)은 없어지고, **목다화식**(木多火熄)이 되면 火의 정신(精神)이 없어진다. **화염토초**(火炎土焦)

가 되면 土의 정신(精神)이 없어지고, **토중금매**(土重金埋)가 되면 金
의 정신(精神)이 없어지고, **금다수약**(金多水弱)이 되면 水의 정신(精神)이 없어지게 된다.

原注以金水爲精氣. 木火以神氣者. 此由臟而論也. 以肺屬金. 以腎屬
水. 金水相生. 藏于裏. 故爲精氣. 以肝屬木. 以心屬火. 木火相生. 發于
表. 故爲神氣. 以脾屬土. 貫于周身. 土所以實之也.

원주에 金水를 정기(精氣)로 삼고 木火를 신기(神氣)로 삼는다고 한
것은 오장을 근거로 논한 것이다. 폐는 金에 속하고 신(腎)은 水에 속
하고, 金과 水는 상생하여 안에 저장되므로 정기(精氣)로 삼은 것이
다. 또 간(肝)은 木에 속하고 심장은 火에 속하고, 木火는 상생하여 밖
으로 나타나니 신기(神氣)로 삼은 것이다. 비장(脾臟)은 土에 속하고
온몸을 관통하니 土는 실(實)하다고 하였다.

若論命中之表裏精神. 則不以金水木火爲精神也. 譬如旺者宜洩. 洩神
得氣爲精足. 此從裏發於表. 而神自足矣. 旺者宜剋. 剋神有力, 爲神
足. 此由表達於裏, 而精自足矣. 如土生於四季月. 四柱土多無木. 或
干透庚辛. 或支藏申酉, 此謂爲裏發於表. 精足神定. 如土多無金. 或
干透甲乙. 或支藏寅卯. 此謂表達於裏. 神足精安. 土論如此. 五行皆
向. 宜細究之.

만약 명(命)에 나타난 표리(表裏)만을 가지고 정신(精神)을 논한다면

金水와 木火를 정(精)과 신(神)으로 하지 않았을 것이다. 예를 들면 왕한 것은 설(洩)하는 것이 마땅하고, 설신(洩神)이 기(氣)를 얻으면 정(精)이 충족되는데 이런 현상은 안에서부터 밖으로 발(發)하는 것이고 이때는 신(神)이 저절로 충족된다. 왕한 것을 극하는 것이 마땅할 때는 극신(剋神)이 힘이 있다면 신(神)이 충족되는데, 이런 현상은 밖에서부터 안으로 도달하는 것으로서 이때는 정(精)이 저절로 충족된다. 또 土가 사계(四季)에 태어났을 때 사주에 土는 많고 木이 없고 천간에 庚辛金이 투출하거나 지지에 申酉가 있다면 안에서부터 밖으로 드러난 모습으로 정(精)이 충족되고 신(神)이 안정된다. 또 만일 土가 많고 金이 없을 때 천간에 甲乙木이 투출했거나 지지에 寅卯가 있다면 밖에서부터 안으로 도달한 모습으로 이때는 신(神)이 충족되고 정(精)이 안정되게 된다. 土의 논리가 이와 같으니 다른 오행도 모두 똑같이 궁구해야 한다.

나이스 주

⊙보통 정신기(精神氣)는 오행에서는 金水를 정(精)으로 보고, 木火를 신(神)으로 보며, 기(氣)는 그 중간에서 조절하는 土라고 보면 된다. 정신기(精神氣)에 대해서는 또 다른 설명들도 있다. 정(精)이란 나를 생하는 인수이고, 신(神)이란 내가 생하는 식상이며, 기(氣)란 일간이라고 하기도 하고, 정(精)은 나를 생하는 인수이고 신(神)은 나를 극하는 관성이고, 기(氣)는 일간과 같은 오행인 비겁이라고도 한다. 또 정(精)은 일간

에게 힘을 주는 것이고, 신(神)은 일간을 극설(剋洩)하는 것이며, 기(氣)는 이들을 소통시키는 것으로 보기도 한다. 어쨌든 정신기(精神氣)를 모두 구비해야 한다는 것은 힘의 균형을 이루어야 한다는 삼자개균(三者皆均), 삼자균등(三者均等)이라는 말과도 비슷하다.

◉수범목부(水泛木浮)나 목다화식(木多火熄), 화염토초(火炎土焦), 금다수약(金多水弱), 토중금매(土重金埋) 등은 모두 정(精)과 신(神)의 균형이 깨진 것들이어서 좋은 명(命)으로 볼 수는 없다.

時	日	月	年
戊	丙	甲	癸
戌	寅	子	酉

●子월에 癸水가 투하여 정관격이다.

●천간이 수생목, 목생화, 화생토로 흘러간다.

●일생 부귀와 수복을 누렸다.

時	日	月	年
庚	丙	乙	癸
寅	辰	卯	未

●寅卯辰 방합이 있다.

●종신 평범했고 명리(名利)를 이루지 못했다.

時	日	月	年
己	丙	乙	戊
丑	辰	丑	戌

● 丑월에 戊己土가 투하여 식상격이다.

● 초반에는 식신을 쓰고 후반에 상관을 쓴다.

● 지지가 모두 土이다.

● 壬戌대운 辛未년에 허약증으로 사망하였다.

16 월령 月令

月令乃提綱之府 譬之宅也 人元爲用事之神
월령내제강지부 　　비지택야 　　인원위용사지신

宅之定向也 不可以不卜
택지정향야 　　불가이불복

월령(月令)은 제강(提綱)의 본부이니 택(宅)에 비유되고, 인원(人元)은 용

사지신(用事之神)이니 택(宅)의 방향과 같다. 헤아려 쓰지 않으면 안 된다.

原註

令星乃三命之至要. 氣象得令者吉. 喜神得令者吉 令其可忽乎. 月令

如人之家宅. 支中之三元 定宅中之向道. 不可以不卜. 如寅月生人. 立

春後七日前. 皆値戊土用事. 八日後十四日前者. 丙火用事. 十五日後.

甲木用事. 知此則可以取格. 可以取用矣.

월령(月令)은 삼명(三命) 중에 지극히 중요한 것이다. 기상(氣象)을 득

해야 길(吉)하고, 희신이 득령해야 길하니 어찌 월령을 소홀히 할 수

있겠는가? 월령은 사람의 가택과 같고, 월지 중의 삼원(三元)은 가택

의 방향을 정하는 것이니 잘 헤아려야 한다. 가령 寅월에 태어난 사

람은 입춘 후 7일 전까지는 戊土가 용사하고, 8일 후부터 14일 전까

지는 丙火가 용사하며, 15일 후에는 甲木이 전권을 행사하니, 이것을

알면 격(格)을 올바로 정할 수 있고 용(用)도 올바로 취할 수 있다.

月令者, 命中至要也. 氣象格局用神. 皆屬提綱司令. 天干又有引助之
神. 譬如廣廈不移之象. 人元用事者. 卽此月此日之司令神也. 如宅中
之向道. 不可不卜. 地理元機云. 宇宙有大關會. 氣運爲主. 山川有眞性
情. 氣勢爲先. 所以天氣動於上. 而人元應之. 地勢動於下. 而天氣從之.
由此論之. 人元司令. 雖助格輔用之首領. 然亦要天地相應爲妙. 故知地
支人元, 必得天干引助. 天干爲用, 必要地支司令.

월령은 명(命)을 볼 때 지극히 중요한 것이다. 사주의 기상(氣象), 격
국, 용신 등이 모두 제강의 사령을 기준으로 정해진다. 월령에서 투
(透)한 천간의 글자는 넓고 큰 집처럼 강한 형상을 이루게 된다. **인원
용사**(人元用事)란 특정한 달에 사령하는 월령 속의 지장간을 말한다.
'인원용사지신(人元用事之神)이 가택의 방향과 같으므로 헤아리지 않으
면 안 된다.'는 말은 풍수에서 나온 말이다. 지리원기(地理元機)에 "우
주는 크게 연결되어 있어서 기(氣)의 운동이 주(主)가 되고, 산천은 참된
성정이 있어서 기(氣)의 세력이 우선한다. 이 때문에 천기(天氣)가 위에서
동(動)하면 인원(人元)이 거기에 반응하고, 지세(地勢)가 아래에서 동(動)
하면 천기(天氣)가 그것을 따른다."고 했다. 이것에 근거해서 보면 인원
(人元)의 사령이 비록 격(格)을 돕고 용신을 보충하는 우두머리가 되
는 것은 확실하지만, 반드시 천간과 지지가 상응해야 묘함이 있다는

것을 알 수 있다. 그러므로 지지의 인원(人元)은 반드시 천간의 도움이 있어야 하고, 천간 글자를 용(用)할 때는 반드시 지지에 사령해야 좋다.

總之人元必須司令. 則能引吉制凶. 月令必須出現. 方能助格輔用. 如寅月之戊土. 巳月之庚金. 無司令出現. 可置勿論也. 譬如寅月生人. 戊土司令. 甲木雖未及時. 戊土雖則司令. 天干不透火土而透水木. 謂地衰門旺. 天干不透水木而透火土. 謂門旺地衰. 皆吉凶參半. 如丙火司令. 四柱無水. 寒木得火而繁榮. 相火得木而生助. 謂門地兩旺. 福力非常也. 如戊土司令. 木透干. 支藏水. 謂門地同衰. 禍生不測矣. 餘月依此而論.

인원(人元)은 반드시 사령해야만 길(吉)하고 흉(凶)을 면할 수 있다. 또 월령은 반드시 천간에 투(透)해야 격(格)을 돕고 용신을 보좌할 수 있다. 예를 들면 寅월의 戊土와 巳월의 庚金이 월령에 사령하지도 못하고 천간에 투(透)하지도 못했다면 없는 글자와 같으니 논하지 않아도 된다. 가령 寅월생일 때 지장간에 戊丙甲이 있으니 만일 戊土가 사령하고 있다면 甲木은 아직 때가 되지 않은 것이다. 戊土가 사령했다고 하더라도 천간에 火土가 투출하지 않고 水木이 투출한 경우에는 **지쇠문왕**(地衰門旺), 즉 지지는 쇠하고 천간은 왕하게 된다. 또 만일 천간에 水木이 투출하지 않고 火土가 투출한 경우에는 **문왕지쇠**(門旺地衰), 즉 천간은 왕하고 지지가 쇠하게 된다. 이렇게 되면 모두 길(吉)과 흉(凶)이 반반씩이다. 또 가령 寅월생이 丙火가 사령하고 사주에 水가 없다면, 木은 火를 만나야 번성하고, 火는 木을 만나야 생조되니 **문지양왕**(門地兩旺), 즉 천간과 지지가 모두 왕하게 되어 복력(福力)이 보통이 아니다. 또 戊土가 사령할 때 木이 천간에 투출하고 장간에 水가 있다면 **문지동쇠**(門地同衰), 즉 천간과 지지가 똑같이 쇠하다고 말하니 재화(災禍)가 예측할 수 없을 정도로 발생할 수 있다. 나머지 월도 이처럼 논한다.

나이스 주

◉월령은 팔자의 사령부와 같다. 그래서 『자평진전(子平眞詮)』은 월령과 일간과의 관계로 격(格)을 정했고, 『난강망(爛江網)』은 월을 기준으로 각 일간을 분석하는 방법을 취했다.

◉월령이 가택이라면 인원용사지신(人元用事之神)은 가택의 방향과 같다. 집이 체(體)라면 집의 방향은 용(用)이라고 할 수 있다. 집도 중요하지만 집의 방향도 중요한 것이다. 그래서 월지에서 투간(透干)한 천간이 있다면 그것을 집의 방향으로 보고 격(格)으로 삼는다.

◉寅월에 태어난 사람은 입춘 후 7일전까지는 戊土가 당번(當番)을 맡고, 8일 이후부터 14일 전까지는 丙火가 용사(用事)하며, 15일 이후에는 甲木이 전권(全權)을 행사한다고 하였다.

◦임철초(任鐵樵)는 "우주에는 기운(氣運)이 우선하고 산천에는 기세가 우선하니 이 때문에 천기(天氣)가 움직이면 인원(人元)이 그에 응하고 지기(地氣)가 움직이면 천기(天氣)가 그를 따른다고 하였다. 그래서 월령이 비록 격(格)과 용(用)을 정하는 우두머리가 된다고 하더라도 천간과 지지가 서로 호응해야 좋다."고 하였다. 월령도 중요하지만 월령에서 투(透)한 천간이 있으면 그것이 더 중요하다는 의미이다.

◆ 보충 지장간에 대하여

하늘의 기운은 기울어진 지축과 지구의 공전, 자전으로 인하여 지구에 온전하게 도달하지 못한다. 하늘의 기운이 기울어진 지구에 어떤 모습으로 도달하는지를 표시해 놓은 것이 지장간(地藏干)이다. 지장간 글자의 비율은 책마다 비슷하지만 약간씩 다를 수도 있다. 지리적인 위치 즉 경도와 위도에 따라 하늘의 기운이 달라지기 때문이다. 같은 동양이라고 하더라도 한국과 중국 그리고 일본은 해가 뜨고 지는 시각이 각기 다르다.

지장간은 지지 속에 숨어 있는 천간을 나타내는 것이니 지장간을 통해 드러나지 않은 사실들을 알 수 있다. 천지인 삼재(三才)에서 지장간은 인(人)을 나타내니 사람에 관해서 알려면 지장간을 보아야 한다.

천간이나 지지 글자는 노출되어 있어서 수시로 합하고 다치며 변화될 수 있지만 지장간의 글자는 숨어 있기 때문에 위험할 때 보호받기도 한다. 땅 속의 지하자원처럼 충격을 주어 파내야 사용할 수가 있으니 장단점이 있다. 지장간의 글자를 사용하려면 운(運)에서 강도가 강한 글자가 와서 지지의 껍질을 깰 수 있을 정도로 강한 충격을 주어야 한다. 강한 충격을 주는 것에는 삼형(三刑)이나 충(沖)이 있다. 물론 형(刑)이나 충(沖)도 글자마다 차이는 있다.

지장간은 각 지지별로 3개 정도로 기간을 나누어 초기(여기), 중기(본기), 말기(정기)로 나눈다. 지장간 초기(初期)는 앞의 글자의 말기의 기운이 이어져서 넘어오기 때문에 여기(餘氣)라고도 한다. 예를 들어 3월의 초기는 2월말의 기운이 이어져서 나타나게 된다. 물론 3월의 말기는 4월의 초기로 이어진다. 지장간 초기·중기·말기 중에서 가장 많은 비중을 차지한 것은 말기이다. 그래서 말기를 정기(正氣)라고도 한다. 정기(正氣)는 힘이 왕성하고 넘치니 지지의 대표 오행이 되고 다음 달로 이어져서 다음 달 초기, 즉 여기(餘氣)를 형성한다.

그런데 더 구체적으로 알 수 있는 것이 지장간 속 글자들이다. 지지가 같은 오행이라고 하더라도 지지 속 지장간의 오행은 다를 수 있기 때문이다. 천간 글자가 장간 속의 같은 오행에 뿌리를 두면 통근(通根)했다고 하고, 지장간의 글자가 천간에 같은 글자가 있으면 투출(透出)했다고 한다. 이렇게 천간과 지장간이 통근이나 투출이 되면 해당 오행의 힘이 강해진다.

천간과 지지가 같은 오행으로 일치될 때 뜻을 이룰 수 있고, 천간과 지지가 다른 오행으로 흘러가면 아무리 노력해도 실현 가능성이 적어진다. 천간을 통해 마음속의 생각을 알 수 있고 지지를 통해 현실 상황을 알아낼 수 있다. 그리고 지장간을 통해 앞으로 일어날 세밀한 사항까지 점칠 수 있다. 그래서 사주상담을 통해 소질이나 적성을 파악하여 진로 등을 말해줄 수 있고 직업이나 승진 재산의 변화 등 삶의 흐름을 예측할 수 있다. '꿈은 이루어진다.' 라는 말도 있고 '말처럼 쉬운 일도 없다.' 라는 말도 있다. 꿈이나 말은 천간이다. 꿈만 꾼다고 이루어지는 것은 아니다. 현실 환경이 따라 주어야 한다. 또 현실에 존재하는 많은 것들은 천간의 관심이 없으면 아무 소용이 없다. 평안감사도 제 하기 싫으면 그만이다. 사람마다 생각과 행동이 다른 이유도 팔자가 다르기 때문이다. 결국 천간 글자가 지지에 순수하게 통근(通根)을 해야 마음먹은 일을 현실에서 이룰 수 있다. '순수하다' 는 의미는 해당 지지 글자가 형충회합파해(刑沖會合破害) 또는 여러 신살에 얽혀들지 않아야 한다는 것을 말한다.

時	日	月	年
丙	戊	丙	甲
辰	寅	寅	戌

● 寅월에 출생하여 甲木과 丙火가 투하였다.

● 甲木과 丙火 둘 다 쓸 수 있다.

● 진사 급제를 하였다.

● 부윤을 거쳐 황당(黃堂)에 올라 명리(名利)를 모두 얻었다.

時	日	月	年
庚	戊	丙	甲
申	辰	寅	戌

- 위 사주와 년월주와 일간이 같다.

- 『자평진전』식 격국은 같지만 사는 모습은 완전히 달랐다.

- 학업을 이루기 어려웠다.

- 반평생 형상(刑喪)을 면치 못했다.

17 생시 生時

生時歸宿之地 譬之墓也 人元爲用事之神
생시귀숙지지　　비지묘야　　인원위용사지신

墓之穴方也 不可以不辨
묘지혈방야　　불가이불변

생시(生時)는 돌아가서 묵을 곳이니 묘지(墓地)와 같다. 시지(時支)의 인원용사지신(人元用事之神)은 묘의 혈(穴)과 같다. 잘 분별하지 않으면 안 된다.

原註

子時生人. 前三刻 三分壬水用事. 後六刻 七分癸水用事. 評其與寅月生人. 戊土用事何如. 丙火用事何如. 甲木用事何如. 局中所用之神, 與壬水癸水用事何如? 窮其淺深, 如墓之定穴, 斯可以斷人之禍福矣.

子시생은 앞의 3각 3분은 壬水가 용사하고 뒤의 6각 7분은 癸水가 용사한다. 寅월생일 때 지장간의 戊土·丙火·甲木 중에서 어느 것이 용사하는지 살피고, 그 후에 다시 시(時)를 보며 子시라면 지장간 중 壬水가 용사할 때와 癸水가 용사할 때 어떻게 다른지 살펴 그 깊고 얕음을 궁구해야 한다. 이는 풍수에서 가택의 방향을 정하고 분묘의 혈(穴)을 정하는 것과 같은 방법이다. 이런 방법으로 팔자를 분석하면 사람의 화복(禍福)을 진단할 수 있다.

至同年月日而百人各一應者, 當究其時之先後, 又論山川之異, 世
德知殊, 十有九驗, 其有不然者, 不過此則有官, 彼則子多, 此則
財多, 彼則妻美, 乃小異耳, 夫山川之異, 不惟東西南北迥乎不同
者宜辨之, 卽一邑之家, 而風聲氣習不能一律也, 世德之殊不惟富
貴貧賤絶乎不侔者宜辨之, 卽同門共戶而善惡邪正不能盡齊也, 學
者可以知其興替矣

생년월일(生年月日)이 같은데도 사람마다 각각 삶의 방식이 다른 것
은 생시(生時)의 차이 때문이니 생시(生時)의 선후(先後)를 연구해야
한다. 또 산천의 차이와 세덕(世德)의 차이를 함께 논한다면 십(十)
중 아홉은 들어맞을 것이다. 그렇게 해도 맞지 않는 경우가 있는데
관(官)을 한쪽은 관직으로 쓰고 다른 쪽은 자식으로 쓰거나, 재(財)를
한쪽은 재물로 쓰고 다른 쪽은 처로 쓰는 경우인데 큰 차이는 아니
다. 산천의 다름이란 거주지의 풍수뿐만 아니라 같은 고을이라도 집
안마다 명성과 풍습 등이 다를 수 있음을 말한다. 그리고 세덕(世德)
의 차이란 각 집안의 부귀빈천의 차이나 또는 문호(門戶)가 같을지라
도 선악(善惡)과 사정(邪正)이 다를 수 있으니 동일 팔자라도 차이가
발생할 수 있음을 말한다. 학자(學者)들은 이러한 차이를 잘 구분해
야 한다.

子時前三刻三分. 壬水用事者. 亥中餘氣. 卽所謂夜子時是也. 如大雪
十日前壬水用事之謂也. 後六刻七分. 方爲癸水用事. 餘時亦有前後用
事. 須從司令一例而推. 如生時用事. 與月令人元用事相附. 是日主所
喜者. 倍增其吉. 爲日主所忌者. 必增凶禍.

子時의 전(前) 3각 3분은 壬水가 용사한다는 것은 亥 중의 여기(餘氣)
를 가리킨 것이니 대설(大雪)의 10일 전은 壬水가 용사한다는 것과
같은 말이다. 子時의 후(後) 6각 7분은 癸水가 용사하게 된다. 나머지
시(時)들도 전후의 용사가 있으니 반드시 사령을 정할 때는 한 가지
원칙을 가지고 같은 방법으로 추리해야 한다. 가령 생시(生時)의 용
사와 월령의 용사가 서로 부합할 때 그것이 일간이 좋아하는 것이라
면 길(吉)이 배가 되지만 만일 일간이 꺼리는 것이라면 흉화(凶禍)가
증가될 것이다.

生時之美惡, 譬墳墓之結穴; 人元用事, 如墳墓之朝向, 不可以不辨.
故穴吉向凶, 必減其吉; 穴凶向吉, 必減其凶. 如丙日亥時, 亥中壬
水, 乃丙之殺, 得甲木用事, 爲穴凶向吉; 辛日未時, 未中己土, 乃
辛金之印, 得丁火用事, 謂穴吉向凶. 理雖如此, 然時之不的當者, 十
有四五; 夫時沿有不的, 又何能辨其生剋乎? 如果時的, 縱不究其人
元, 亦可斷其規模矣.

생시(生時)는 혈(穴)에 비유되고, 인원용사(人元用事)는 분묘의 조향

(朝向)과 같으니 반드시 분별해야 한다. 그러므로 혈(穴)이 길(吉)하고 향(向)이 흉(凶)하면 길(吉)이 줄어들게 되고, 반대로 혈(穴)이 흉(凶)하고 향(向)이 길(吉)하면 흉(凶)이 줄어들게 된다. 가령 丙火일간에 亥시생이면 亥 중 壬水는 丙火의 칠살인데 이때 亥 중 甲木이 용사한다면 혈(穴)은 흉(凶)하고 향(向)이 길(吉)한 것이다. 또 辛金일간에 未시생이면 未 중 己土는 辛金의 인수인데 만일 未 중 丁火가 용사한다면 혈(穴)은 길(吉)하고 향(向)이 흉(凶)한 것이다. 이치는 이와 같지만 태어난 시(時)를 확실히 모르는 사람이 십(十) 중에 사오(四五)는 되니 정확한 추명은 기대하기 힘들다. 태어난 시(時)가 확실치 않다면 어찌 그 생극(生剋)을 판단할 수 있겠는가? 만일 시(時)가 확실하다면 비록 인원(人元)까지 궁구하지 않더라도 팔자의 범위를 대충은 판단할 수 있을 것이다.

譬如天然之龍. 天然之穴. 必有天然之向. 天然之向. 必有天然之水. 只要時不錯. 吉凶自驗. 其人元用事. 到底不比提綱司令之重也. 至於山川之異. 世德之殊. 因之發福有厚薄. 見禍有重輕. 而人品端邪. 亦可轉移禍福. 此又非命理所得而拘也. 宜消息之.

천연(天然)의 용(龍)이 있다면 반드시 천연의 혈(穴)이 있고, 천연의 혈(穴)이 있다면 반드시 천연의 향(向)이 있을 것이다. 그리고 천연의 향(向)이 있으면 반드시 천연의 水가 있다. 만일 시(時)가 틀리지 않는다면 길흉이 저절로 응험하게 된다. 시지의 인원용사(人元用事)는 제강(提綱)의 사령(司令)에 비하면 중(重)하지 않지만, 노후의 삶은 산천과 세덕(世德)의 차이 때문에 발복(發福)에 후박(厚薄)이 있을 수 있고, 재화(災禍)에 경중(輕重)이 있을 수 있으며, 인품(人品)에도 차이가 있을 것이니 이런 것들에 의해 화복(禍福)이 달라질 수 있다. 이런 것들은 명(命)으로만 알 수 있는 것들이 아니므로 참고해야 한다.

나이스 주

⊙년주(年柱)에서 시작된 팔자의 흐름은 월주(月柱)와 일주(日柱)를 거쳐 시주(時柱)에서 끝난다. 특히 시주(時柱)의 시지는 돌아가서 쉬어야 하는 묘(墓)와 같으니, 월령의 지장간이 가택의 방향과 같다면 시지의 지장간은 묘(墓)의 혈(穴)과 같다.

⊙지장간에서 사령하는 글자는 시간의 흐름에 따라 초기·중기·말기로 기운이 바뀐다. 그래서 월령에서 어떤 지장간이 용사하는지 살피고 난 후 그때마다 시지의 장간에서는 어떤 글자가 용사하는지 살펴야 한다. 팔자를 본다는 것은 쉬운 일이 아니다. 팔자 내의 글자도 시간의 흐름에 따라 주도하는 글자가 바뀌어 가고, 또 운의 흐름에 따라 각 글자의 영향력도 바뀌기 때문이다. 그러한 변화는 반복적인 경험을 통해 감각적으로 익힐 수밖에 없다.

⊙생년월일이 같은데도 약간씩 삶이 다른 것에 대한 답은 생시에서 찾을 수

있을지도 모른다. 같은 시(時)라도 시지 속에서 용사하는 글자가 다르기 때문이다. 또 산천의 차이와 대대로 쌓아온 공덕(功德)의 차이도 참고해야 한다. 추명(推命)을 할 때는 팔자와 운의 흐름 그리고 부모나 살아가는 환경의 차이 이런 것들을 모두 고려해야 할 것이다.

⊙이론은 이렇다 해도 시(時)를 제대로 모르는 경우가 많으니 실제로 정확한 간명(看命)은 쉽지 않다. 시지는 월령에 비해 중요성이 떨어지고 살아가는 주변의 풍수나 세덕(世德) 그리고 인품(人品) 등도 삶에 영향을 미치니 이런 것들도 참작해야 한다.

18 쇠왕 衰旺

能知衰旺之眞機 其於三命之奧 思過半矣
능지쇠왕지진기　　　기어삼명지오　　　사과반의

쇠왕의 참된 기틀을 알게 되면 삼명(三命)의 심오함의 절반 이상을 깨닫
는 것이다.

■ 原註

旺則宜洩宜傷, 衰則喜幇喜助, 子平之理也, 然旺中有衰者存, 不可
損也, 衰中有旺者存, 不可益也, 旺之極者不可損, 以損在其中矣,
衰之極者不可益, 以益在其中矣, 至於實所當損者而損之, 反凶, 實
所當益者而益之, 反害, 如此眞機皆能知之, 又何難於詳察三命之微
奧乎.

왕(旺)하면 설상(洩傷)이 마땅하고, 쇠하면 방조(幇助)가 기쁘다는 것
은 자평(子平)의 이치이다. 그러나 왕한 가운데 쇠한 경우에는 손(損)
해서는 안 되고, 쇠한 가운데 왕할 경우에는 익(益)해서는 안 된다. 왕
이 극(極)에 달했을 때 손(損)이 불가한 것은 왕한 중에 손(損)이 있기
때문이고, 쇠가 극(極)에 달했을 때 익(益)이 불가한 것은 쇠한 중에
익(益)이 있기 때문이다. 마땅히 손(損)해야 할 것 같아 손(損)했는데
도리어 흉(凶)하기도 하고, 마땅히 익(益)해야 할 것 같아 익(益)했는

데도 도리어 해(害)가 되는 경우가 있다. 명(命)의 이러한 참된 기틀을 모두 알 수 있다면 삼명(三命)의 미묘(微妙)하고 오묘(奧妙)함을 자세히 파악할 수 있을 것이다.

任氏曰

得時俱爲旺論. 失令便作衰看. 雖是至理. 亦死法也. 夫五行之氣. 流行於四時. 雖日干各有專令. 而其專令之中. 亦有竝 存者在. 如春木司令. 甲乙雖旺. 而此時休囚之戊己. 亦未嘗絶於天地也. 冬水司令. 壬癸雖旺. 而此時休囚之丙丁. 亦未嘗絶於天地也. 特時當退避. 不敢爭先. 而其實春土何嘗不生萬物. 冬日何嘗不照萬國乎. 八字雖以月令爲重. 而旺相休囚. 年月時中. 亦有損益之權. 故生月卽不値令. 亦能値年値日値時. 豈可執一而論.

월령을 얻으면 모두 왕으로 간주하고, 월령을 잃으면 모두 쇠로 간주한다. 비록 이것은 이치에 맞지만 팔자의 다른 글자도 보고 판단해야하니 실제로는 항상 옳다고 볼 수 없다. 오행의 기(氣)가 사시(四時)를 유행할 때 비록 월령이 일간과 같은 오행의 계절일지라도 팔자에는 월지 외에 다른 글자들도 영향을 미칠 수 있다. 가령 춘목(春木)이 사령할 때에는 甲乙木이 왕하지만 그렇다고 이때에 휴수되는 戊己土도 천지에서 기(氣)가 끊어진 것은 아니다. 마찬가지로 동수(冬水)가 사령할 때에는 壬癸水가 비록 왕하지만 이때에 휴수되는 丙丁火도 천지에서 기(氣)가 사라진 것은 아니다. 자기 계절이 아닐 때는 물러나서 보이지 않는 곳에서 자기 역할을 하고 있을 뿐이다. 실제로 춘토(春土)라고 어찌 만물을 생육(生育)하지 못할 것이며 동화(冬火)라고 어찌 온 세상을 비추지 않겠는가? 팔자에서 비록 월령을 중요하게 여겨 월령을 기준으로 왕상휴수(旺相休囚)를 정하지만, 월(月)이 아닌 년(年)·일(日)·시(時) 가운데에도 손(損)이나 익(益)의 권한이 있을 수 있다. 생월(生月)에 근(根)을 내리지 못하더라도 년(年)이나 일(日)이나 시(時)에서 힘을 얻을 수도 있으니 어찌 한가지만을 고집하여 논할 수 있겠는가?

有如春木雖强. 金太重而木亦危. 干庚辛而支申酉. 無火制而不當. 逢生而必夭. 是得時不旺也. 秋木雖弱. 木根深而木亦强. 干甲乙而支寅卯. 遇官透而能受. 逢水生而太過. 是失時不弱也. 是故日干不論月令休囚. 只要四柱有根. 便能受財官食神而當傷官七殺. 長生祿旺. 根之重者也. 墓庫餘氣. 根之輕者也.

춘목(春木)이 비록 강하지만 金이 태중(太重)하다면 木이 위태롭게 된다. 이때 천간에 庚辛金과 지지에 申酉까지 있을 때 火의 극제가 없다면 춘목(春木)이라도 곤란을 겪을 것이고, 金이 土의 생조(生助)까지 만난다면 반드시 요절하게 된다. 이것이 득시(得時) 했더라도 왕하지 못한 경우이다. 추목(秋木)은 비록 약하지만 만일 木의 뿌리가 깊다면 가을철의 木도 강해진다. 천간에 甲乙木이 있고 지지에 寅卯가 있다면 관성의 투출이 있다 하더라도 감당할 수 있는데, 이때

水의 생조(生助)까지 만나면 태과하게 되니 이것이 실시(失時)했어도 약하지 않은 경우이다. 그러므로 일간은 월령의 휴수와 관계없이 지지에 근(根)이 있으면 재관이나 식신을 받아들일 수 있고 상관이나 칠살을 감당할 수 있게 된다. 근(根) 중에서도 장생이나 록왕은 중(重)한 것이고, 묘고(墓庫)나 여기(餘氣)는 경(輕)한 것이다.

天干得一比肩. 不如地支得一餘氣墓庫也. 墓庫者. 如甲乙逢未, 丙丁逢戌, 庚辛逢丑, 壬癸逢辰, 是也. 餘氣者, 如甲乙逢辰, 丙丁逢未, 庚辛逢戌, 壬癸逢丑, 是也. 得二比肩. 不如支中得一長生祿旺. 如甲乙逢亥, 寅, 卯, 之類是也. 蓋比肩如朋友之相扶. 通根如家室之可託. 干多不如根重. 理固然也.

천간에 하나의 비견을 만나는 것은 지지의 여기(餘氣)나 묘고(墓庫)에 근(根)을 두는 것만 못하다. 묘(墓)란 甲乙木이 未를 만나고, 丙丁火가 戌을 만나고, 庚辛金이 丑을 만나고, 壬癸水가 辰을 만나는 것을 말한다. 여기(餘氣)는 丙丁火가 未를 만나고, 甲乙木이 辰을 만나고, 庚辛金이 戌을 만나고, 壬癸水가 丑을 만나는 것을 말한다. 또 천간에 두 개의 비견을 만나더라도 장생이나 록왕의 지지에 근(根)을 두는 것만 못하다. 예를 들면 甲乙木 일간이 지지에 亥·寅·卯가 있다면 장생이나 록왕에 근(根)을 두는 것이다. 비견은 붕우(朋友)가 돕는 것과 같고, 통근은 의탁할 집이 있는 것과 같으므로, 천간에 비견이 많다고 해도 근(根)이 중(重)한 것만 못하다는 것은 당연한 이치이다.

今人不知此理. 見是春土, 夏水, 秋木, 冬火. 不問有根無根. 便謂之
弱. 見是春木, 夏火, 秋金, 冬水. 不究剋重剋輕. 便爲之旺. 更有壬癸
逢辰, 丙丁逢戌, 甲乙逢未, 庚辛逢丑, 之類. 不以爲通根身庫. 甚之
求刑　以開之. 竟不思刑沖傷我本根之氣. 此種謬論. 必宜一切掃除也.

사람들이 그것을 모르고 봄의 土, 여름의 水, 가을의 木, 겨울의 火를
보면 근(根)의 유무(有無)를 따지지 않고 곧바로 약하다고 말한다. 또
봄의 木, 여름의 火, 가을의 金, 겨울의 水를 보면 극제의 경중(輕重)
을 따지지 않고 곧바로 그것을 왕하다고 말한다. 또 壬癸水가 辰을
만나고, 丙丁火가 戌을 만나고, 甲乙木이 未를 만나고, 庚辛金이 丑
을 만나면 이것을 일간이 고(庫)에 통근했다고 하지 않고, 심한 경우
에는 형충을 통해 그 고(庫)를 열어야 한다고 한다. 형충이 되면 일간
의 근기(根氣)가 손상된다는 것을 모르니 이러한 말도 안 되는 논리
는 모두 없애야 한다.

然此皆論衰旺之正而易者也. 更有顚倒之理存焉. 蓋太旺宜洩. 旺極宜
生. 太衰宜剋. 衰極宜洩. 其理有十.

　木太旺者似金. 喜火之煉也. 木旺極者似火. 喜水之剋也.
　火太旺者似水. 喜土之止也. 火旺極者似土. 喜木之剋也.
　土太旺者似木. 喜金之剋也. 土旺極者似金. 喜火之煉也.
　金太旺者似火. 喜水之濟也. 金旺極者似水. 喜土之止也.
　水太旺者似土. 喜木之制也. 水旺極者似木. 喜金之剋也.

木太衰者似水. 宜金以生之. 木衰極者似土. 宜火以生之.
火太衰者似木. 宜水以生之. 火衰極者似金. 宜土以生之.
土太衰者似火. 宜木以生之. 土衰極者似水. 宜金以生之.
金太衰者似土. 宜火以生之. 金衰極者似木. 宜水以生之.
水太衰者似金. 宜土以生之. 水衰極者似火. 宜木以生之.
此五行顚倒之眞機. 學者宜細詳元元之妙.

그러나 이러한 쇠왕의 정법(正法) 외에도 전도(顚倒)되는 열 가지의
이치가 있다.

木이 태왕하면 그 성정이 金과 같으니 火로써 단련(鍛鍊)해야 좋다.

木이 왕극(旺極)하면 그 성정이 火와 같으니 水로써 극해야 좋다.

火가 태왕하면 그 성정이 水와 같으니 土로써 제지(制止)하면 기쁘다.

火가 왕극(旺極)하면 그 성정이 土와 같으니 木으로 극하면 좋다.

土가 태왕하면 그 성정이 木과 같으니 金으로 극하면 기쁘다.

土가 왕극(旺極)하면 그 성정이 金과 같으니 火로써 단련(鍛鍊)해야 좋다.

金이 태왕하면 그 성정이 火와 같으니 水로써 제(濟)해야 좋다.

金이 왕극(旺極)하면 그 성정이 水와 같으니 土로써 제지(制止)하면 좋다.

水가 태왕하면 그 성정이 土와 같으니 木으로 제(制)하면 좋다.

水가 왕극(旺極)하면 그 성정이 木과 같으니 金으로 극하면 좋다.

또 다음과 같다.

木이 태쇠(太衰)하면 그 성정이 水와 같으니 金으로 생하면 좋다.

木이 극쇠(極衰)하면 그 성정이 土와 같으니 火로 생하면 좋다.

火가 태쇠(太衰)하면 그 성정이 木과 같으니 水로 생하면 좋다.

火가 극쇠(極衰)하면 그 성정이 金과 같으니 土로 생하면 좋다.

土가 태쇠(太衰)하면 그 성정이 火와 같으니 木으로 생하면 좋다.

土가 극쇠(極衰)하면 그 성정이 水와 같으니 金으로 생하면 좋다.

金이 태쇠(太衰)하면 그 성정이 土와 같으니 火로 생하면 좋다.

金이 극쇠(極衰)하면 그 성정이 木과 같으니 水로 생하면 좋다.

水가 태쇠(太衰)하면 그 성정이 金과 같으니 土로 생하면 좋다.

水가 극쇠(極衰)하면 그 성정이 火와 같으니 木으로 생하면 좋다.

나이스 주

⊙쇠왕(衰旺)은 강약(强弱)과 다르다. 강약은 통근으로 설명하고, 쇠왕은 왕상
휴수사나 12운성으로 설명한다. 그래서 강약과 왕쇠의 용어 정리를 분명히
해두어야 한다. 아주 강(强)한 것이 왕이 아닌 것이다. 왕은 월지 계절과 같
은 오행을 말한다. 그래서 봄철의 木은 강약을 떠나 모두 왕한 것이다. 본문
에서는 왕하면서도 약할 수 있고, 또 쇠하면서도 강할 수 있다는 것을 설명
하고 있다.

⊙왕상휴수사는 오행의 관점에서 각 계절의 기세를 파악한 것이고, 12운성은

천간과 지지의 관점에서 기세를 파악한 것이다. 팔자는 천간과 지지로 되어 있으므로 기세를 판별할 때 12운성을 사용해서 통변해야 한다. 왕상휴수사로 두리뭉실하게 설명하면 음양의 구분이 안 되어 결론이 달라질 수 있다.

⊙ 왕하면 설상(洩傷)하고 쇠하면 방조(幇助)하는 것이 옳은 말이지만, 왕과 쇠 사이에도 수많은 경우의 수가 있으니 그 미묘하고 심오한 차이를 자세히 살펴야 한다. 임철초(任鐵樵)의 설명에는 음양간을 구분하지 않고 12운성 묘(墓)를 설명하고 있다. 기존 음간의 12운성 표는 오해의 소지가 있어 논란이 많았다. 그래서 이 책의 앞 부분에 새로운 12운성에 대한 설명을 해 두었다.

時	日	月	年
戊	甲	丁	甲
辰	子	卯	辰

- 卯월에 甲木일간으로 양인격이다.
- 己巳운에 궁중에 들어가서 이름을 날렸다.
- 庚午, 辛未운에 형모(刑耗)가 있었으나 큰 환란은 없었다.
- 庚午운 후반에 과거 시험인 추위(秋闈)에 실패하였다.
- 辛未운 후반에 먹을 것이 창고에 높이 쌓였다.
- 壬申대운에 처자를 형극(荊棘)하고 파모(破耗)가 많았다.
- 癸酉운에 죽었다.

*추위(秋闈) 가을 과거 시험

時	日	月	年
乙	甲	乙	癸
亥	寅	卯	卯

- 卯월에 甲寅일주로 木의 글자가 여섯 개다.
- 木의 기운을 거스르는 기운이 없으니 원국만 보면 곡직격으로 볼 수 있다.
- 태어날 때 조업이 풍족하였다.
- 癸丑운에 형상(刑傷)이 있었다.
- 壬子운, 辛亥운에 사업을 경영하여 수만금의 이익을 얻었다.
- 庚戌운에 재산을 파(破)하고 죽었다.

時	日	月	年
辛	甲	甲	乙
未	申	申	丑

- 申월 출생으로 시간에 辛金이 투하여 정관격이다.
- 癸未, 壬午운에 형상(刑喪)을 일찍 만나 조성의 음덕(蔭德)이 어려웠다.
- 辛巳, 庚辰운에는 맨손으로 수만금을 모았다.
- 己卯운에 화재를 당하여 만여금의 재산을 잃었다.
- 戊寅운에 사망하였다.

時	日	月	年
丙	乙	己	己
戌	酉	巳	巳

- 巳월에 丙火와 己土가 투하였다.

- 상관과 재성이 강한 사주이다.

- 戊辰, 丁卯운에 조상의 음덕(蔭德)이 풍부했다.

- 丁卯운 후반에 부모가 세상을 떠났다.

- 丙寅대운에 경영을 통해 만금을 모았다.

- 丙寅운에 극처 파재하고 화재를 당했다.

- 乙丑운에 가업이 흩어졌다.

- 甲子운에 사망하였다.

時	日	月	年
甲	丙	壬	乙
午	戌	午	丑

- 午월에 태어난 丙火일간으로 양인격이다.

- 午戌 반합과 丑午원진이 있다.

- 초운인 庚辰, 辛巳운에 도와주는 형제가 없었다.

- 己卯운에 시운을 만났다.

- 戊寅, 丁丑운에 4～5만금을 모았다.

- 丙子운에 사망하였다.

時	日	月	年
甲	丙	丁	戊
午	寅	巳	寅

- 寅午 반합 등 火의 기운이 강하다.

- 火를 거스르는 기운이 없으니 염상격이다.

- 초운이 火로 가니 유업(遺業)이 풍부하고 글공부도 잘했다.

- 庚申운에 공부를 포기하고 돈을 물쓰듯이 하였다.

- 庚申운 후반에 집안이 망하고 자신은 죽고 말았다.

- 木운이었으면 명리(名利)가 온전했을 것이다.

時	日	月	年
辛	丁	丁	辛
丑	酉	酉	巳

- 巳酉丑 삼합과 두 개의 辛金이 투하였다.

- 종재격이다.

- 초년운인 乙未, 甲午운에 골육의 정이 없었다.

- 癸巳운에 경영을 하여 크게 기회를 만났다.

- 壬辰운에 십여만금의 재산을 모았다.

時	日	月	年
己	丙	壬	辛
亥	申	辰	亥

● 월지 辰에서 己土와 壬水가 투하였다.

● 초년 辛卯, 庚寅운에 부모가 죽고 조업도 안정감이 없었다.

● 己丑대운에 사업을 하여 많은 돈을 모았다.

● 戊子운에도 재물이 풍부하였다.

時	日	月	年
己	戊	戊	戊
未	申	午	辰

● 午월에 戊土일간으로 양인격이다.

● 강한 土의 기운을 거스르는 오행이 없으니 가색격이다.

● 庚申운에 일찍 학교에 입학하였다.

● 辛酉대운 辛丑년에 청운의 길로 상승하였다.

● 壬戌운에 형벌을 받고 관직을 잃었다.

● 戊午년에 죽었다.

●火土의 기운이 강하니 종강격이다.

●년지에 戌土가 있어 가종이 되었다.

●戊午대운 午戌 반합으로 戌土가 火로 변하니 종격이 되었다.

●초년 火운에 사업이 넉넉하였다.

●戊午대운 학교에 들어가 己未대운에 과거에 선발되었다.

●庚申운에 돈을 모두 잃었다.

●辛酉운에 재물이 눈 녹듯이 사라졌다.

●壬戌운에 사망하였다.

時	日	月	年
癸	戊	辛	壬
丑	子	亥	辰

●亥월에 壬癸水가 투하여 재격이다.

●甲寅, 乙卯운에 명리(名利)가 이루어졌다.

●丙辰운에 처자를 형극(荊棘)하고 파산과 소모가 많았다.

●丁巳운에 풍병(風病)을 얻어 사망하였다.

時	日	月	年
壬	戊	甲	癸
子	子	子	酉

●子월에 壬癸水가 투하여 재격이다.

●초년 癸亥를 만나 편안하였다.

●壬戌운에 형벌, 상실, 파산, 소모로 가업이 사라져서 망했다.

●辛酉, 庚申운에 맨손으로 십여만금을 모았다.

●己未운에 수만금을 잃었다.

●己未운 후반에 죽었다.

●이런 사주를 보면 운의 중요성이 실감난다.

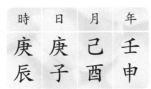

●金의 기운이 몹시 강한 양인격이다.

●강한 金의 기운은 水로 흘러간다.

●辛亥운에 학교에 들어갔다.

●壬子운에 과거에 급제하였다.

●癸丑운에 모든 재산을 잃었다.

●甲寅, 乙卯운에 벼슬길이 청고하였다.

●金의 기운이 강한 양인격이다.

- 乙庚합으로 종격이 될 가능성이 있다.
- 초년 火운에 일정한 조업이 없었다.
- 戊子운에 곡식을 받치고 벼슬길에 나아갔다.
- 己丑, 庚寅대운에 명리(名利)가 모두 이루어졌다.
- 庚寅운에 벼슬을 그만두고 재산도 기울었다.
- 辛卯운에 죽었다.

時	日	月	年
甲	辛	庚	己
午	卯	午	卯

- 午월에 己土가 투하여 편인격이다.
- 편인은 식신을 극한다.
- 초년 己巳, 戊辰운에 일이 잘 안풀렸다.
- 丁卯운에 가업이 넉넉하였다.
- 乙丑운에 사망하였다.

時	日	月	年
丙	庚	丁	己
子	寅	卯	亥

- 亥卯 반합이 있어 재격이다.
- 乙丑운에 가업이 파산하였다.

●甲子운에 재물이 넉넉하였다.

●癸亥운에 벼슬로 나가서 명리(名利)가 모두 온전하였다.

●壬戌운에 파직당하였다.

●亥子丑 방합에 壬水가 투하여 종왕격이다.

●甲寅운에 청운의 뜻을 이루었다.

●乙卯운에 벼슬길이 순탄하였다.

●丙辰운에 사망하였다.

●亥월에 壬水로 온통 水로만 되어 있는 종왕격이다.

●초년 壬戌운에 형상(刑喪)을 당하였다.

●辛酉, 庚申운에 비단에 꽃을 수 놓은 것이다.

●己未운에 처자가 모두 손상당하고 가업이 모두 파하였다.

●戊午대운에 가난하여 근심하다가 죽었다.

時	日	月	年
癸	壬	乙	丙
卯	午	未	辰

- 未월에 乙木과 丙火가 투하였다.

- 상관과 재를 쓰고 싶은 마음이 있다.

- 丙申, 丁酉운에 재의 기쁨이 있었다.

- 戊戌운에 가업이 넉넉하였다.

- 己亥운에 파모는 있었지만 큰 환난은 없었다.

- 庚子운에 집이 파산하고 죽었다.

時	日	月	年
丙	壬	戊	癸
午	寅	午	卯

- 午월에 壬水로 丙火가 투하여 재격이다.

- 戊癸합으로 종재격이 되었다.

- 초년 火운에 의식이 풍족하였다.

- 乙卯운과 甲寅운에 명리(名利)가 온전하였다.

- 癸丑운에 파모(破耗)를 당하고 사망하였다.

19 중화 中和

旣識中和之正理 而於五行之妙 有全能焉
기식중화지정리　　　이어오행지묘　　　유전능언

중화의 올바른 이치를 알고 있다면, 오행의 오묘함을 온전히 깨달은 것이다.

原註

中而且和, 子平之要法也："有病方爲貴, 無傷不是奇", 擧偏而言
之也. 至於格中如去病, 財祿兩相宜, 則又中和矣, 到底要中和, 乃
爲至貴. 若當令之氣數, 或身弱而財官旺地, 取富貴不必於中也；用
神强, 取富貴而不必於和也；偏氣古怪, 取富貴而不必於中且和也.
何也? 以天下之財官, 止有此數, 而天下之人材, 惟此時爲最多, 皆
尙於奇巧也.

중(中)은 화(和)이니 자평(子平)의 중요한 법(法)이다. 병(病)이 있어야
귀하고 상(傷)이 없으면 기이(奇異)하지 않다는 것은 맞지 않은 편향
된 말들이다. 격(格)에서 병(病)이 제거되거나, 재(財)와 록(祿)이 서로
적당하면 중화를 이루게 되는데 중화를 이루면 지극히 귀(貴)하게 된
다. 만일 일간이 당령하고 있는 경우에는 재관이 왕지(旺地)에 있어서
팔자가 신약할 때나 또 용신이 강한 경우에는 중화를 이루지 않더라
도 부귀를 취할 수 있다. 또 기(氣)가 편향(偏向)되거나 괴이(怪異)한

경우에도 중화를 이루지 않고서도 부귀를 취하는 경우가 있는데, 그 이유는 천하의 재물과 관직 또는 천하의 인재(人材)는 정상적일 때보다 이렇게 기이(奇異)하고 교묘(巧妙)한 팔자들에 많기 때문이다.

中和者, 命中之正理也. 卽得中和之正氣, 又何患名利之不遂耶? 夫一世優遊, 無抑鬱而暢遂者, 少險阻而迪吉者, 爲人孝友而無驕諂者, 居心耿介而不苟且者, 得中和之正氣也.

중화(中和)는 명(命)의 올바른 이치이다. 명(命)이 중화의 올바른 기(氣)를 얻었다면 어찌 명리(名利)가 이루어지지 않겠는가? 한평생 넉넉하고 즐겁게 살거나, 억울함이 없이 사업이 잘 되거나, 험한 것은 적고 길(吉)한 것이 많거나, 효도 우애하고 교만과 아첨함이 없거나, 늘 절개를 지키고 눈앞의 편안함을 탐하지 않는 자는 모두 중화의 정기(正氣)를 얻었기 때문이다.

至若身弱而旺地取富貴, 身旺而弱地取富貴者, 必四柱有所缺陷, 或財輕劫重, 或官衰傷旺, 或殺强制弱, 或制强殺弱, 此等雖不得中和之理, 其氣卻亦純正, 爲人恩怨分明.

신약할 때는 왕지(旺地)에서 부귀를 취하고, 신왕할 때는 약지(弱地)에서 부귀를 취하게 된다. 사주에 결함이 있는 경우는 재경겁중(財輕劫重)이거나, 관쇠상왕(官衰傷旺)이거나, 살(殺)이 강할 때 제살(制殺)

이 약하거나, 제살(制殺)이 강하여 살(殺)이 약해지는 경우 등이다. 이러한 경우처럼 비록 중화의 도리를 얻지 못했다 할지라도 기(氣)가 순수하고 바르다면 은원(恩怨)이 분명한 것이다.

惟柱中所有缺陷, 或運又違, 因而妻子財祿, 各有不足, 如財輕劫重妻不足, 制强殺弱子不足, 官衰傷旺名不足, 殺强制弱財不足, 其人或志高傲物, 雖貧無諂, 後至歲運, 補其不足, 去其有餘, 乃得中和之理, 定然起發於後, 有第見富貴而生諂容, 遇貧窮面作驕態者, 必四柱偏氣古怪, 五行不得其正, 故心事奸貪, 作事僥倖也.

만일 사주에 결함이 있는데 운에서 다시 국(局)과 어긋난다면 처자(妻子)와 재록(財祿)에 문제가 생긴다. 가령 **재경겁중**(財輕劫重)이 되면 처(妻)가 부족하고, 살(殺)이 약할 때 제살(制殺)이 강하면 자식이 부족하다. **관쇠상왕**(官衰傷旺)이 되면 명성을 날리지 못하고, 살(殺)이 강할 때 제(制)가 약하면 재(財)가 부족해진다. 이렇게 결함이 있음에도 불구하고 뜻이 높고 잘 나가거나 가난해도 아첨하지 않고 사는 경우가 있는데, 만일 세운에서 국(局)의 부족함을 보충하거나 유여함을 제거하여 중화의 이치를 얻는다면 반드시 나중에라도 기발(起發)하게 된다. 반대로 부귀한 자를 만나면 아첨하고 빈궁한 자를 만나면 교만한 자들은 반드시 사주가 한쪽으로 치우치거나 괴이하며 오행이 바르지 못한 경우가 대부분이다. 팔자가 이렇게 되면 사람이 간사하거나 욕심을 부리고 요행을 바라게 된다.

若所謂 "有病有藥, 吉凶易驗, 無病無藥, 禍福難推", 此論仍失之偏. 大凡有病者顯而易取, 無病者隱而難推. 然總以中和爲主, 猶如人之無病, 由四肢健旺, 營衛調和, 行止自如, 諸多安適 : 設使有病, 則憂多樂少, 擧動艱難, 如遇良藥則可, 若無良藥醫之, 豈不爲終身之患乎?

이른바 병(病)이 있고 약(藥)이 있으면 길흉이 쉽게 증명되지만, 병(病)도 없고 약(藥)도 없으면 화복(禍福)을 헤아리기가 쉽지 않다는 것은 잘못된 논리이다. 대체로 유병(有病)한 경우에는 드러나 있으니 쉽게 알 수 있지만, 무병(無病)한 경우에는 숨어 있어서 추리하기가 쉽지 않다. 그러나 모든 것은 중화를 위주로 살펴야 한다. 사람이 무병(無病)하고 사지(四肢)가 건왕(健旺)하며 영위(營衛)가 조화롭고 행지(行止)가 자여(自如)하면 모든 일이 편안하고 적절하게 펼쳐진다. 그러나 병(病)이 있으면 근심이 많고 즐거움이 적으며 거동이 어려울 것이다. 만일 좋은 약(藥)을 만나면 괜찮겠지만 그 병(病)을 고칠만한 좋은 약(藥)이 없다면 어찌 한평생 근심에 시달리지 않겠는가?

나이스 주

⊙자연의 이치는 중화이다. 지나치거나 부족하면 균형을 잃으니 대자연의 현상들은 시간의 흐름에 따라 중화를 찾게 된다. 추명(推命)을 할 때도 이러한 중화의 이치를 안다면 명(命)을 이해하기 쉽다. 木火와 金水의 조화, 체

용(體用)이나 정신(精神), 쇠왕, 강유(剛柔), 순역(順逆) 그리고 한난(寒暖)
도 결국 중화에 관한 내용들이다. 시소의 양쪽처럼 팔자도 중화를 이루어
야 활력과 생명력이 넘치게 된다.

⊙병(病)이나 상(傷)이 있으면 이것들이 제거되었을 때 중화를 이루게 된다.
그러나 대자연 속에는 예외도 있으니 꼭 중화가 되지 않아도 귀하게 되는
경우가 있다. 신약해도 재관이 왕지(旺地)를 취하면 부귀하고, 용신이 강한
경우에도 그렇다. 또 종격(從格)처럼 기(氣)가 치우치고 괴이(怪異)해도 부
귀를 취하는 경우가 있으니, 오히려 기이(奇異)하고 교묘한 팔자를 더 숭상
하는 경우가 있다.

⊙중화를 이루면 큰 기복이 없는 삶을 살게 된다. 그러나 중화를 이루지 못하
고 기(氣)가 편중되면 부(富)하거나 귀(貴)할 수는 있지만 그것이 꼭 좋다거
나 나쁘다고 말할 수는 없다. 이순신 장군은 역사적으로 유명한 사람이지
만 그 삶 자체가 순탄하지만은 않았다. 편중된 것이다.

時	日	月	年
癸	癸	甲	辛
亥	卯	午	巳

●午월에 癸水는 재격이다.
●亥卯 반합에 甲木이 투하여 상관도 강하다.

●지혜와 식견이 깊고, 재주가 탁월하였다.

●庚寅대운에 삼공의 자리에 올라 조정을 빛나게 하였다.

●막보재(莫寶齋) 선생의 사주이다.

●임기응변과 계략이 뛰어났다.

●출신은 미천하고 마음도 단정하지 못했다.

●癸酉대운에 좌이에서 관찰사로 승진했다.

●辛未운에 火를 당했다.

20 원류 源流

何處起根源 流向何方往 機括此中求 知來亦知去
하처기근원　　　유향하방왕　　　기괄차중구　　　지래역지거

근원이 어디에서 일어나서 어디로 흘러가서 머무는가? 그것을 알아내면
미래도 알고 과거도 알 수 있을 것이다.

原註

不必論當令不發令, 只論取最多最旺, 而可以爲滿局之祖宗者, 爲源
頭也. 看此源頭, 流到何方, 流去之處, 是所喜之神, 卽在此住了, 乃
爲好歸路, 如辛酉, 癸巳, 戊申, 丁巳, 以火爲源頭, 流至金水方卽
住了, 所以富貴爲最, 若再流至木地, 則氣泄爲亂. 如未曾流到吉
方, 中間卽遇阻節, 看其阻住之神何神, 以斷其休咎 ; 流住之地何
地, 以知其地位. 如癸丑·壬戌·癸丑·壬子, 以土爲源頭, 止水方,
只生得一個身子, 而戌中火土之氣, 得從引助, 所以爲憎也.

당령(當令)했는지 안 했는지를 논할 것 없이 최다(最多) 최왕(最旺)한
것을 취하여 팔자의 조종(祖宗)으로 삼는 것이 원두(源頭)이다. 이 원
두가 흘러서 도달할 곳에 희신이 있다면 좋은 귀로(歸路)가 된다. 가
령 사주가 辛酉년 癸巳월 戊申일 丁巳시인 경우에는 火를 원두로 삼
는데 火의 흐름이 金水의 방향에서 멈추면 부귀가 최상(最上)이다.

그러나 만일 다시 흘러서 목지(木地)에 이르면 기(氣)가 설기되어 어지럽게 된다. 또 만일 흐름이 길(吉)로 가기 전에 중간에서 흐름이 끊어질 경우가 있는데 그때는 흐름을 끊는 글자를 파악하여 좋고 나쁨을 판단해야 한다. 원두에서 시작하여 어디에 도착하는가를 보고 그 지위를 알 수 있다. 가령 사주가 癸丑년 壬戌월 癸丑일 壬子시인 경우에는 土를 원두로 삼는다. 土에서 시작하여 水에서 멈추니 단지 아들 한 명만 얻고 승도가 되었다. 戌 중 火土의 기(氣)는 너무 약했다.

時	日	月	年
丁	戊	癸	辛
巳	申	巳	酉

● 왕(旺)한 월령인 巳火를 원두로 본다.
● 부귀가 최상이었다.

時	日	月	年
壬	癸	壬	癸
子	丑	戌	丑

● 왕(旺)한 월령인 戌土를 원두로 본다.
● 한 명의 아들만 얻고 승도가 되었다.

源頭者, 卽四柱中之旺神也, 不論財·官印綬·食傷比劫之類, 皆可
爲源頭也. 總要流通生化, 收局得美爲佳. 或起於比劫, 止於財官爲
喜 ; 或起於財官, 止於比劫爲忌. 如山川之發脈來龍, 認氣於大父
母, 看尊星 ; 認氣於眞子息, 看主星 ; 認氣於方交媾, 看胎伏星 ; 認
氣於成胎育, 看胎息星 ; 認氣於化煞爲權, 看解星 ; 認氣於絶處逢
生, 看恩星. 認源之氣以勢, 認流之氣以情. 故源頭流住之地, 卽山川
結穴之所也, 不可以不究 ; 源頭阻節之處, 卽來龍破損隔絶之意也,
不可以不察.

원두(源頭)는 사주 중의 왕신(旺神)을 말하니 재관인식비(財官印食比)
어느 것이나 원두가 될 수 있다. 결론적으로 사주는 유통(流通)되고
생화(生化)되어야 한다. 국(局)이 아름다우면 좋은 것이다. 비겁에서
시작하여 재관에서 멈추면 아름답지만, 재관에서 시작하여 비겁에서
멈추는 것은 꺼린다. 예를 들면 풍수(風水)에서 산천의 발맥(發脈)은
용(龍)에서부터 나온다. 조부모에 대한 기(氣)를 알려면 존성(尊星)을
보고, 자식에 대한 기(氣)를 알려면 주성(主星)을 보고, 음양의 교접
(交接)에 대한 기(氣)를 알려면 태복성(胎伏星)을 보고, 태아의 발육에
대한 것을 알려면 태식성(胎息星)을 보고, 화살위권(化殺爲權)에 대
한 기(氣)를 알려면 해성(解星)을 보고, 절처봉생(絶處逢生)에 대한 기
(氣)를 알려면 은성(恩星)을 보아야 한다. 또 근원의 기(氣)를 알려면
세(勢)를 보고, 흘러가는 기(氣)를 알려면 정(情)을 보면 되는 것이다.

팔자에서 원두가 흘러가다가 머무는 것도 산천의 혈(穴)의 흐름과 같으므로 같은 방법으로 연구하면 된다. 팔자에서 원두의 흐름이 끊기는 곳은 용(龍)이 파손되고 막히고 끊어진다는 의미이니 잘 살펴야한다.

看其源頭流止之地何地, 以知其誰興誰替 ; 看其阻節之神何神, 以論其何吉何凶, 如源頭起於年月是食印, 住於日時是財官, 則上叨祖父之蔭, 下享兒孫之福 ; 或起於年月是財官, 住於日時是傷劫, 則破敗祖業, 刑妻剋子, 如起於日時進對是財官, 住於年月是食印, 則上於祖父爭光, 下與兒孫立業 ; 或起於日時是財官, 住於年月是傷劫, 則祖業難享, 自創維新,

원두가 흘러가다가 멈추는 곳을 보아 누가 흥하고 누가 쇠하는지 알수 있고, 흐름을 막는 글자를 보고 무엇이 길(吉)하고 무엇이 흉(興)하는지를 알 수 있다. 가령 원두가 년월의 식신이나 인수에서 시작하여 일시의 재성이나 관성으로 가서 머문다면 조부의 음덕(蔭德)이 있고자손에게 복이 있을 것이다. 만일 년월이 재관에서 시작하여 일시에서 식상이나 비겁으로 흘러 머물면 조업을 파괴하고 처자(妻子)를 형극(荊棘)하게 될 것이다. 일시가 재관에서 시작하여 년월의 식신, 인수로 가서 머문다면 위로는 조부의 광영(光榮)이 있고 아래로는 자손의 번영이 있게 되고, 일시가 재관에서 시작하여 년월의 식상이나 비겁에서 머물게 되면 조업을 잇기가 어렵고 스스로 창업해야 한다.

流住年是官印者, 知其祖上清高; 是傷劫者, 知其祖上寒微. 流住月是財官者, 知其父母創業; 是傷劫者, 知其父母破敗. 流住日時是財官食印者, 必自手成家, 或妻賢子貴. 流住日時是傷劫梟刃者, 必妻陋子劣, 或因妻招禍, 破家受辱. 然又要看日主之喜忌斷之, 無不驗也.

원두의 흐름이 년에서 관인으로 시작되면 조상이 청고(淸高)하였을 것이고, 년이 식상이나 비겁일 경우는 그 조상이 한미(寒微)하였을 것이다. 그리고 원두의 흐름이 월에서 재관으로 시작되면 그 부모가 창업하였을 것이고, 상관이나 겁재일 경우는 그 부모가 파패(破敗)하였을 것이다. 흐름이 일시에서 재성·관성·인수·식신이라면 반드시 자수성가하거나 아니면 처(妻)가 어질고 자식은 귀할 것이다. 원두의 흐름이 일시에서 상관·겁재·효신·양인을 만나면 처자(妻子)가 좋지 못하고 처(妻)로 인하여 화(禍)를 당할 수 있다. 그러나 이것만이 전부가 아니니 이와 함께 일간의 희기도 함께 살피면 맞지 않은 것이 없을 것이다.

如源頭流止未住之地, 有阻節隔絶之神, 是偏正印綬, 必爲長輩之禍; 柱中有財星相制, 必得妻賢之助. 如有比劫之化, 或得兄弟相扶; 如阻節是比劫, 必遭兄弟之累, 或不和. 柱中有官星相制, 必得賢貴之解; 如有食傷之化, 或得子侄之助.

원두의 흐름을 막는 글자가 편인이나 정인일 경우는 윗사람으로부터 화(禍)를 당하겠지만 만일 재가 있어 인성을 제압하면 처(妻)의 어진

내조(內助)가 있을 것이고 만일 비겁이 인성을 인화(引化)할 경우에는 형제의 도움이 있게 된다. 또 만일 원두의 흐름을 막는 것이 비겁이라면 형제간에 불화가 있겠지만 사주에 관성이 있어 비겁을 제압하면 현인이나 귀인을 만나게 되고, 또 식상이 있어 비겁을 인화하면 자식이나 조카의 도움이 있게 된다.

如阻節是財星, 必遭妻妾之禍 ; 柱中有比劫相制, 必得兄弟之助, 或兄弟愛敬. 如有官星之化, 或得賢貴提攜 ; 如阻節是食傷, 必受子孫之累, 柱有印綬相制, 必叨長輩之福, 或親長提拔 ; 有財星之化, 必得美妻, 或中饋多能. 如阻節是官煞, 必遭官刑之禍 ; 柱中有食傷相制, 必得子侄之力. 有印綬之化, 必仗長輩之助, 然又要看用神之宜忌論之, 無不應也.

만일 원두의 흐름을 막는 것이 재성이라면 처첩으로부터 재앙이 있을 수 있지만 만일 사주에 비겁이 있어서 재성을 제압하면 형제의 도움이 있게 되고, 관성이 재성을 인화하면 현인이나 귀인의 도움을 받게 된다. 또 원두의 흐름을 막는 것이 식상이라면 자식이 걱정거리가 되지만, 사주에 인수가 있어 식상을 제압하면 윗사람의 복을 얻게 되고, 만일 재성이 식상을 인화하게 되면 처(妻)가 아름답다. 만일 원두의 흐름을 막는 것이 관살이라면 관형(官刑)의 화(禍)가 있을 수 있지만, 만일 사주에 식상이 있어 관살을 제압하면 자식이나 아랫사람의 도움이 있고, 또 인수가 관살을 인화하면 윗사람의 도움이 있게 된

다. 이와 함께 용신의 글자도 함께 고려해서 판단하면 응험하지 않음
이 없을 것이다.

如源頭流住是官星, 又是日主之用神, 就名貴顯者, 十居八九 ; 如是
財星, 又是日主之用神, 就利發財者, 十居八九 ; 如是印星, 又是日
主之用神, 有文望而清高者, 十居八九 ; 如是食傷, 又是日主之用
神, 財子兩美者, 十居八九.

원두가 흘러가다가 관성에서 멈추고 그것이 일간의 용신에 해당하면
명예를 이루고 귀하게 된다. 멈추는 곳이 재성이고 일간의 용신이 될
경우는 재산이 늘게 되고, 인성이면서 용신일 경우는 학문의 성취가
눈부시다. 멈추는 곳이 식상이고 용신이 되면 재물과 자식이 둘 다
아름다울 것이다.

如日主以官星爲忌神, 爲官遭禍傾家者有之 ; 如日主以財星爲忌
神, 爲財喪身敗名節者有之 ; 如日主以印星爲忌神, 爲文書傷時犯
忌而受殃者有之 ; 如日主以食傷爲忌神, 爲子孫受累而絶嗣者有之.
此窮極源之正理不同俗書之謬論也.

반대로 관성이 기신에 해당하면 벼슬길에 재앙이 있고 가산을 탕진
할 수 있으며, 재성이 기신이면 재물의 손실이나 건강에 이상이 생기
고 명예가 손상되기도 한다. 인성이 기신일 경우는 문서나 윗사람을
해쳐서 재앙을 당하기도 하고, 식신이 기신일 경우는 자손이 고통스

럽고 대(代)가 끊길 수도 있다. 이러한 것들이 궁극적으로 원두의 흐름에 대한 바른 이치이니 속서(俗書)의 잘못된 이론에 현혹되지 말아야 한다.

凡富貴者, 未有不從源頭也. 分其貴賤, 全在收局一字定之. 去我濁氣, 作我喜神, 不貴亦富；去我清氣, 作我忌神, 不貧亦賤. 學者當審察之.

무릇 부귀한 사람들의 팔자는 원두를 따르지 않은 것이 없었다. 귀천을 분별하는 것은 국(局)에서 수렴되는 한 글자에 의해 정해지니 탁기를 제거하여 희신이 되면 귀하지 않으면 부유하고, 청기를 제거하여 기신이 되면 가난하지 않으면 천해진다. 학자들은 이러한 것을 자세히 살펴야 한다.

나이스 주

⊙근원의 시작을 원두(源頭)라고 한다. 팔자의 근원은 어디서 시작되어 어디로 가는가? 당연히 년간에서부터 시작되어 시지로 흘러갈 것이다. 그러나 원두에 대해 다른 의견도 있으니 월령을 원두라고 하기도 하고 또는 팔자의 가장 강한 세력을 원두로 보는 사람도 있다.

⊙물은 산 속에서 나와 계곡을 지나 강이 되고 바다로 흘러간다. 강의 근원과 흐르는 방향과 마지막으로 머무는 곳을 안다면 삶의 과정도 알 수 있을 것

이다. 팔자도 그렇다. 년간에서 시작되어 년지, 월간, 월지, 일간, 일지, 시
간을 거쳐 최종 종착지인 시지로 가게 된다. 이러한 흐름을 보면서 순탄한
곳과 막힌 곳을 파악해 보면 과거도 알고 현재도 알고 미래도 알 수 있다.

◎고전 명리에서는 팔자를 흉신과 길신으로 나누고 흉신을 부정적으로 설명
하는 경향이 있는데 꼭 그렇지만은 않다. 흉신이든 길신이든 성격되면 좋
은 것이고 파격되면 좋지 않은 것이다.

- 子월에 癸水가 투하여 정관격이다.
- 지지가 금생수, 수생목, 목생화로 흘러간다.
- 높은 벼슬을 하고 일생 어려움이 없었고 명리(名利)가 모두 빛났다.

時	日	月	年
丙	戊	癸	辛
辰	申	巳	丑

- 巳월에 丙火가 투하여 편인격이다.
- 부(富)가 백만석에 이르렀다.
- 이품 벼슬을 하였고 한평생 어려움이 없었다.

時	日	月	年
甲	丙	辛	辛
午	子	卯	卯

●卯월에 甲木이 투하여 편인격이다.

●초운 庚寅운에는 윗사람의 도움이 있었다.

●己丑운에 재물과 복이 있었다.

●戊子운에 형벌과 소모가 많았다.

●丁亥운에 집안이 망하고 사람이 죽었다.

時	日	月	年
丁	戊	壬	庚
巳	午	午	寅

●午월에 丁火가 투하여 인수격이다.

●초년인 土金운에 사업이 잘 되었다.

●丙戌운에 파모(破耗)가 있었고 처자를 극하였다

●丁亥대운에 고통을 견디지 못하고 중이 되었다.

21 통관 通關

關內有織女 關外有牛郎 此關若通也 相將入洞房
관내유직녀　　　관외유우랑　　　차관약통야　　　상장입동방

관내(關內)에 직녀(織女)가 있고 관외(關外)에 우랑(牛郎)이 있을 때 이
관(關)을 통할 수 있다면 머지않아 서로 만나 같은 방으로 들어갈 수 있을
것이다.

原註

天氣欲不降, 地氣欲上昇, 欲相合相和相生也. 木土而要火, 火金而
要土, 土水而要金, 金木而要水, 皆是牛郎織女之有情也. 中間上下
遠隔, 爲物所間；前後遠絶, 或被刑沖, 或被劫占, 或隔一物, 皆謂
之關也. 必得引用無合之神及刑沖所間之物, 前後上下, 授引得來, 能
勝劫占之神, 能補所缺之物, 明見暗會, 歲運相逢, 乃爲通關也. 關
通而其願遂矣, 不猶牛郎織女之入洞房也哉？

천기(天氣)는 하강하고, 지기(地氣)는 상승하여 서로 상합(相合), 상화
(相和), 상생(相生)한다. 木과 土는 火를 필요로 하고, 火와 金은 土를
필요로 하고, 金과 木은 水를 필요로 한다. 떨어져 있지만 모두 우랑
(牛郎)과 직녀(織女)처럼 서로 간에 정(情)이 있기 때문에 소통을 원하
는 것이다. 관(關)은 팔자의 글자가 중간이나 상하가 막혀 있거나, 다

른 글자가 사이에 끼어 있거나, 앞뒤가 단절되어 있거나, 혹은 글자끼리 형충이 되어 있거나, 형충은 아니라도 다른 글자에 의해 겁점(劫占)을 당하고 있거나, 또는 다른 글자로 인하여 격리(隔離)된 것 등을 말한다. 이렇게 서로 정(情)이 있음에도 불구하고 떨어져 있거나, 위협당하거나, 파손된 글자들을 다시 정상적인 역할을 하도록 하는 것을 통관이라고 한다. 통관시키기 위해서는 국(局)이나 세운 등에서 합(合)이나 형충(刑沖), 보충(補充), 명견(明見), 암회(暗會) 등을 통해 막혀 있는 관(關)을 소통시켜야 한다. 막혔던 관(關)이 소통되면 바라던 바가 이루어지니, 이는 우랑(牛郎)과 직녀(織女)가 만나 동심(同心)으로 같은 방으로 들어가는 것과 같다.

任氏曰

通關者, 引通剋制之神也. 所謂陰陽二用, 妙在氣交, 天降而下, 地升而上. 天干之氣動而專, 地支之氣靜而雜, 是故地運有推移, 而天氣從之；天氣有轉徙, 而地運應之；天氣動於上, 而人元應之；人元動於下, 而天氣從之, 所以陰勝逢陽則止, 陽勝逢陰則住, 是謂天地交泰, 干支有情, 左右不背, 陰陽生育而相通也,

통관(通關)이란 막혀 있는 글자들을 서로 유통시키는 것을 말한다. 음양의 묘함은 기(氣)의 교감(交感)에 있는데 천기(天氣)는 내려가고 지기(地氣)는 위로 올라가면서 서로 소통이 된다. 천간은 동적(動的)이면서 전일(專一)하고, 지지는 정적(靜的)이면서 복잡하다. 지기(地氣)의 변화에 따라 천기(天氣)가 그것을 따르고, 천기(天氣)가 움직이니 땅도 거기에 응한다. 천기(天氣)가 위에서 움직이면 인원(人元)이 거기에 응하고, 인원(人元)이 아래에서 움직이면 천기(天氣)가 그것을 따른다. 이 때문에 음(陰)이 극(極)에 이르러 양(陽)을 만나면 멈추게 되고, 양(陽)이 극(極)에 이르러 음(陰)을 만나면 역시 그치게 되니 이것을 천지교태(天地交泰)라고 한다. 그래서 간지가 정(情)이 있고 좌우가 배반하지 않으면 음양이 서로 생육(生育)되며 소통이 되는 것이다.

若殺重喜印, 殺露印亦露, 煞藏印亦藏, 此顯然通達, 不必節外生枝. 倘原局無印, 必須歲運逢印, 向而通之, 或暗會明合而通之, 局內有印, 被財星損壞, 或官星化之, 或比劫解之, 或被合住, 則沖開之, 或被沖壞, 則合化之, 或隔一物, 則剋去之, 前後上下, 不能授引, 得歲運相逢尤佳.

만약 살(殺)이 중(重)하다면 인수가 좋으니, 살(殺)이 노출되었을 때는 인수도 노출되고, 살(殺)이 암장되었을 때는 인수도 암장되면 통달하게 된다. 그 외 다른 지엽적인 것은 필요 없다. 살(殺)이 중(重)할 때 국(局)에 인성이 없다면 반드시 세운에서라도 인성을 만나야 하고, 또는 암회(暗會)나 명합(明合)으로 통(通)할 수도 있다. 사주에 인성이 있을 때 재성에게 손괴를 당하면 관성으로 화(化)하거나 혹은 비겁으로 재성을 극해야 한다. 만일 인성이 합으로 묶여 있다면 충으로 풀어주어야 하고, 충으로 깨졌다면 합으로 화(化)해 주면 좋다. 또 두 글자 사이를 막는 글자가 있다면 극으로 제거하면 되지만, 만일 전후나 상하에 전혀 끌어 쓸 글자가 없다면 세운에서 소통시킬 글자를 만나면 아름답게 된다.

如年印時殺, 干殺支印, 前後遠立, 上下懸隔, 或爲閒神忌物所間, 此原局無可通之理, 必須歲運暗沖暗會, 剋制閒神忌物, 該沖則沖, 該合則合, 引通相剋之勢. 此關一通, 所謂琴遇子期, 馬逢伯樂, 求名者靑錢萬選. 問利者億則屢中. 如牛郞織女之入洞房. 遂其所願. 殺印之論如此, 食傷財官之論亦如此.

가령 년에 인수가 있고 시에 살(殺)이 있거나, 천간에 살(殺)이 있고 지지에 인수가 있어서 앞뒤로 또는 상하로 멀리 떨어져 있거나, 혹은 사이에 낀 글자나 꺼리는 글자들에게 막혔을 때 국(局)에 소통시킬 매개체가 없다면, 이때는 반드시 세운에서 암충(暗沖)이나 암회(暗會)로 가로막고 있는 글자들을 제거해야 한다. 충할 것은 충하고 합할 것은 합하여 서로 상극하는 것들을 소통시켜서 관(關)을 통하게 하면 백아의 거문고 소리가 종자기를 만나고 천리마가 백락을 만나는 것과 같아서 명예를 구하는 경우나 시험을 치를 경우나, 이익을 구하는 경우에 모두 예측대로 적중하여 소원을 이루게 된다. 막혔던 관(關)이 소통이 되어 마치 우랑과 직녀가 같은 방으로 들어가는 것과 같게 되는 것이다. 살(殺)과 인수의 논리가 이와 같으니 식상과 재성, 관성의 논리도 마찬가지로 적용하면 된다.

⊙천기(天氣)는 하강하고 지기(地氣)는 상승하며 서로 섞여야 생명력이 생긴다. 이른바 수화기제(水火旣濟)의 상(象)이다. 팔자에서도 오행이 골고루 순서대로 되어 있으면 좋겠지만 그러한 경우는 현실적으로 불가능하다. 팔자의 글자들이 서로 소통되지 못하고 있을 때 이를 해소해 주는 글자가 있거나 운에서 와준다면 막힌 것이 뚫리게 되어 좋아진다. 예를 들면 木土가 나란히 있다면 목극토 현상이 일어나는데 이때 火의 글자가 온다면 목생화, 화생토로 소통이 된다. 이런 경우를 통관시킨다고 한다.

⊙이런 경우는 또 있는데 글자가 합으로 묶여 답답할 경우에 합이나 충으로 해소할 수가 있다. 또 식상과 관성이 충돌하고 있을 때 재(財)가 온다면 소통이 가능하고, 비겁과 재성이 충돌할 때 식상이 와도 소통이 된다. 또 칠살이 강하고 식신이 약할 때 식신이 오면 칠살과 식신이 균형을 이루어 소통이 원만해지고, 또 특정한 기운이 무척 강할 때는 설기시키는 운이 와도 원만한 소통이 이루어지는데 이렇게 글자가 균형을 이루지 못하거나 막혀 답답할 때 이를 해소해 주는 글자가 올 때 꽁꽁 얼었던 땅이 녹으며 새싹이 나오는 것처럼 만사가 순조롭게 풀린다.

22 관살 官殺

官殺混雜來問我 有可有不可
관살혼잡내문아 　　　　 유가유불가

관살(官殺)이 섞여 있을 경우에 대해 묻는다면, 가(可)한 경우도 있고 불
가(不可)한 경우도 있다.

原註

殺卽官也, 同流共派者可混也 ; 官非殺也, 各立門牆者, 不可混也.
殺重矣, 官從之, 非混也 ; 官輕矣, 殺助之, 非混也. 敗財與比肩雙
至者, 殺可使官混也 ; 比肩與劫財兩遇者, 官可使殺混也. 一官而不
能生印者, 殺助之, 非混也 ; 一殺而遇食傷者, 官助之, 非混也.

살(殺)은 즉 관(官)이기도 하므로 관과 살은 혼잡이 가(可)하다. 그러나
관은 살이 아니므로 각각 독자적인 역할을 할 때는 혼잡이 불가(不可)
하다. 살이 중(重)할 때 관이 살의 기세를 따르면 혼잡이라고 할 수 없
고, 관이 경(輕)할 때 살이 관을 도우면 역시 혼잡이 아니다. 패재(敗
財)에 비견까지 쌍(雙)으로 온다면 살이 관과 혼잡되어도 괜찮고, 비
견에 겁재가 함께 온다면 관에 살이 혼잡되어도 좋다. 관이 약하여 인
수를 생할 수 없는 경우에는 살이 관을 도우면 혼잡이 아니며, 살이
식상을 만나 약해졌을 때 관이 살을 도우면 혼잡이 아니다.

勢在於官, 官有根, 殺之情依乎官；依官之殺, 歲助之而混官, 不可
也. 勢在於殺, 殺有權, 官之勢依乎殺；依殺之官, 歲扶之而混殺, 不
可也. 藏官露殺, 干神助殺, 合官留殺, 皆成殺氣, 勿使官混也；藏
殺露官, 干神助官, 合殺留官, 皆從官象, 不可使殺混也.

기세가 관에 있고 관이 유근(有根)할 경우에 살이 관에 의지하고 있
는데 세운까지 살을 도우면 관과 혼잡이 되니 불가(不可)하다. 기세
가 살에 있고 살이 권세(權勢)를 잡았을 때 관이 살에 의지하고 있는
데 세운까지 관을 도우면 살과 혼잡이 되니 불가(不可)하다. 관은 장
간에 있고 살은 천간에 드러나고 다른 천간 글자가 살을 돕고 있을
때는 **합관류살**(合官留殺)이 된다. 이렇게 팔자가 살기(殺氣)를 이루고
있다면 관살혼잡은 불가하다. 살이 장간에 있고 관이 천간에 드러나
고 다른 천간 글자가 관을 돕고 있다면 **합살류관**(合殺留官)이 된다.
이때는 모두 관의 상(象)만 남게 되니 살이 오면 혼잡이 되어 불가(不
可)하다.

任氏曰

殺卽官也, 身旺者以殺爲官；官卽殺也, 身弱者以官爲殺, 日主甚
强, 雖無制不爲殺困；正官相雜, 但無根亦隨殺行. 去官不過兩端, 用
食用傷皆可；合殺總爲美事, 合來合去宜淸. 獨殺乘權, 無制伏, 職居
淸要；衆殺有制, 主通根, 身掌權衡. 殺生印而印生身, 龍墀高步；身
任財而財滋殺, 雁塔題名.

일간이 왕할 때는 살이 관처럼 쓰이고, 반대로 일간이 약할 때는 관이 살처럼 쓰인다. 일간이 매우 강할 때는 비록 제살(制殺)을 하지 않더라도 살이 일간을 곤란하게 하지는 않는다. 또 정관이 살과 섞여 있을지라도 정관이 무근(無根)하다면 역시 살을 따른다. 관살이 혼잡되었을 때 거관(去官)하는 방법은 두 가지가 있는데 하나는 식신이나 상관을 쓰는 것이고, 또 하나는 합을 써서 합살(合殺) 또는 합래(合來) 또는 합거(合去)를 하는 것이다. 이렇게 되면 팔자가 모두 청하게 된다.

독살승권(獨殺乘權), 즉 하나의 살이 권리를 타고 있을 때 제복이 되지 않으면 높은 관직에 오르고, 살이 많아도 제복이 되고 일간이 통근되어 힘이 있으면 병권(兵權)을 장악할 수 있다. 살이 인수를 생하고 인수가 다시 일간을 생하면 왕궁(王宮)으로 들어가고, 일간이 재를 감당할 수 있을 때 재가 살을 자양하면 안탑(雁塔＝진사급제)에 이름을 올린다.

若殺重而身輕, 非貧卽夭；苟殺微而制過, 雖學無成, 在四柱總宜降伏, 休雲年逢勿制；以一位取爲權貴, 何必時上尊稱. 制殺爲吉, 全憑調劑之功借殺爲權, 妙有中和之理, 但見殺凌衰主, 究必傾家, 弗謂局得殺神, 遂許顯豁. 書云, 格格推詳, 以殺爲重, 是以究之宜切, 用之宜精.

살중신경(殺重身輕)이 되면 가난하지 않으면 요절하고, 살이 미약할 때 **제살태과**(制殺太過)가 되면 공부는 해도 성공하지 못한다. 살이 사주에 있으면 제복되는 것이 마땅한데 '년에 있을 때는 제복하지 않아야 좋다.'는 것은 말이 안 된다. 천간에 관이 있어 귀할 때 시상(時上)에 있는 것만 귀한 것은 아니다. 살을 제복하면 길(吉)하다는 것은 서로 균형을 이루었을 때를 말하는 것이고, 살이 권(權)으로 되는 것도 역시 중화를 이루었을 경우이다. 만일 일간이 쇠약할 때 살을 만나면 반드시 집안이 기울게 되니, 국(局)이 살을 득했으니 현달하게 될 것이라고 생각하면 안 된다. 서(書)에 이르기를 "모든 사주를 살필 때는 살을 특히 중요하게 여겨야 한다."고 하였으니 살에 대해서는 열심히 연구하여 정밀하게 사용해야 한다.

殺有可混不可混之理, 如天干甲·丙·戊·庚·壬爲殺, 地支卯·午·丑·未·酉·子, 乃殺之旺地, 非混也；天干乙·丁·己·辛·癸爲官, 地支寅·巳·辰·戌·申·亥, 乃官之旺地, 非混也. 如干甲乙支寅, 干丙丁支巳, 干戊己支辰戌, 干庚辛支申, 干壬癸支亥, 以官混殺, 宜乎去官；如干甲乙支卯, 干丙丁支午, 干戊己支丑未, 干庚辛支酉, 干壬癸支子, 以殺混官, 宜乎去殺,

살(殺)은 혼잡이 되면 가(可)한 경우도 있고 불가(不可)한 경우도 있다. 가령 천간의 甲·丙·戊·庚·壬이 살이 될 때 지지에 卯·午·丑·未·酉·子의 관이 오면 살이 왕지(旺地)에 뿌리를 내린 것이지 혼잡이 아니다. 또 천간에 乙·丁·己·辛·癸의 관이 있을 때 지지에 寅·巳·

辰·戌·申·亥의 살이 오면 천간에 있는 관의 왕지(旺地)로 보는 것이지 관살혼잡으로 보지 않는다. 그러나 천간에 甲乙木이 있고 지지에 寅이 있거나, 천간에 丙丁火가 있고 지지에 巳가 있거나, 천간에 戊己土가 있고 지지에 辰이나 戌이 있거나, 천간에 庚辛金이 있고 지지에 申이 있거나, 천간에 壬癸水가 있고 지지에 亥가 있는 경우에는 관살혼잡이 되니 관을 제거해야 한다. 또 천간에 甲乙木이 있고 지지에 卯가 있거나, 천간에 丙丁火가 있고 지지에 午가 있거나, 천간에 戊己土가 있고 지지에 丑未가 있거나, 천간에 庚辛金이 있고 지지에 酉가 있거나, 천간에 壬癸水가 있고 지지에 子가 있는 경우에는 관에 살이 섞이므로 살을 제거하는 것이 마땅하다.

年月兩干透一殺, 年月支中有財, 時遇官星無根, 此官從殺勢, 非混也；年月兩干透一官, 年月支中有財, 時遇殺星無根, 此殺從官勢, 非混也, 勢在於官, 官得祿, 依官之殺, 年干助殺, 爲混也；勢在於殺, 殺得祿, 依殺之官, 年干助官爲混也.

년월의 천간에 하나의 살이 있고 년월의 지지에 재가 있을 경우에 뿌리없는 관이 시(時)에 있으면 이런 경우는 관이 살의 기세를 따르니 혼잡이 아니다. 또 년월의 천간에 하나의 관이 있고 년월의 지지에 재가 있을 때 시(時)에 뿌리없는 살이 있으면 살이 관의 기세를 따르니 혼잡이 아니다.

그러나 관이 록(祿)을 만나 세력을 이루고 있을 때, 그 관에 의지하고 있는 살이 년간의 도움을 받을 때는 혼잡이 되고, 살이 지지에 록(祿)을 만나 세력을 얻었을 때 그 살에 의지하고 있는 관이 년간의 도움을 받는다면 역시 혼잡이 된다.

敗財合殺, 比肩敵殺, 官可混也 ; 比肩合官, 劫財擋官, 殺可混也, 一官而印綬重逢, 官星泄氣, 殺助之, 非混也, 一殺而食傷竝見, 制殺太過, 官助之, 非混也. 若官殺竝透無根, 四柱劫印重逢, 不但喜混, 尙宜財星助殺官也.

겁재가 살과 합하거나 비견이 살을 대적할 때는 관과 살이 함께 있어도 혼잡이 아니고, 비견이 관과 합하거나 겁재가 관을 대적하면 관과 살이 함께 있어도 혼잡이 아니다. 관성이 인수를 만나 관성이 설기되는 경우에 살이 관을 도우면 혼잡이 아니고, 살이 식상을 만나 제살태과(制殺太過)가 된 경우에도 관이 살을 도우면 혼잡이 아니다. 무근(無根)한 관살이 천간에 있고 팔자에 비겁과 인수가 있을 때는 재성이 오히려 관살을 도와야 한다.

總之日主旺相可混也, 日主休囚不可混也. 今將殺分六等, 此余所試驗者, 分列詳細於後, 以備參考.

결론적으로 일간이 왕하면 관살혼잡을 감당할 수 있지만 쇠약할 때는 관살혼잡을 감당할 수 없다. 살을 쓰는 격(格)의 종류로는 다음과 같이 여섯 가지 종류가 있다. 재자약살격(財滋弱殺格), 살중용인격(殺重用印格), 식신제살격(食神制殺格), 합관류살격(合官留殺格), 관살혼잡격(官殺混雜格), 제살태과격(制殺太過格) 등이다.

⊙관살(官殺)은 나를 극하는 것이다. 정관을 관(官)이라고 하고 편관을 살(殺)이라고 한다. 정관도 태중(太重)하면 살의 작용을 하고, 편관도 적당하면 관의 작용을 하니 십신 자체에 집착하면 안 된다. 일반적으로 관살이 혼잡되면 일간이 심히 공격을 당하니 보통 꺼리게 된다. 천간으로 오면 정신적인 스트레스가 되고, 지지로 올 때는 현실에서 받는 고통이다. 그러나 관살혼잡이라고 무조건 나쁜 것은 아니다. 좋을 때도 있고 나쁠 때도 있으니 전체적인 상황을 잘 살펴야 한다. 관살혼잡은 천간이나 또는 지지에 동시에 관살이 함께 섞여 있는 것을 말한다. 천간과 지지에 따로 있을 때는 통근되어 힘이 있다고 보면 된다.

⊙팔자 자체에 좋고 나쁨은 없다. 팔자에 따라 각각 자기가 잘 할 수 있는 소질이나 적성 등이 있다. "순천자(順天者)는 흥하고 역천자(逆天者)는 망한다."고 했다. 개인에게는 팔자가 천(天)이라고 할 수 있다. 팔자에 순(順)하면 흥하고, 팔자에 역(逆)하면 망한다. 모두가 주연을 맡을 수는 없다. 하나의 연극이나 영화가 좋은 작품이 되기 위해서는 조연이나 엑스트라도 필요하다. 조연이나 엑스트라라고 해도 자기 그릇에 맞게 살아간다면 행복할 수 있다.

◇ 재자약살격(財滋弱殺格)

時	日	月	年
庚	庚	丙	己
辰	申	寅	酉

- 寅월에 丙火와 己土가 투하였다.

- 甲子운에 늠생(장학생)에 임명되었다.

- 癸亥운에 재앙이 없었다.

- 癸亥운 후반에 과거에 합격하였다.

- 壬戌대운에 앞길이 막혔고 형모(刑耗)가 있었다.

- 辛酉운에 사망하였다.

- 운이 북서가 아닌 동남이었으면 좋았을 것이다.

時	日	月	年
辛	庚	庚	丙
巳	申	寅	申

- 寅월에 丙火가 투하여 찰살격이다.

- 壬辰대운 후반에 학교에 입학하였다.

- 癸巳운에 과거에 연달아 합격하였다.

- 甲午, 乙未운은 벼슬이 번얼(안찰사)에 이르렀다.

- 부귀는 격국에서 정해지고 곤궁과 형통은 운에 달렸다.

◇ 살중용인격(殺重用印格)

時	日	月	年
甲	戊	甲	戊
寅	午	寅	子

- 寅월에 甲木이 투하여 칠살격이다.
- 일찍 황갑에 올라 벼슬에 나가 이름을 날렸다.

時	日	月	年
甲	戊	丙	己
寅	子	寅	亥

- 寅월에 丙火와 己土와 甲木이 투하였다.
- 甲木이 강하니 칠살격이다.
- 戊午운에 향방(향시)에 합격하였다.
- 己丑년 진사시에 합격하였다.
- 壬戌대운에 부친상을 당하고 화재를 당했다.
- 壬戌대운 후반에 뜻대로 되지 않았다.
- 辛酉운에 재화(災禍)가 있었다.

時	日	月	年
甲	甲	庚	戊
子	子	申	辰

- 申월에 庚金이 투하여 칠살격이다.

- 지지에 申子辰 수국이 형성되어 인수도 강하다.

- 癸亥운에 과거에 연달아 합격하여 벼슬을 누렸다.

- 丙寅, 丁卯운에 벼슬이 봉강(封疆)에 이르렀다.

- 평생 평탄한 사람을 살았다.

時	日	月	年
丙	庚	丙	戊
戌	寅	辰	午

- 辰월에 戊土가 투하여 편인격이다.

- 두 개의 丙火도 뿌리가 깊으니 칠살도 강하다.

- 己未운에 과거에 연달아 급제하였다.

- 庚申운, 辛酉운에 이름을 날려 앞길이 빛났다.

時	日	月	年
癸	丁	癸	癸
卯	卯	亥	亥

- 亥월에 癸水가 투하여 칠살격이다.

- 亥卯 반합이 있어 인수도 강하다.

- 辛酉, 庚申운에 공명에 차질이 있었고 형모(刑耗)가 있었다.

- 己未운에 공명이 연달아 상승하였다.

- 戊午, 丁巳, 丙辰운에 벼슬이 관찰에 이르고 명리(名利)가 빛났다.

◇ 식신제살격(食神制殺格)

時	日	月	年
甲	壬	戊	戊
辰	辰	午	辰

- 午월에 戊土가 투하여 칠살격이다.

- 甲木도 뿌리가 강하니 식신도 강하다.

- 뿌리를 두고 천간에 투한 글자는 모두 쓸 수 있다.

- 癸亥운에 과거에 연달아 급제하였다.

- 甲子운에 벼슬이 현령에 이르렀다.

- 甲子운 후반에 쇠신(衰神)이 왕신을 충하여 사망하였다.

時	日	月	年
丙	甲	庚	庚
寅	戌	辰	申

- 월지 辰에서 투한 글자가 없다.

- 팔자에 강한 庚金을 용하여 칠살격으로 본다.

- 그냥 월지를 사용해서 재격이라고 해도 된다.

- 壬午운에 향시(鄕試)에 합격하였다.

- 甲申, 乙酉운에 형모(刑耗)가 많았다.

- 丙戌운에 지현(知縣)에 선발되었다.

時	日	月	年
戊	丙	壬	壬
戌	戌	子	子

- 子월에 壬水가 투하여 칠살격이다.

- 乙卯운에 벼슬이 군수에 이르렀다.

時	日	月	年
丙	庚	丙	壬
戌	午	午	申

- 午월에 丙火가 투하여 칠살격이다.

- 戊申운에 궁궐에 들어가 벼슬을 하였다.

- 己酉운에 과거를 보고 인재 선발에 참여하였다.

- 그 후 金水운에 서랑(署郞)에서 출발하여 군수가 되었다.

時	日	月	年
壬	丙	戊	癸
辰	午	午	丑

● 午월에 戊土가 투하였으나 戊癸합이 되었다.

● 壬水를 용하여 칠살격으로 본다.

● 乙卯, 甲寅운에 청운의 뜻을 실현하였다.

● 癸丑운에 금당(琴堂)에서 주목으로 영전하였다.

● 壬子운에 치중을 거쳐 황당(黃堂)에 올라 명리(名利)가 넉넉하였다.

時	日	月	年
壬	丙	戊	癸
辰	午	午	巳

● 임철초(任鐵樵)의 사주이다.

● 午월의 丙火로 양인격이다.

● 午월에 戊土가 투하였으나 戊癸합이 되었다.

● 뿌리가 미약하지만 壬水를 용하여 칠살격으로 본다.

● 戊癸합火로 火로 화(化)하여 비겁이 강해진다.

● 초반 寅卯辰 인성운에 답답한 삶이 계속되었다.

● 乙卯운에 골육의 변고를 당했고 가산을 탕진하였다.

- 선친에게 물려받은 재산을 지키지 못하고 명리에 몰두하였다.
- 40대부터 亥子丑 水운이 와서 강한 불을 통제하니 유명한 저서를 남겼다.

時	日	月	年
壬	丙	癸	戊
辰	午	亥	申

- 戊癸합이 되어 월지에 뿌리를 둔 壬水를 용하여 칠살격이다.
- 합이 된 글자는 제 역할을 온전히 하지 못한다.
- 운이 동남으로 흘러 향시(鄕試)에 합격하고 등용이 되었다.
- 황당(黃堂)을 보좌하였다.

時	日	月	年
壬	丙	癸	戊
辰	戌	亥	午

- 戊癸합으로 정관이 합되고 칠살만 남았다.
- 과거에 합격하고 등용되었다.
- 궁궐로 들어가 공헌하였다.

時	日	月	年
癸	丁	丁	壬
卯	未	未	申

- 丁壬합으로 癸水 칠살만 남았다.

- 卯未 반합도 강하니 인수도 사용할 수 있다.

- 未월에 丁火로 식신도 사용할 수 있다.

- 운이 서북으로 달려 향시(鄕試)에 합격하였다.

- 현령에서 사마로 옮겼다.

- 지위가 황당과 같은 부류였다.

時	日	月	年
乙	戊	己	甲
卯	辰	巳	辰

- 甲己합으로 칠살은 가고 정관만 남았다.

- 巳월의 戊土로 편인도 쓸 수 있다.

- 일찍 벼슬길에 올라 도서담당 벼슬을 하였다.

- 저술을 하고 시종을 모시고 조서를 선포하는 직책을 가졌다.

時	日	月	年
丁	庚	辛	丙
丑	申	卯	辰

●丙辛합이 되고 정관 丁火만 남있다.

●卯월의 庚金으로 정재격이다.

●운이 동남으로 가서 일찍 과거에 합격하였다.

●춘관(예부)의 현사가 되었다.

時	日	月	年
庚	乙	辛	丙
辰	亥	卯	辰

●丙辛합이 되고 庚金 정관만 남았다.

●향시를 통하여 등용되었다.

●丙申, 丁酉운에 관직이 높지는 못했다.

●서방운에 현감이 되어 좋았다.

時	日	月	年
己	壬	戊	癸
酉	午	午	亥

●戊癸합이 있고 己土 정관만 남았다.

●午월의 壬水로 재를 쓸 수 있다.

●동방운에 청운의 뜻을 이루었다.

●운이 북방(北方)으로 갈 때 관청에 몸을 둘 것이다.

時	日	月	年
癸	丙	壬	壬
巳	寅	子	辰

●子월에 壬癸水가 투하여 관살혼잡이 되었다.

●丙辰, 己巳운에 예부에 과거 급제하였다.

●이름난 곳의 수령을 하였다.

時	日	月	年
丁	己	乙	甲
卯	巳	亥	子

●亥월에 甲木과 乙木이 투하여 관살혼잡이 되었다.

●戊寅운에 과거에 연달아 합격하였다.

●庚辰, 辛巳운에 큰 지방의 수령이 되어 명리(名利)가 넉넉하였다.

時	日	月	年
戊	庚	丁	丙
寅	午	酉	辰

●酉월의 庚金으로 양인격이다.

●寅午 반합에 丙丁火가 투하여 관살혼잡이 되었다.

- 庚子운에 안탑에 이름을 올렸다.
- 辛丑, 壬寅운에 국가의 일을 잘 하였다.

- 未월에 戊己土가 투하여 관살혼잡이 되었다.
- 운이 金水로 달릴 때 어린 나이에 과거에 급제하였다.
- 세상 사람들이 문장을 칭찬하였다.

任氏曰

官殺混雜者, 富貴甚多. 總之殺官當令者, 必要坐下印綬, 則其殺官之氣流通, 生化有情：或氣貫生時, 亦足以扶身敵殺. 若不氣貫生時, 又不坐下印綬, 不貧亦賤.如殺官不當令者, 不作此論也.

관살혼잡(官殺混雜)의 경우에도 부귀한 자가 매우 많다. 종합하면 관살(官殺)이 당령하면 반드시 일간이 인수에 앉아서 그 관살(官殺)의 기(氣)가 유통되고 생화(生化)되어 유정(有情)해야 한다. 혹은 기세가 생시(生時)를 관통하여 일간을 돕는다면 살(殺)을 대적할 수 있다. 그러나 만약 기세가 생시(生時)를 관통하지 못하고 또 일지도 인수가 아니면 가난하지 않으면 천하게 된다. 만일 관살(官殺)이 당령하지 않은 경우에는 이러한 논리가 맞지 않다.

時	日	月	年
己	丙	戊	辛
亥	辰	戌	卯

● 천간의 글자들이 월에 뿌리를 두고 있다.

● 戌 중 戊土가 강하니 식신격이다.

● 乙未운에 과거에 급제하고 한림원에 이름을 날렸다.

● 甲午운에 부친상을 당했다.

● 己巳운에 사망하였다.

時	日	月	年
壬	丙	戊	辛
辰	辰	戌	卯

● 위 사주와 시주만 다르다.

● 그래서 월지와 일간으로 정하는 격(格)에는 허점이 있다.

● 학교에 가고 추위(秋闈)에 응시했으나 실패하였다.

● 돈을 바치고 벼슬을 샀으나 앞길이 시원하지는 못했다.

● 甲午운에 형모(刑耗)가 많았으나 일신은 무사하였다.

時	日	月	年
壬	丙	丙	壬
辰	午	午	辰

- 午월의 丙火로 양인격이다.

- 양인격은 칠살로 대적하면 좋다.

- 己酉운에 과거에 합격하였다.

- 庚戌운에 관직의 명부에 올리고 군사기밀을 다루었다.

- 庚戌운 후반 戊辰년에 사망하였다.

時	日	月	年
壬	壬	戊	甲
寅	辰	辰	寅

- 辰월에 甲木과 戊土가 투하였다.

- 칠살을 식신으로 제해 성격되었다.

- 壬申운에 진사 급제에 올라 이름을 안탑에 올렸다.

- 癸酉운까지 현령을 거쳐서 황당(태수)에 올라 명리(名利)가 넉넉하였다.

時	日	月	年
庚	戊	戊	庚
申	寅	寅	申

- 寅월의 戊土는 칠살격이다.
- 庚金 식신이 투하였다.
- 壬午운에 과거에 합격하여 현령에 발탁되었다.
- 甲申운에 전투에서 죽었다.

與其制殺太過, 不若官殺混雜之美也. 何也? 蓋制殺太過, 殺旣傷
殘, 再行制煞之運, 九死一生. 官殺混雜, 只要日主坐旺, 印綬不
傷, 運程安頓, 未有不富貴者也. 如日主休囚, 財星壞印, 卽使獨殺
純淸, 一官不混, 往往憂多樂少, 屈志難伸. 學者宜審焉.

제살태과(制殺太過)가 관살혼잡(官殺混雜)의 아름다움만 못한 이유는
무엇인가? 그것은 제살태과가 되면 살(殺)이 이미 손상되고 멸하게 되
는데 다시 제살(制殺)의 운으로 간다면 아홉은 죽고 겨우 하나는 살아
난다. 그러나 관살혼잡이 되었다고 해도 일간이 왕지에 앉고 인수가
손상되지 않으며 운의 흐름이 안돈하면 부귀하지 않는 자가 없다. 예
컨대 일간이 휴수(休囚)되고 재성이 인수를 파괴할 때는 살(殺)이 순
청(純淸)하고 관(官)이 섞이지 않았더라도 근심은 많고 즐거움은 적으
며 뜻을 펴기가 어려우니 학자들은 이러한 차이를 잘 살펴야 한다.

23 상관傷官

傷官見官果難辨 可見不可見
상관견관과난변 　　가견불가견

상관견관(傷官見官)이 되면 결과를 분별하기 어렵다. 좋을 때도 있고 좋
지 않을 때도 있기 때문이다.

原註

身弱而傷官旺者, 見印而可見官：身旺而傷官旺者, 見財而不見官,
傷官旺, 財神輕, 有比劫而可見官：日主旺, 傷官輕, 無印綬而可見
官. 傷官旺而無財, 一遇官而有禍；傷官旺而身弱, 一見官而有禍；
傷官弱而財輕, 一見官而有禍；傷官弱而見印, 一見官而有禍.

일간이 약하고 상관이 왕한 경우에 인수가 있다면 관을 보아도 괜찮
다. 일간이 왕하고 상관도 왕한 경우에 재가 있다면 관이 있어도 좋
다. 상관이 왕하고 재가 경(輕)한 경우에는 비겁이 있다면 관을 보아
도 상관없다. 일간이 왕하고 상관이 경(輕)한 경우에 인수가 없다면
관을 보아도 된다. 그러나 상관이 왕하고 재가 없는 경우에 관을 하
나라도 본다면 화(禍)가 되고, 상관이 왕하고 신약한 경우에도 관을
하나라도 만나면 화(禍)가 된다. 또 상관이 약하고 인수가 있을 때 관
이 있다면 역시 화(禍)를 당한다.

大率傷官有財, 皆可見官, 傷官無財, 皆不可見官. 又要看身强身弱, 合財官印綬·比肩不同方可, 不必分金木火土也. 又曰傷官用印, 無財不宜見財, 傷官用財, 無印不宜見印, 須詳辨之.

대체로 상관은 재가 있을 때는 관을 만나도 되지만 재가 없을 때는 관을 만나면 좋지 않다. 반드시 신강인지 신약인지를 살펴야 하고, 상관이 재·관·인수·비견을 만날 때가 모두 같다고 할 수 없으며, 반드시 金·木·水·火·土를 나눌 필요도 없다. 또 **상관용인**(傷官用印)에서는 국(局)에도 재가 없어야 하고, 운에서도 재를 보면 좋지 않다. **상관용재**(傷官用財)에서는 국(局)에 인수가 없어야 하고, 운에서도 인수를 보면 좋지 않으니 자세히 분별해야 한다.

任氏曰

傷官者, 竊命主之元神, 旣非善良, 傷日干之貴氣, 更肆縱橫. 然善惡無常, 但須駕馭, 而英華發外, 多主聰明. 若見官之可否, 須就原局權衡, 其間作用, 種種不同, 不可執一而論也. 有傷官用印, 傷官用財, 傷官用劫, 傷官用傷, 傷官用官.

상관은 명주(命主)의 원신(元神)을 훔치니 선량하다고 할 수 없고, 일간의 귀기(貴氣)를 손상하고 멋대로 종횡무진하기도 한다. 그러나 상관 자체가 선(善) 또는 악(惡)으로 정해진 것은 아니니, 상관도 잘 다스리기만 한다면 뛰어난 재주를 발산하여 총명함을 드러내게 된다. 상관이 관을 만났을 때의 가부(可否)는 국(局)의 균형을 보아야 하니 그 작용이나 종류가 많으므로 한 가지 이론에만 집착하면 안 된다. 상관용인(傷官用印), 상관용재(傷官用財), 상관용겁(傷官用劫), 상관용상(傷官用傷), 상관용관(傷官用官) 등이 모두 다른 작용을 나타내는 것이다.

若傷官用財者, 日主旺, 傷官亦旺, 宜用財；有比劫而可見官, 無比劫有印綬, 不可見官, 日主弱, 傷官旺, 宜用印, 可見官而不可見財；日主弱, 傷官旺, 無印綬, 宜用比劫, 喜見劫印, 忌見財官, 日主旺, 無財官, 宜用傷官, 喜見財傷, 忌見官印, 日主旺, 比劫多, 財星衰, 傷官輕, 宜用官, 喜見財官, 忌見傷印.

만일 상관용재(傷官用財)일 때 일간이 왕하고 상관도 왕하다면 재를 쓰는 것이 마땅하다. 이때 비겁이 있으면 관을 보아도 되지만, 비겁이 없고 인수가 있으면 관을 만나서는 안 된다. 일간이 약하고 상관이 왕하면 마땅히 인수를 써야 하는데 이때는 관을 보는 것은 좋지만 재를 보면 안 된다. 일간이 약하고 상관이 왕할 때 인수가 없다면 비겁을 써야 한다. 일간이 약하고 상관이 왕하면 비겁과 인수는 좋지만 재와 관을 보는 것은 꺼린다. 일간이 왕할 때 재관이 없으면 상관을 써야 한다. 일간이 왕할 때 재와 상관을 만나는 것은 좋지만 관과 인성을 보는 것은 꺼린다. 일간이 왕하고 비겁이 많을 때 재성이 쇠하고 상관이 경(輕)하다면 관을 써야 한다. 이때 운에서 재와 관을 만나는 것은 좋지만 상관과 인수를 만나는 것은 꺼린다.

所謂傷官見官, 爲禍百端者, 皆日主衰弱, 用比劫幫身, 見官則比劫
受剋, 所以有禍. 若局中有印, 見官不但無禍, 而且有福也. 傷官用
印, 局內無財, 運行印旺身旺之鄕, 未有不顯貴者也. 運行財旺傷旺
之鄕, 未有不貧賤者也. 傷官用財, 財星得氣, 運逢財旺傷旺之鄕, 未
有不富厚者也；運逢印旺劫旺之地, 未有不貧乏者也. 傷官用劫, 運
逢印旺必貴；傷官用官, 運逢財旺必富；傷官用傷, 運遇財鄕, 富而
且貴, 與用印用財者, 不過官有高卑, 財分厚薄耳. 宜細推之.

이른바 '상관이 관을 만나면 재앙이 백가지' 라는 말은 일간이 쇠약할
때는 비겁을 써서 도와야 하는데 관을 만나면 비겁이 극을 받기 때문
에 재앙이 있다는 말이다. 이때 팔자에 인수가 있으면 인수가 상관을
극하므로 관을 만나도 재앙이 없고 오히려 복이 된다. 상관이 인수를
쓰는 상관용인(傷官用印)에서는 팔자에 재가 없어야 하고, 운이 인왕
(印旺)이나 신왕(身旺)의 방향으로 가면 현귀(顯貴)하게 된다. 그러나
상관용인(傷官用印)일 때는 운이 재왕상왕(財旺傷旺)으로 가면 빈천
하다. 상관용재(傷官用財)에서 재성이 득기(得氣)했을 때 운이 재왕
(財旺)이나 상관왕(傷官旺)으로 가면 재물이 풍부하지만, 운이 인왕
(印旺)이나 비겁왕(比劫旺)으로 가면 가난하고 궁핍하다. 상관용겁
(傷官用劫)일 때 운이 인왕(印旺)으로 가면 귀하고, 상관용관(傷官用
官)은 운이 재왕(財旺)으로 가면 부유하다. 상관격에 상관을 쓰는 상
관용상(傷官用傷)에서는 운이 재로 가면 부유하고 귀하지만, 상관용
인(傷官用印)과 상관용재(傷官用財)는 관직의 고저와 재물의 다소에

차이가 있으니 이러한 것을 잘 헤아려야 한다.

◉상관 자체가 좋다거나 나쁘다고 말할 수는 없다. 세상 만물에는 음양이 있는 것이다. 마찬가지로 상관이 관을 만날 경우에도 무조건 나쁘다고만 하면 안 된다. 역시 전체적인 상황을 살피는 것이 중요하다. 예를 들면 신강하고 재성이 상관과 정관을 통관시키는 경우라면 나쁘지 않을 것이다. 또 팔자에 따라서는 정관이 기신(忌神)으로 작용할 수도 있으니 이때는 상관이 정관을 손상시키면 좋아지게 된다. 또 정관은 강하고 상관은 미약하여 상관이 정관을 손상시키지 못할 수도 있으니 항상 전체적인 상황을 살피는 것이 중요하다.

◉사길신이나 사흉신의 용어는 살아가는 방식의 차이를 말하는 것이지 그 자체로 길(吉)이나 흉은 아니다. 사흉신은 삶의 파고가 심하고 사길신은 삶의 파고가 잔잔하다는 차이가 있다. 사길신이든 사흉신이든 성격(成格)되면 부귀하고 파격(破格)되면 부귀하지 못하다.

◉상관격의 종류에는 상관용인격(傷官用印格), 상관용재격(傷官用財格), 상관용겁격(傷官用劫格), 상관용상관격(傷官用傷官格), 상관용관격(傷官用官格), 가상관격(假傷官格) 등이 있다.

◇ 상관용인격(傷官用印格)

時	日	月	年
己	丙	辛	己
丑	寅	未	丑

● 丑未충과 寅未귀문이 있다.

● 일간은 월간의 辛金과 합하여 유정(有情)하다.

● 未월에 己土가 투하여 상관격이다.

● 丁卯운에 입신하여 승진을 거듭했다.

● 丙寅운에 벼슬이 황당(태수)에 이르렀다.

時	日	月	年
辛	戊	丁	辛
酉	午	酉	酉

● 酉酉형과 午酉파가 있다.

● 팔자에 형충파해가 있으면 삶의 굴곡이 있다.

● 酉월에 辛金이 투하여 상관격이다.

● 초년 木火운에 문무과에 올라 대궐 속으로 들어갔다.

● 癸巳, 壬辰운에는 일이 잘 풀리지 않았다.

時	日	月	年
己	庚	壬	壬
卯	辰	子	戌

- 子辰 반합과 두 개의 壬水가 투하여 식신격이다.

- 초년 水木운에 공부를 계속하지 못했다.

- 그 후 火土운에 이로로 등용되어 벼슬이 주목(州牧)에 이르렀다.

- 戊午운에는 쇠자(衰者)가 왕신(旺神)을 충하여 귀양을 갔다.

時	日	月	年
丙	乙	癸	丙
子	丑	巳	辰

- 巳월에 丙火가 투하여 상관격이다.

- 丙火와 癸水는 태양과 먹구름과의 관계이다.

- 癸水가 丙火의 빛을 빼앗는다.

- 초반 일개 가난한 선비로 지냈다.

- 丙申운에 국립학교에 들어갔다.

- 후에 과거에 아홉 번 응시했으나 급제하지 못했다.

◇ 상관용재격(傷官用財格)

時	日	月	年
乙	丁	戊	丙
巳	卯	戌	申

- 卯戌합이 있다.

- 월지와 일지의 합은 부모와 인연이 깊다.

- 戌월에 戊土와 丙火가 투하였다.

- 丙火가 戊土를 생하니 상관격이다.

- 辛丑, 壬寅운에 십여만금의 재산을 모았다.

- 壬寅운 후반에 寅申충으로 왕신이 쇠자를 충하여 사망하였다.

時	日	月	年
乙	壬	乙	癸
巳	申	卯	亥

- 卯월에 乙木이 투하여 상관격이다.

- 초반 반평생 노력이 허사가 되는 풍상을 겪었다.

- 庚戌운에 수만금의 재산을 모았다.

- 己酉운에 사망하였다.

時	日	月	年
丁	戊	辛	戊
巳	午	酉	子

- 酉월에 辛金이 투하여 상관격이다.

- 子酉파와 午酉파 등이 있다.

- 팔자는 정적이어서 운에서 동할 때 실제로 일어난다.

- 나뭇잎은 바람 등 외부의 자극이 있어야 흔들리는 것이다.

- 甲子, 乙丑운에 수만금을 벌었다.

- 丙寅운에 사망하였다.

時	日	月	年
庚	辛	辛	壬
寅	酉	亥	申

- 亥월에 壬水가 투하여 상관격이다.

- 申亥해와 寅酉원진이 있다.

- 甲寅, 乙卯운에 맨손으로 부(富)를 이루었다.

- 火운에 삶이 안정되지 못했으나 심한 형상은 없었다.

- 丁巳운에 사망하였다.

◇상관용겁격(傷官用劫格)

時	日	月	年
己	戊	辛	癸
未	申	酉	亥

●酉월에 辛金이 투하여 상관격이다.

●떨어져 있는 일간과 년간의 戊癸합은 없다.

●재물을 바치고 현좌의 직책을 얻었다.

●丁巳, 丙辰운에 주목(州牧)의 벼슬을 하였다.

●乙卯운에 월지가 충을 만나 관직을 그만두고 농사를 지었다.

●월지가 충되면 삶에 근본적인 변화가 일어날 가능성이 크다.

時	日	月	年
庚	戊	癸	己
申	戌	酉	未

●酉월에 庚金이 투하여 식신격이다.

●일간은 癸水와 합으로 유정하다.

●申酉戌 방합이 있다.

●방합의 글자도 위치나 배치에 따라 다른 현상으로 나타난다.

●초반 학업을 계속하였다.

●남방운에 과거에 합격하여 현령 주목을 거쳐 황당(태수)에 이르렀다.

●삶에 파란이 없었고 벼슬길도 순탄하였다.

時	日	月	年
甲	癸	甲	癸
寅	亥	寅	亥

● 寅월에 甲木이 투하여 상관격이다.

● 팔자가 癸亥와 甲寅 木火 양신으로만 되어 있다.

● 학업에 뜻을 두었으나 寅亥합으로 묶여 이루기는 어려웠다.

● 辛亥운에 학교에 들어가 장학생이 되었다.

● 庚戌운에 재물을 바치고 벼슬로 나갔다.

● 己酉, 戊申운에 도지사 보좌관까지 하였고 자산이 풍부하였다.

時	日	月	年
己	丙	己	戊
丑	戌	未	申

● 未월에 戊己土가 투하여 식상격이다.

● 辰戌丑未를 모두 똑같은 土로 보면 안 된다.

● 丑戌未 삼형이 있다.

● 삼형이 동하면 개고로 인한 많은 변화가 있을 것이다.

● 未월이라 일간의 뿌리가 강하니 종아격이 아니다.

● 초반 서북운에 조업을 무너뜨렸다.

● 癸亥운에 가난하고 의지할 곳이 없어 머리 깎고 중이 되었다.

時	日	月	年
癸	己	庚	戊
酉	酉	申	辰

● 申월에 庚金이 투하여 상관격이다.

● 戌운에는 申酉戌 방합이 되고, 子운에는 申子辰 삼합이 된다.

● 상관의 뿌리가 튼튼하다.

● 서북운에 집안이 잿더미처럼 허물어졌다.

◇ 상관용상관격(傷官用傷官格)

時	日	月	年
庚	壬	己	庚
子	辰	卯	辰

● 卯월에 壬水는 상관격이다.

● 卯辰해와 子辰 반합이 있다.

● 팔자의 형충파해는 세월운에서는 모두 일어난다.

● 투하지 않은 지지는 힘이 없으니 격으로 정하기 힘들다.

● 子辰 반합 등으로 일간의 힘이 강하다.

● 초년운인 庚辰, 辛巳운에 공명을 이루지 못했다.

● 壬午운에 과거에 급제하였다.

● 癸未, 甲申운에 계속 승진하여 영윤, 사마, 황당, 관찰, 안찰사에 올랐다.

●여덟 가지 고급 관직과 봉강을 지냈다.

●乙酉운에 징계를 받고 관직을 떠났다.

時	日	月	年
癸	癸	戊	乙
丑	酉	寅	酉

●寅월에 癸水는 상관격이지만 乙木이 투하여 식신격으로 변했다.

●천간에 戊癸합이 있고, 지지에 寅酉원진이 있다.

●巳운이 오면 巳酉丑 삼합이 될 것이다.

●乙亥운에 향방(鄕榜)에 합격하였다.

●甲戌, 癸酉운에 현령이 되었다.

●癸酉운 후반에 징계를 당해 관직을 떠났다.

時	日	月	年
丁	甲	庚	己
卯	寅	午	卯

●午卯파와 寅午 반합이 있다.

●팔자의 형충파해는 근묘화실 순서대로 일어난다.

●午월에 丁火와 己土가 투하였다.

●寅午 반합 등으로 丁火 상관이 강하니 상관격이다.

●임기응변이 뛰어났다.

● 丁卯운에 학교에 들어가 과거에 합격하여 현령이 되었다.

● 丙寅운에 관직이 높고 자신이 풍성했다.

● 乙丑운에 관직을 그만두었다.

時	日	月	年
乙	丙	乙	丙
未	辰	未	子

● 子未원진, 子未해가 있다.

● 未월에 乙木과 丙火가 투하였다.

● 未월에 丙火는 상관격이지만 乙木이 투하여 인수격으로 변했다.

● 초운인 丁酉, 丙申운에 재물의 기쁨이 있었다.

● 戊戌운에 풍족한 나날이었다.

● 己亥운에 형벌과 소모가 있었다.

● 己亥운 후반 병에 걸려 사망하였다.

◇ 상관용관격(傷官用官格)

時	日	月	年
乙	戊	己	壬
卯	戌	酉	戌

● 卯戌합이 있다.

●酉월에 戊土는 상관격이다.

●천간으로 투하지 않는 것은 약하니 격으로 정하기 힘들다.

●辛亥운에 공명이 순조로왔다.

●壬子운에 벼슬길에 올랐다.

●癸丑운에 상복을 입을 일이 많았다.

●甲寅, 乙卯운에 벼슬길이 순조로워서 시랑(侍郞)에 이르렀다.

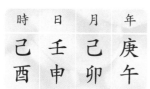

●午卯파와 卯申원진이 있다.

●壬水는 己土에 의해 탁해진다.

●卯월에 壬水일간은 상관격이다.

●천간에 투하지 않는 지지 글자로 격을 정하기는 힘들다.

●팔자에서 가장 강한 세력을 격으로 잡기 때문이다.

●辛巳운에 학교에 들어가서 과거에 급제하였다.

●壬午, 癸未운에 수령을 거쳐 주목으로 영전하였다.

●甲申, 乙酉운에 퇴직하고 귀향하였다.

●그 후 편안한 은퇴생활을 하였다.

時	日	月	年
己	壬	辛	辛
酉	辰	卯	未

- 卯未 반합과 묘지해 그리고 辰酉합이 있다.

- 亥운에는 亥卯未 삼합이 될 것이다.

- 壬水일간이 卯未 반합을 보아 상관격이다.

- 己丑운에 학교에 들어갔다.

- 戊子운에 과거에 실패했지만 가업(家業)을 늘었다.

- 丁亥운에 형모를 만나 사망하였다.

- 삼합이나 방합이 되면 미약한 오행이 피해를 보기 쉽다.

時	日	月	年
癸	丙	己	癸
巳	午	未	酉

- 未월에 己土가 투하여 상관격이다.

- 巳午未 방합이 있어 일간도 강하다.

- 같은 방합이라도 글자의 배치나 순서에 따라 강도가 다르다.

- 火土운에 형상(刑傷)과 파모(破耗)가 있었다.

- 乙卯, 甲寅운에 재물이 늘어 곡식을 바치고 직위를 얻었다.

- 癸丑, 壬子운에 좌이(佐貳=현령보좌관)를 거쳐 현령으로 승진했다.

- 명리(名利)가 모두 온전하였다.

◇ 가상관격(假傷官格)

時	日	月	年
乙	丁	戊	戊
巳	巳	午	申

● 午월에 戊土가 투하여 상관격이다.

● 일간도 상관도 강하다.

● 庚申, 辛酉운에 창업하여 십여만금을 모았다.

● 壬戌운에는 형모는 있었지만 크지는 않았다.

● 癸亥운에 사망하였다.

● 강한 왕신을 巳亥충으로 동하게 한 때였다.

時	日	月	年
癸	壬	辛	壬
卯	子	亥	子

● 왕한 水 기운을 거스르는 오행이 없으니 종왕격이다.

● 초년 水운에 평안하고 재앙이 없었다.

● 甲寅, 乙卯운에 학교에 가고 재물이 불어났다.

● 丙辰운에 세 아들 중 둘을 잃었고 부부가 모두 죽었다.

● 왕한 水 기운에 도전하는 火土운이었다.

時	日	月	年
癸	壬	壬	壬
卯	子	子	辰

●子월에 壬水 양인격으로 종왕격이다.

●일찍 학업에 전념하였으나 과거 시험에는 실패하였다.

●丙辰운 庚午년에 수화교전으로 죽었다.

●강한 水 기운에 丙火운이 오는 시기였다.

時	日	月	年
辛	戊	丙	戊
酉	辰	辰	午

●辰월의 戊土의 세력을 거스르는 기운이 없으니 종왕격이다.

●초반 火土운에 학업에 차질이 있었다.

●庚申운에 청운이 상승하였다.

●辛酉, 壬戌, 癸亥운까지 서랑을 거쳐 치사, 반얼(안찰사), 봉강(총독
순무)으로 옮겼다.

●벼슬길에 파란이 없었다.

時	日	月	年
丙	戊	辛	乙
辰	午	巳	酉

●巳월에 辛金과 丙火가 투하였다.

●巳酉 반합으로 辛金 상관을 써서 상관격이다.

●시간의 丙火의 세력도 강하니 편인도 함께 쓸 수 있다.

●초반 辛丑년에 학교를 갔으나 과거 시험에 실패하였다.

●丁丑운에 巳酉丑 삼합이 되자 과거에 합격하였다.

●丙子, 乙亥운에 벼슬에서 물러났다.

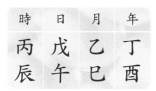

●앞의 사주와 비슷하다.

●巳월에 丙火가 투하여 편인격이다.

●초반에 巳酉 반합을 써서 식상을 쓸 수 있다.

●辛丑대운 丁丑년에 과거에 합격하여 한림원에 들어갔다.

時	日	月	年
辛	己	丙	丁
未	酉	午	丑

●丑午원진과 午酉파가 있다.

●午월에 태어나 丙丁火가 투하여 정편인이 강하다.

●운이 동방으로 달려 공명에 차질이 있었다.

- 재물도 모아지지 않았다.

- 辛丑운 戊辰년에 과거에 합격하고 명리(名利)가 넉넉하였다.

24 청탁清濁

一清到底有精神 管取平生富貴眞
일청도저유정신　　관취평생부귀진
澄濁求清清得去 時來寒谷也回春
징탁구청청득거　　시래한곡야회춘

하나의 청기가 바닥에 깔리고 정신(精神)이 있으면 평생 부귀가 참되다.

탁한 것을 맑게 하여 청한 것을 구한다면, 때가 되어 추운 계곡에 또다시

봄이 오는 것과 같다.

原註

清者不徒一氣成局之謂也. 如正官格, 身旺有財, 身弱有印, 竝無傷
官七殺雜之, 縱有比肩食神財煞印綬雜之, 皆循序得所, 有安頓, 或
作閑神, 不來破局, 乃爲清奇. 又要有精神, 不爲枯弱者佳.

청이란 일기(一氣)로 국(局)을 이룬 것만 말하는 것이 아니다. 정관격
이 신왕할 때 재가 있거나, 신약할 때 인수가 있고 상관이나 칠살이
섞이지 않으면 청한 것이다. 또 비록 비견이나 식신, 재, 살(殺) 인수
등이 혼잡되어 있다고 할지라도 모두 질서를 찾아 득소하여 안돈(安
頓)하거나, 또는 한신이 국(局)을 파괴하지 않으면 역시 청기(淸奇)
다고 할 수 있다. 또 정(精)과 신(神)이 고약(枯弱)하지 않다면 역시 아

름답다.

濁非五行竝出之謂. 如正官格, 身弱混之以煞, 混之以財, 以食神雜
之, 不能傷我之官, 反與官星不和 ; 以印綬雜之, 不能扶我之身, 反
與財星相戕, 俱爲濁. 或得一神有力, 或行運得所, 以掃其濁氣, 沖
其滯氣, 皆爲澄濁以求清, 皆富貴命矣.

탁(濁)이란 오행이 모두 드러나 있는 것을 말하는 것이 아니고, 예를
들어 정관격이 신약하고 살(煞)이 혼잡되어 있을 때 재가 섞여 있거
나, 또는 식신이 있다 하더라도 살(煞)을 손상하지 못하고 도리어 정
관과 불화(不和)하면 탁(濁)이 된다. 정관격이 신약할 때 살이 있고 재
가 있으면 인수가 있어도 신(身)을 돕지 못하고 도리어 재성과 서로
다투게 되니 탁(濁)이 된다. 이렇게 국(局)이 탁할 때 팔자나 운에서
탁기를 제(制)하거나 충하여 청기(淸氣)를 얻게 되면 부귀하게 된다.

任氏曰

命之最難辨者, 淸濁兩字也. 此章所重者, "澄濁求淸"四字也. 淸而
有氣, 則精神貫足 ; 淸而無氣, 則精神枯槁. 精神枯卽邪氣入, 邪氣
入則淸氣散, 淸氣散則不貧卽賤矣.

명(命)에서 가장 판단하기 어려운 것이 '청'과 '탁' 두 글자이다. 이
장(章)에서 가장 중요한 글자는 '징탁구청(澄濁求淸)' 네 글자인데
'탁한 것을 맑게 하고 청한 것을 구한다.'는 뜻이다. 청하고 유기(有

氣)하면 정(精)과 신(神)이 모두 충족되지만, 청하고 무기(無氣)하면 정(精)과 신(神)이 메마르게 된다. 정(精)과 신(神)이 메마르면 사기(邪氣)가 들어와서 청기(淸氣)가 흩어지니 가난하지 않으면 천하게 된다.

夫淸濁者, 八字皆有也, 非正官一端而論也. 如正官格, 身弱有印, 忌財, 財星不現, 淸可知矣. 卽使有財, 不可便作濁論, 須要看其情勢. 如財與官貼, 官與印貼, 印與日主貼, 則財生官, 官生印, 印生身, 印之源頭更長矣, 至行運再助其印綬, 自然富貴矣. 卽使無財, 不可便作淸論, 亦要看其情勢, 或印星無氣, 與官星不通, 或印星太旺, 日主枯弱, 不受印星之生 ; 或官星貼日, 印星遠隔, 日主先受官剋, 印星不能生化, 至行運再逢財官, 不貧亦夭矣.

청과 탁은 팔자에 모두 있는 것이니 정관 한 가지만으로 논하는 것이 아니다. 가령 정관격의 사주가 신약할 때 인수가 있으면 재성을 꺼린다. 그러므로 재성이 없으면 청하지만 그렇다고 재가 있다고 해서 바로 탁으로 논해서는 안 된다. 만일 재와 관이 붙어 있고, 또 관과 인수가 붙어 있고, 다시 인수와 일간이 붙어 있으면, 재가 관을 생하고, 관은 인성을 생하고, 인성은 다시 일간을 생하니 좋은 것이다. 만일 운이 다시 인수를 돕는다면 저절로 부귀하게 된다.

정관격이 신약하고 인수가 있으면 재성을 꺼리는데, 이때 재가 없다고 해서 바로 청으로 논해서는 안 된다. 인성이 무기(無氣)하여 관성과 통하지 않거나, 인성이 태왕하더라도 일간이 메마르고 허약하여 인성의 생조를 받지 못하거나, 또는 관성이 일간에 붙어 있고 인성이 멀리 떨어져 있을 경우에는 재가 없더라도 탁한 명(命)이 된다. 이때 운에서 다시 재관을 만난다면 가난하지 않으면 요절한다.

如正官格, 身旺喜財, 所忌者印綬, 傷官其次也. 亦看情勢, 如傷官與財貼, 財與官貼, 官與比肩貼, 不特官星無礙, 抑且傷官化劫生財, 財生官旺, 官之源頭更長, 至行運再遇財官之地, 名利兩全矣. 如傷官與財星遠隔, 反與官星緊貼, 財不能爲力, 至行運再遇傷官之地, 不貧亦賤矣.

정관격이 신왕하면 재를 좋아하고 인수와 상관은 꺼리지만 역시 전체적인 상황을 살펴야 한다. 만일 상관과 재가 붙어 있고, 재와 관이 붙어 있고, 관과 비견이 붙어 있으면 관성에 장애가 없게 된다. 또 상관이 비겁을 인화(引化)하여 재를 생하고 재가 다시 관을 생하면 관이 왕해져서 관의 근원이 끝이 없다. 이때 운에서 다시 재관을 만나면 명리(名利)가 모두 빛나게 된다. 만일 상관이 재와 멀리 떨어지고 오히려 관성과 붙어있다면 재성이 관성에 힘이 되지 않고 또 상관은 관을 극하게 되는데 이때 운에서 다시 상관을 만난다면 가난하지 않으면 천하게 된다.

如傷官在天干, 財星在地支, 必須天干財運以解之 ; 傷官在地支, 財星在天干, 必須地支財運以通之. 或財官相貼, 而財神被合神絆住, 或被閑神劫占, 亦須歲運沖其合神, 制其閑神, 皆爲澄濁求淸. 雖擧正官而論, 八格皆同此論.

상관이 천간에 있고 재성이 지지에 있으면 천간으로 재운(財運)이 와야 하며, 상관이 지지에 있고 재성이 천간에 있을 때는 지지로 재운(財運)이 와야 한다. 혹 재와 관이 붙어 있을 때 재가 합으로 묶여 있거나 한신에게 극을 당한다면 세운에서 합을 충하여 해소하거나 한신을 제거해야 징탁구청(澄濁求淸)이 된다. 정관의 예를 들었지만 팔격(八格)이 모두 이와 같다.

總之喜神宜得地逢生, 與日主緊貼者佳 ; 忌神宜失勢臨絶. 與日主遠隔者美. 日主喜印, 印星貼身, 或坐下印綬, 此卽日主之精神也 ; 官星貼印, 或坐下官星, 此卽印綬之精神. 餘可類推.

결론적으로 희신은 득지(得地)하고 생을 받으면서 일간과 가까이 있으면 좋고, 기신(忌神)은 실세(失勢)하고 절지(絶地)에 임하면서 일간과 멀리 떨어져 있으면 아름답다. 일간이 인수를 좋아한다면 일간이 인성에 붙어 있거나 인수 위에 앉아 있으면 좋은데, 이때 인수도 관성에 붙어 있거나 관성 위에 앉아 있으면 정신(精神)이 온전한 것이다. 나머지도 같은 방법으로 추리한다.

⊙청(淸)이란 성격된 격국을 말하고, 탁(濁)이란 파격된 격국을 말한다. 청탁을 알려면 격국의 성격과 파격에 대해 알아야 한다. 길을 가다가 길을 잃으면 다시 처음으로 돌아가서 생각해 보고, 수학 문제를 풀다가도 중간에서 막히면 다시 처음부터 생각해 보게 된다. 기본의 중요성이다. 만일 국(局)이 탁할 때 팔자나 운에서 탁기를 제(制)하거나 충하여 제거하고 청기(淸氣)를 얻는다면 부귀하게 된다.

●子酉파와 寅未귀문이 있다.

●子월에 癸水가 투하여 정관격이다.

●金水운에 우등으로 과거에 급제하였다.

●이름이 한원(翰苑)까지 알려졌으나 火土운에 사림에서 노년을 보냈다.

*한원(翰苑) 한림원(翰林院)과 같은 관직명
*사림(詞林) 시인이나 문인들의 단체, 한림원, 문서 담당 관직

●寅亥합이 있다.

●천간은 목생화, 화생토, 토생금으로 흘러간다.

●寅월에 丙火와 甲木이 투하여 관인을 모두 쓸 수 있다.

●팔자 원국과 운의 흐름이 거역하지 않아 왕의 은혜가 있었다.

●중요한 관직에 머물렀다.

時	日	月	年
丁	丙	甲	癸
酉	寅	子	未

●子未원진, 寅酉원진이 있다.

●子월에 癸水가 투하여 정관격이다.

●甲木과 함께 관인격을 이루었다.

●학업은 일찍 시작했으나 과거에 실패하였다.

●辛酉, 庚申운에 가업이 풍족하였다.

●己未운에 처자를 해치고 화재를 만나 망했다.

滿盤濁氣令人苦 一局淸枯也苦人
만반탁기영인고　　　일국청고야고인
半濁半淸無去取 多成多敗度晨昏
반탁반청무거취　　　다성다패도신혼

탁기가 팔자에 가득하면 괴롭고, 국(局)이 너무 청고(淸枯)해도 괴롭다.

그렇다고 반탁반청(半濁半淸)하여 거취(去取)가 분명하지 않으면 성패가 다단(多段)하니 세밀하게 잘 살펴야 한다.

原註

柱中要尋他清氣不出, 行運又不能去其濁氣, 必是貧賤. 若淸, 又要
有精神爲妙, 如枯弱無氣, 行運又不遇發生之地, 亦淸苦之人. 濁氣
又難去, 淸氣又不眞, 行運又不遇淸氣, 又不脫濁氣者, 雖然成敗
不一, 亦了此生平矣.

원국에 청기는 없고 탁기만 가득할 때 행운에서조차 그 탁기를 제거
하지 못하면 반드시 빈천하게 된다. 팔자가 청하다면 반드시 정(精)
과 신(神)이 있어야 묘(妙)하고, 팔자가 고약(枯弱)하고 무기(無氣)할
때 행운에서조차 발생지지(發生之地)를 만나지 못한다면 청고(淸苦)
한 삶을 살게 된다. 또한 팔자에 있는 탁기도 제거하기 어렵고 청기
도 부진(不眞)할 때 행운에서조차 청기를 만나지 못하면 성패가 다단
한 삶을 평생 살게 된다.

任氏曰

濁者四柱混雜之謂也. 或正神失勢, 邪氣乘權, 此氣之濁也 ; 或提綱破
損 ; 另求別用, 此格之濁也 ; 或官旺喜印, 財星壞印, 此財之濁也 ; 或
官衰喜財, 比劫爭財, 此比劫之濁也 ; 或財旺喜劫, 官星制劫, 此官之
濁也 ; 或財輕喜食傷, 印綬當權, 此印之濁也 ; 或身强殺淺, 食傷得
勢, 此食傷之濁也. 分其所用, 斷其名利之得失·六親之宜忌, 無不驗也.

탁(濁)이란 사주가 청(淸)하지 않고 혼잡한 것을 말한다. 올바른 글자들이 세력을 잃고 오히려 사기(邪氣)가 권리를 얻으면 기(氣)의 탁이 되고, 만일 제강이 파손되어 제강 외의 다른 곳에서 용신을 구하게 된다면 격(格)의 탁이 된다. 관이 왕하여 인수를 좋아할 때 재성이 인수를 파(破)하면 재의 탁이 되고, 관이 쇠하여 재를 좋아하는데 비겁이 쟁재(爭財)하면 비겁의 탁이 된다. 재가 왕하여 비겁을 좋아하는데 관성이 비겁을 제압하면 관의 탁이 되고, 재가 경미하여 식상을 좋아할 때 인수가 권세를 잡으면 인수의 탁이 된다. 또 일간이 강하고 살(殺)이 약할 때 식상이 강하면 식상의 탁이 되니 이상과 같이 팔자 전체를 보며 명리(名利)의 득실과 육친의 의기(宜忌)를 판단하면 증명되지 않는 것이 없을 것이다.

然濁與淸枯二字酌之, 寧使淸中濁, 不可淸中枯. 夫濁者, 雖成敗不一, 多有險阻, 倘遇行運得所, 掃除濁氣, 亦有起發之機；如行運又無安頓之地, 乃困苦矣.

그러나 탁(濁)과 더불어 청(淸)과 고(枯) 두 글자는 상세히 구별해야 된다. 청(淸)하면서 탁(濁)한 것이 청(淸)하면서 고(枯)한 것보다 낫다. 팔자가 탁하면 성패가 일정치 않고 험난하지만 행운에서 득소(得所)하여 탁기를 소제(掃除)하면 발전할 수 있기 때문이다. 그러나 만일 행운에서조차 탁기가 제거되지 않으면 탁한 팔자는 결국 곤고한 삶을 살게 된다.

淸枯者, 不特日主無根之謂也, 卽日主有氣, 而用神無氣者, 亦是也.
枯又非弱比也, 枯者, 無根而朽也, 卽遇滋助之鄕, 亦不能發生也,
弱者, 有根而嫩也, 所以扶之卽發, 助之卽旺, 根在苗先之意也.

청고(淸枯)란 일간이 무근(無根)한 것만이 아니라 일간이 유기(有氣)
하더라도 용신이 무기(無氣)하면 역시 청고(淸枯)라고 한다. 고(枯)는
약(弱)과는 다른 것으로 무근(無根)하여 썩은 것이므로 자양하고 도
와주는 운을 만나더라도 역시 생(生)을 발(發)하는 것이 불가능하다.
그러나 약(弱)은 뿌리가 있으나 연약한 것이므로 그것을 부조하면 즉
시 발(發)하거나 왕해지니 근(根)이 묘(苗)보다 더 중요한 것이다.

凡命之日主枯者, 非貧卽夭 ; 用神枯者, 非貧卽孤. 所以淸有精神
終必發, 偏枯無氣斷孤貧, 滿盤濁氣須看運, 抑濁扶淸也可亨. 試
之驗也.

명(命)에서 일간이 고(枯)한 경우에는 가난하지 않으면 요절하고, 용
신이 고(枯)한 경우에는 가난하지 않으면 고독하다. 이 때문에 팔자가
청(淸)하고 정신(精神)이 있으면 반드시 발전하지만, 편고하고 무기
(無氣)하면 고빈(孤貧)하게 된다. 국(局)에 탁기가 가득할지라도 운에
서 탁기를 억제하고 청기를 부조(扶助)하면 형통하게 된다. 시험해 보
면 증명이 될 것이다.

⊙팔자도 수학 문제처럼 통변하기 쉬운 것도 있고 그렇지 않은 것도 있다. 팔자에 탁기만 가득해도 나쁘지만, 또 청하기만 해도 좋다고 할 수 없다. 청기와 탁기가 섞여 있고 탁기가 제거되는 운에 발전하는 경향이 있다. 그러나 팔자를 보는 방법이나 관점도 사람마다 다른데 그 이유는 모두가 격국이라는 자기만의 색안경을 쓰고 세상을 보기 때문이다. 예를 들면 상관격과 정관격은 정반대의 색안경을 끼고 세상을 보게 된다.

⊙명리(命理)의 고전(古典)은 한문(漢文)으로 쓰여 있어서 용어에 대한 개념 파악이 쉽지가 않다. 시대나 문화가 다르기 때문에 원문을 직역(直譯)하면 이해하기가 쉽지 않다. 청(淸)과 탁(濁), 정(精)과 신(神), 고(枯)와 약(弱), 성(成)과 패(敗), 득(得)과 실(失), 길(吉)과 흉(凶), 희(喜)와 기(忌), 진(眞)과 가(假) 등의 차이를 분명히 해 둘 필요가 있다. 용어 때문에 발생하는 논쟁을 피하기 위해서도 필요하다.

時	日	月	年
丁	戊	庚	乙
巳	戌	辰	亥

●乙庚합과 辰戌충과 巳戌원진이 있다.

●辰월 출생이라서 乙庚합에서 나오는 金의 화기(化氣)는 없다.

●辰월에 乙木이 투했으나 乙庚합이 되었다.

- 초반 힘들게 살았다.

- 乙亥운에 재관을 보충하여 안정된 생활을 하였다.

- 午未합과 丑午원진, 丑午귀문이 있다.

- 未월에 己土가 투하여 상관격이다.

- 년간의 癸水를 보아 상관견관(傷官見官)이 되었다.

- 초반 火土운에 기복이 심했다.

- 乙卯, 甲寅운에 소토하고 일간을 생부(生扶)하니 재물과 사업이 풍성
  하였다.

- 卯未 반합과 午未합과 오묘파가 있다.

- 未월에 丁火와 己土가 투하였다.

- 관인이 천간에 투하였다.

- 일간은 통근하지 못했고 卯未 반합으로 재성도 강하다.

- 일생 이룬 것이 없었다.

25 진가眞假

令上尋眞聚得眞　假神休要亂眞神
령상심진취득진　　　　가신휴요란진신

眞神得用平生貴　用假終爲碌碌人
진신득용평생귀　　　용가종위록록인

월령에서 진신을 찾아 쓰면 진신을 얻은 것인데 가신이 진신을 어지럽히
면 안 된다. 진신을 사용하면 평생 귀하지만, 가신을 사용하면 평범한 사
람일 뿐이다.

原註

如木火透者, 生寅月, 聚得眞, 不要金水亂之. 眞神得用, 不爲忌神
所害則貴. 如參以金水猖狂, 而用金水, 是金水又不得令, 徒與木火
不和, 乃爲碌碌庸人矣.

가령 寅月생의 사주에서 木火가 투출하였다면 진신을 갖춘 것이니
金水가 그것을 어지럽혀서는 안 된다. 진신을 득하여 사용할 때 기신
(忌神)이 해(害)를 끼치지 않으면 귀하다. 寅月생에서 木火가 투출하
였을 때 만일 金水도 창광(猖狂)하여 金水를 용(用)해야 한다면 金水
가 득령하지 못하고 木火와 불화(不和)하게 되니 삶이 보잘 것 없게
되어 변변치 못한 사람이 된다.

眞者, 得時秉令之神也 ; 假者, 失時退氣之神也. 言日主所用之神, 在
提綱司令, 又透出天干, 謂聚得眞, 不爲假神破損, 生平富貴矣. 縱
有假神, 安頓得好, 不與眞神緊貼, 或被閑神合住, 或遙隔無力, 亦
無害也. 倘與眞神緊貼, 或相剋相沖, 或合眞神, 暗化忌神, 終爲碌
碌庸人矣. 如行運得助, 抑假扶眞, 亦可功名小遂, 而身獲康寧. 故喜
宜四生, 忌神宜四絶, 局内看眞神, 行運看解神.

진신은 득시(得時)하여 월령을 잡은 글자를 말하고, 가신은 실시(失
時)하여 퇴기(退氣)한 글자를 말한다. 일간의 용신이 제강에 뿌리를
내려 천간에 투출하면 진신이 된다. 진신은 가신에게 파손당하지 않
아야 평생 부귀하니 만일 가신이 있다면 동하지 말고 안돈(安頓)하면
좋다. 가신이 진신 옆에 붙어 있지 않거나, 한신에게 합이 되어 있거
나, 또는 멀리 있어 무력하다면 해(害)는 없다. 만일 가신이 진신 옆에
붙어 있거나, 진신을 상극이나 상충(相沖)하거나, 진신과 합이 되어
기신으로 화(化)하면 결국에는 보잘 것 없는 삶을 살게 된다. 운에서
가신을 억제하고 진신을 도우면 크게 공명(功名)을 이루지는 못할지
라도 몸은 강령하게 된다. 희신은 사생지를 만나면 좋고, 기신은 사
절지를 만나면 좋다. 팔자에서는 진신을 보아야 하고, 행운에서는 국
(局)의 결함을 해소해 주는 해신(解神)을 보아야 한다.

是先天而爲地紀, 所以測地, 先看提綱以定格局 ; 中天而爲人紀, 所

以範人, 次看人元司令而爲用神；後天而爲天紀, 所以觀天, 後看天元發露, 而輔格助用. 是天地人之三式, 合而用之, 則造化之功成矣；造化功成, 則富貴之機定矣；然後再定運程之宜忌, 則窮通了然矣. 後學者須究三元之正理, 審其眞假, 察其喜忌, 究冲合之愛憎, 論歲運之宜否, 斯爲的當. 故規矩雖可言傳, 妙用由人心悟也.

선천(先天)은 지기(地紀)가 되므로 지지를 살피기 위해서는 먼저 제강을 보면서 격국을 정하면 되고, 중천(中天)은 인기(人紀)가 되므로 사람을 규범(規範)하기 위해서는 인원용사(人元用事)를 보아 용신을 정하면 된다. 후천(後天)은 천기(天紀)이니 먼저 천간을 본 후에 천원(天元)의 발로(發露)를 보면서 격(格)을 보좌하고 용신을 돕게 하면 된다. 이것이 천지인(天地人)의 세 가지 법식(法式)이므로 이것을 모두 적당히 합하여 쓰면 조화(造化)의 공(功)이 이루어지는 것이며, 조화(造化)의 공(功)이 이루어짐에 따라 부귀의 기틀을 정할 수 있게 된다. 그런 뒤에 다시 운의 의기(宜忌)를 정하면 궁통이 확실해진다.

그러므로 후학(後學)들은 반드시 삼원(三元)의 올바른 이치를 연구하여 그 진가(眞假)를 살피고, 그 희기를 관찰하며, 충과 합의 애증을 연구한 후에 세운의 의부(宜否)를 논하면 적당할 것이다. 이러한 법도(法度)는 말로 전할 수 있지만 그 묘용(妙用)은 전할 수 없으니 각 개인이 마음속으로 깨달아야 할 것이다.

⊙진신(眞神)이란 무엇이고 가신(假神)이란 무엇인가? 진신이란 사주 원국에서 일간에게 가장 중요한 글자가 월령에 뿌리를 두고 천간으로 투(透)한 글자를 말한다. 그리고 가신은 진신이 없을 때 부득이 사용하는 다른 글자를 말한다. '이 대신 잇몸'이라는 말이 있다. 이때 '이'가 진신이고 '잇몸'은 가신이 된다.

⊙사용하는 글자가 팔자의 사령부인 월령에서 천간으로 투출하면 가장 좋다. 이때 월지의 글자나 투(透)한 천간 글자가 훼손되었거나, 또는 월지에서 투(透)한 천간은 없고 월령도 훼손되었을 경우에는 월지 이외에서 진신이 아닌 가신을 찾아야 한다. 진신이 없어서 가신을 사용할 경우에는 격(格)이 떨어지고 평범하고 보잘 것 없는 명(命)이 된다.

時	日	月	年
甲	己	丙	甲
子	丑	寅	子

● 甲己합과 子丑합이 있다.
● 합이 되면 묶여 그 글자가 제 역할을 온전히 하지 못한다.
● 寅월에 丙甲이 투하여 관인격이다.
● 산동 유중당의 사주이다.
● 벼슬이 상성에 이르렀다.

●덕(德)이 있는 사람으로 민중의 존경을 받았다.

●寅申충과 子未원진이 있다.

●형충파해나 각종 신살은 동할 때 근묘화실 순서로 모두 일어난다.

●寅월에 乙木이 투하여 인수격이다.

●운이 남방으로 갈 때 벼슬이 봉강(封疆)에 이르고 명성이 빛났다.

●백성을 잘 보살피고 중책을 잘 수행하였다.

時	日	月	年
乙	丙	壬	壬
未	子	寅	申

●寅申충과 子辰 반합이 있다.

●일찍 학교에 갔으나 계속 과거에 실패하였다.

●壬午운에 과거에 급제하여 재물을 바치고 현령이 되었다.

●甲申운에 사망하였다.

眞假參差難辨論 不明不暗受迍邅 提綱不與眞神照
진가참차난변론　　　불명불암수전둔　　　제강불여진신조

暗處尋眞也有眞
암처심진야유진

진신(眞神)과 가신(假神)이 섞여 있으면 분별하기 어려우니 주저하게 되는 경우가 있다. 제강(提綱)에 진신이 있지 않을 경우에는 암처(暗處)에 있는 진신도 진신의 역할을 한다.

原註

眞神得令, 假神得局而黨多 ; 假神得令, 眞神得局而黨多. 不見眞假之跡, 或眞假皆得令得助, 不能辨其勝負而參差者, 其人難無大禍, 一生迍否而少安樂. 寅月生人, 不透木火, 而透金爲用神, 是爲提綱不照也 ; 得己土暗邀, 戊土轉生, 地支卯多酉沖, 乙庚暗化, 運轉西方, 亦爲有眞, 亦或發福. 以上特擧眞假一端言耳, 其會局·合神·從化·用神·衰旺·情勢·象格, 心跡·才德·邪正·緩急·生死·進退之例, 莫不有眞假, 最宜詳辨之.

진신(眞神)이 득령했을 경우에 가신(假神)이 무리를 지어 국(局)을 이루거나, 가신이 득령했을 경우에 진신이 무리를 지어 국(局)을 이루거나, 혹은 진신과 가신이 모두 득령하여 분별하기 곤란한 팔자는 비록 큰 어려움이나 화(禍)를 당하지는 않더라도 일생 주저하거나 막히는 일이 많고 안락(安樂)은 적다. 만일 寅월에 출생했을 때 木火가 투출하지 않고 金이 투출하여 그것을 용(用)하고 있다면 제강이 천간에 드러나지 못한 경우가 된다. 이때 운에서 己土나 戊土를 만나서 金을 생하거나, 지지에 卯木이 많을 때 酉金이 卯木을 충하여 손상시키거나, 혹은 乙庚합이 화(化)하여 금기(金氣)가 되거나, 혹은 운이 서방으로 간다면 투출한 金이 월령에 뿌리를 두지 않았다 하더라도 진신처럼 발하게 된다. 이러한 것은 진가(眞假)의 한 예만 들었을 뿐이고, 회국(會局), 합신(合神), 종화(從化), 용신(用神), 쇠왕(衰旺), 정세(情勢), 상격(象格), 심적(心迹), 재덕(才德), 사정(邪正), 완급(緩急), 생사(生死), 진퇴(進退) 등에 의해서도 진가(眞假)가 바뀔 수 있으니 잘 살펴야 한다.

任氏曰

氣有眞假, 眞神失勢. 假神得局, 法當以眞爲假, 以假爲眞；氣有先後, 眞氣未到, 假氣先到, 法當以眞作假, 以假作眞. 如寅月生人, 不透甲木而透戊土, 而年月日時支, 有辰戌丑未之類, 亦可作用；如不透戊土, 透之以金, 卽使木火司令, 而年日時支, 或得申字沖寅, 或得酉丑拱金, 或天干又有戊己生金, 此謂眞神失勢, 假神得局, 亦可取用.

기(氣)에는 진가(眞假)가 있다. 만일 진신이 세력을 잃었을 때 가신이 국(局)을 이루면, 진(眞)을 가(假)로 간주하고 가(假)를 진(眞)으로 간주해야 한다. 또 기(氣)에는 선후(先後)가 있다. 만일 진기(眞氣)보다 가기(假氣)가 먼저 도달한 경우는 마땅히 진(眞)을 가(假)로 간주하고 가(假)를 진(眞)으로 간주해야 한다. 寅월에 출생하였을 때 甲木이 투출

하지 않고 戊土가 투출하였을 때 년일시(年日時)의 지지에 辰戌丑未
가 있으면 戊土를 용(用)할 수 있다. 만일 戊土가 투출하지 않고 金이
투출했을 경우에는 설사 木火가 사령하더라도 년일시(年日時)의 지지
에 申이 있어 월지의 寅을 충하거나, 酉丑 금국(金局)을 이루거나, 혹
은 천간에 戊己土가 있어 金을 생하면 金이 사령을 하지 못했어도 강
해지게 된다. 이때는 진신이 세력을 잃고 가신이 국(局)을 이루어 힘
이 있게 되니 역시 힘없는 진신 대신에 가신을 용(用)해야 한다.

若四柱眞神不足, 假氣亦虛, 而日主愛假憎眞, 必須歲運扶眞抑假,
亦可發福. 若歲運助眞損假, 凶禍立至, 此謂以實投虛, 以虛乘實, 是
猶醫者知參芪之能生人, 而不知參芪之能害人也, 知砒虺之能殺人,
而不知砒虺之能救人也. 有是病而服是藥則生, 無是病而服是藥則死.

만일 사주에 진신과 가신이 모두 허약하고 일간이 진신보다 가신을
좋아한다면 이때는 운에서 진신을 억제하고 가신을 부조해야 한다.
그렇지 않고 운의 글자가 일간에게 도움이 되지 않는 진신을 부조하
고 가신을 손상하면 흉화가 닥칠 것이다. 진신이라고 무조건 좋은 것
은 아니니 일간이 가신을 좋아하면 운도 가신을 돕는 쪽으로 가야 하
는 것이다. 이것은 인삼과 황기가 좋은 약(藥)이지만 사람을 해칠 수
도 있고, 비상(備嘗)과 패모(貝母)가 극약이지만 사람을 구제할 수도
있는 것과 같다. 그러나 병(病)이 있을 때 이러한 처방을 해야지 병
(病)이 없는데도 이러한 극약을 먹으면 죽을 수도 있다.

且命之貴賤不一, 邪正無常, 動靜之間, 莫不有眞假之跡. 格局尚有眞假, 用神豈無眞假乎? 大凡安享蔭庇現成之福者, 眞神得用居多 ; 創業興家, 勞碌而少安逸者, 假神得局者居多, 或眞神受傷者有之, 薄承者厚創駁雜者, 眞神不足居多 ; 一生起倒, 世事崎嶇者, 假神不足居多. 細究之, 無不驗也.

명(命)은 귀천(貴賤)과 사정(邪正)이 한결같지 않고 일정하지 않으니 운의 동정(動靜)에 따라 진가(眞假)가 바뀔 수 있다. 격국에도 진가가 있고, 용신에도 진가가 있다. 진신을 쓰면 조상의 음덕(蔭德)이 있고 현세의 복(福)을 누리지만, 국(局)을 이룬 가신을 쓰는 자는 자수성가 하여 스스로의 노력으로 고생을 하며 조금 편하게 사는 정도가 된다. 그러나 진신을 사용한다면 글자가 비록 손상당하여 박(薄)하게 이어 받는 경우라도 후(厚)하게 창업할 수 있을 것이다. 삶이 복잡다단한 경우는 대부분 진신이 부족한 경우이다. 일생 일어서고 쓰러지며 세사(世事)가 순조롭지 못하는 사람은 가신조차 넉넉지 못한 것이니 자세히 연구하여야 한다.

나이스 주

⊙진신과 가신이 섞여 있는 팔자는 평범하다. 진신이란 월령에서 천간에 투출해 있는 글자를 말한다. 국(局)에 없는 진신이 운에서라도 온다면 그것도 진신의 역할은 하지만 격의 고저는 이미 국(局)에서 결정되니 차이는 있다.

진신의 글자는 손상되지 않아야 좋다.

◉사람들은 관직이 높다든지 재산이 많으면 좋은 명(命)으로 간주하고 부귀

격(富貴格)이라고 하는데 격(格)이 낮다고 불행한 것은 아니다. 또 음(陰)보

다는 양(陽)을 더 좋게 평가하는 경향이 있는데 낮이 좋고 밤이 나쁠 이유

는 없다. 음양은 대등한 취급을 받아야 한다.

◉명리학(命理學)의 잣대는 법(法)이나 도덕이 아니라 사계절이나 밤낮의 변

화, 그리고 별들의 움직임 같은 자연의 법칙이어야 한다. 명리(命理)에서는

파도가 잔잔한 삶에 정(正)이나 길(吉)이라는 글자를 붙였고, 반면에 삶의

파도가 거친 팔자에는 편(偏)이나 흉(凶)이란 글자를 붙였다.

◉역사에 이름을 남기는 사람들은 편(偏)이나 흉(凶)의 글자들을 가진 경우

가 많다. 그들의 삶이 순탄하지 않았음을 말해 준다.

時	日	月	年
庚	壬	戊	乙
戌	午	寅	酉

●寅酉원진과 寅午戌 삼합이 있다.

●팔자의 글자들은 주변의 글자들에 의해 영향을 받는다.

●寅월에 乙木이 투하여 상관격이다.

●寅午戌 삼합이 있어 재성도 강하다.

●서북운에 일찍 벼슬의 길에 올랐다.

●과거에 급제하여 명성을 날리고 벼슬이 봉강(封疆)에 이르렀다.

●덕을 갖추고 참된 선비의 기령을 가지고 있었다.

●벼슬길에 기복은 있었다.

時	日	月	年
癸	癸	戊	庚
丑	未	寅	戌

●戊癸합과 寅未귀문과 丑未충이 있다.

●寅월에 戊土가 투하여 정관격이다.

●남방운에 열심히 노력해도 기회를 얻지 못했다.

●甲申운에 군대의 공으로 지현으로 승진하였다.

●乙酉운에 벼슬이 주목(州牧)에 이르렀다.

●丙戌운에 사망하였다.

時	日	月	年
己	辛	己	丙
亥	酉	亥	子

●丑운에 亥子丑 방합이 되어 水 기운이 강해진다.

●亥월에 뿌리를 둔 己土가 투하여 편인격이다.

●지지에 식상도 강하다.

●초운 庚子, 辛丑운에 조상의 복이 있었고 의식이 풍족하였다.

●壬寅운에 부모상을 당하였다.

●壬寅운 후반에 조업을 파산, 탕진하였다.

●寅亥합과 寅酉원진, 寅亥합이 동하던 시기였다.

●원진은 충과 비슷하게 통변하면 된다.

26 강유剛柔

剛柔不一也 不可制者 引其性情而已矣
강유불일야   불가제자   인기성정이이의

강(剛)과 유(柔)는 하나가 아니다. 만일 제(制)할 수 없을 때에는 그 성정
을 끌어 써야 한다.

原註

剛柔相濟 不必言也. 太剛者制之以柔, 而不得其情, 而反助其剛矣.
譬之武士而得士卒 則成殺伐. 如庚金生於七月 遇丁火而激其威, 遇乙
木而助其暴, 遇己土而成其志, 遇癸水而益其銳, 不如柔之剛者, 濟
之可也, 壬水是也, 皆壬水有正性, 而能引通庚之情故也, 若以剛之
剛者激之, 其禍曷勝言哉.

강(剛)과 유(柔)가 상제(相濟)해야 한다는 것은 말할 필요가 없다. 태강
(太剛)할 때는 유(柔)로 제(制)해야 하는데, 만일 그렇지 못하면 오히려
강(剛)을 돕게 된다. 예를 들면 무사(武士)가 병졸을 만나 더욱 살벌해
지는 경우와 같다. 가령 庚金이 申월에 생한 경우에 丁火를 만나면 庚
金의 위엄이 격렬해지고, 乙木을 만나면 金은 사나워지고, 己土를 만
나면 金의 뜻을 펼치고, 癸水를 만나면 金의 예리함이 더해진다. 그래
서 부드러우면서 강한 壬水가 그것을 구제하는 것이 바람직하니 壬水

를 용(用)하는 것이 좋다. 그 까닭은 壬水는 金의 정(情)을 설기하여 유통시킬 수 있기 때문이다. 만일 강(剛)한 것을 강(剛)한 것으로 대처하면 더욱 격렬해지게 되니 그 화(禍)를 어떻게 감당하겠는가?

太柔者制之以剛, 而不馭其情, 而反益其柔也, 譬之烈婦而遇恩威, 則成淫賤, 如乙木生於八月, 遇甲丙壬而喜, 則輸情, 遇戊庚盛而畏, 則失身, 不如剛柔者, 濟之可也, 丁火是也, 蓋丁火有正情, 則能引動乙木之情故也, 若以柔之柔者合之, 其弊將何如哉, 如皆例推

태유(太柔)할 때는 강(剛)한 것이 필요한데 잘못하면 오히려 더욱 유(柔)하게 할 수 있다. 예를 들면 절개 곧은 여인이 은위(恩威)를 만나 마음을 빼앗기면 더욱 음천(淫賤)해지는 것과 같다. 가령 乙木이 酉월에 생한 경우에 甲木이나 丙火 또는 壬水를 만나면 기뻐서 정(情)을 나누지만 왕한 戊土나 庚金을 만나면 두려워서 몸을 빼앗기게 된다. 그래서 강하면서 부드러운 丁火가 그것을 구제하는 것이 좋으니 丁火를 써서 酉金을 제(制)하면 좋다. 그 까닭은 丁火는 乙木의 정(情)을 끌어낼 수 있기 때문이다. 유(柔)한 것에 또 유(柔)한 것을 더하게 된다면 그 폐해(弊害)가 심각해질 것이다. 다른 경우도 마찬가지이다.

任氏曰

剛柔之道, 陰陽健順而已矣. 然剛之中未嘗無柔, 所以陽喩乾, 乾生三女, 是柔取乎剛 ; 柔之中未嘗無剛, 所以陰喩坤, 坤生三男, 是剛

取乎柔, 夫春木·夏火·秋金·冬水·季土, 得時當令, 原局無剋制之
神, 其勢雄壯, 其性剛健, 不洩則不清, 不清則不秀, 不秀則爲頑物
矣. 若以剛斬其柔, 謂寡不敵衆, 反激其怒而更剛矣.

강유(剛柔)의 도(道)도 역시 음양의 이치에 순응하는 것이다. 그러나
강(剛) 속에도 유(柔)가 있으니 태괘(兌卦)가 이를 의미한다. 두 개의
건(乾)에서 하나의 음(陰)이 추가되어 태괘(兌卦)가 생기니 유(柔)가
강(剛)에서 취해지는 이치를 담았다. 또 유(柔)한 가운데에도 강(剛)이
있으니 간괘(艮卦)가 그것이다. 두 개의 곤(坤)에서 하나의 양(陽)이
추가되어 간괘(艮卦)가 생기니 강(剛)이 유(柔)에서 취해지는 이치를
담은 것이다. 춘목(春木)이나 하화(夏火), 추금(秋金) 그리고 동수(冬
水) 그리고 사계(四季)의 土는 득시(得時)하고 당령하여 강하니, 만일
국(局)에 극제하는 신(神)이 없으면 그 세(勢)는 웅장하고 성정은 강건
(剛健)하다. 그럴 때는 강한 기운을 극하려 하면 안되고 설기시키는
것이 좋다. 만일 설기하지 못한다면 청(淸)하지 않고, 청(淸)하지 않다
면 수(秀)하지 못하니 완고(頑固)하게 된다. 만일 강(剛)이 유(柔)를 참
(斬)하려고 할 때 과(寡)가 중(衆)에게 대든다면 강(剛)은 더욱 격노(激
怒)할 것이다.

春金·夏水·秋木·冬火·仲土, 失時無氣, 原局無生助之神, 其勢柔
軟, 其性至弱, 不劫則不鬪, 不鬪則不化, 不化則爲朽物矣. 略以柔引
其剛, 謂虛不受補, 反益其弱而更柔矣. 是以洩者有生生之妙, 剋者

有成就之功, 引者有和悅之情, 從者有變化之妙. 剋·洩·引·從四字,
宜詳審之, 不可槪定, 必須以無入有, 向實尋虛, 斯爲玄妙之旨.

춘금(春金)과 하수(夏水) 그리고 추목(秋木)과 동화(冬火)는 실시(失
時)하여 무기(無氣)하니, 만일 국(局)에 생조하는 글자가 없다면 그 세
(勢)는 유연(柔軟)하고 성정은 지극히 약하게 된다. 이때는 위협하지
않으면 열리지 않고, 열리지 않으면 화(化)하지 못하고, 화(化)하지 못
하면 썩어 쓸모가 없게 된다. 유(柔)한 것에 강(剛)을 끌어들인다고 해
도 허(虛)한 것은 도움을 받아들일 힘조차 없으니 더욱 약해지고 유
(柔)해진다. 이처럼 설(洩)은 생생(生生)하는 묘(妙)가 있고, 극(剋)은
성취(成就)의 공(功)이 있으며, 또 인(引)은 화합과 기쁨의 정(情)이 있
고, 종(從)은 변화의 묘(妙)가 있다. 그래서 극설인종(剋洩引從) - 이
네 자는 자세히 살펴야 하고 기계적으로 해석하면 안 된다. 반드시
무(無)에서 유(有)로 들어가고, 실(實)을 위해 허(虛)를 찾아야만 현묘
(玄妙)한 이치를 깨닫게 될 것이다.

若庚金生於七月, 必要壬水, 乙木生於八月, 必要丁火, 雖得制化之
義也, 亦死法也. 設使庚金生於七月, 原局先有木火, 而壬水不見, 又
當如何? 莫非棄明現之木火, 反用暗藏之壬水乎? 乙木生於八月, 四
柱先有劫印, 而丁火不現, 莫非棄現在之劫印, 反求無形之丁火乎?

庚金이 申월에 생하면 설기시키는 壬水를 필요로 하고, 乙木이 酉월
에 생하면 丁火가 필요하다. 그러나 이런 것은 이론일 뿐이다. 설사

庚金이 申월에 생하더라도 국(局)에 木火만 있고 壬水가 없다면 어찌할 것인가? 밝게 드러난 木火를 버리고 도리어 암장된 壬水를 쓸 것인가? 또 乙木이 酉월에 생하였을 때 사주에 비겁과 인수만 있고 丁火가 보이지 않는다면 팔자에 있는 인비(印比)를 버리고 형체가 없는 丁火를 찾을 것인가?

大凡得時當令, 四柱無剋制之神, 用食神順其氣勢, 泄氣菁英, 暗處生財, 爲以無入有; 失時休囚, 原局無劫印邦身, 用食神制殺, 殺得制則生印, 爲向實尋虛. 宜活用, 切勿執一而論也.

득시(得時)하고 당령하여 강한 경우에 극제하는 글자가 없으면 식신을 써서 그 기세를 따름으로써 그 맑고 빼어난 기운을 설기하고, 암처(暗處)에서 재를 생하면 무(無)에서 유(有)로 들어가는 것과 같다. 실시(失時)하고 휴수(休囚)되어 약한 경우에도 인비(印比)가 없다면 식신을 써서 살(殺)을 제압해야 한다. 살(殺)이 제압당하여 인수를 생하게 되면 실(實)에서 허(虛)를 찾은 것과 같으니 항상 상황을 보면서 활용해야지 한 가지 이론만 고집하면 안 된다.

나이스 주

⊙강유(剛柔)는 강약(强弱)이 아니다. 강(强)을 극제하면 강(剛)해지고, 강(强)을 설기하면 유(柔)해진다. 그러나 강(剛)한 중에도 유(柔)한 것이 있고, 유(柔)한

중에도 강(剛)한 것이 있으니, 강유(剛柔)에도 음양의 원리를 적용하면 된다.

⊙태강(太剛)할 때는 그를 극하여 유(柔)하게 하면 안되고, 반대로 태유(太柔)

할 때는 그를 도와 강(剛)하게 해서도 안 된다. 태강(太剛)이나 태유(太柔)

할 때는 그 기세에 순(順)하는 것이 좋고 역(逆)하면 바람직하지 않다.

時	日	月	年
甲	庚	戊	壬
申	辰	申	申

● 子운에 申子辰 삼합이 되어 水 기운이 강해진다.

● 년간의 壬水가 강한 뿌리를 두어 식신격이다.

● 초년운인 土金운에 형상을 겪고 조업도 일정하지 않았다.

● 辛亥운에 경영에 참가하여 壬子, 癸丑운에까지 십여만금을 모았다.

● 뒤늦게 시문(詩文)과 서화(書畵)에 몰두하였다.

時	日	月	年
丙	庚	戊	壬
戌	寅	申	戌

● 寅申충이 있다.

● 酉운에는 申酉戌 방합이 되고, 午운에 寅午戌 삼합이 된다.

● 申월에 壬水가 투했으나 힘이 약하다.

●운이 土金운으로 가니 50세 전에는 한 가지도 이룬 것이 없었다.

●甲寅운부터 乙卯운까지 많은 재산을 모았다.

●酉酉형과 丑未충이 있다.

●酉월에 辛金이 투하여 칠살격이다.

●과거 시험에 합격하지 못했다.

●癸巳운에 수액(水厄)을 만나 죽었다.

●辰酉합과 申亥해가 있다.

●辛亥운에 학교에 들어갔다.

●壬子운에 연달아 과거에 급제하였다.

●壬子, 癸丑운에 벼슬길에서 승승장구하였다.

●癸丑운 후반에 부모상을 당하였다.

●甲寅운에 승진하였다.

●乙卯운에는 벼슬이 시랑(총리)에 이르렀다.

順逆不齊也 不可逆者 順其氣勢而已矣
순역부제야   불가역자   순기기세이이의

순(順)과 역(逆)은 같지 않다. 역(逆)이 불가(不可)할 경우는 그 기세에 순
(順)해야 한다.

原註

剛柔之道, 可順而不可逆. 崑崙之水, 可順而不可逆也, 其勢已成,
可順而不可逆也；權在一人, 可順而不可逆也；二人同心, 可順而
不可逆也.

강유(剛柔)의 도(道)에는 순(順)해야 하고 역(逆)하면 안 된다. 곤륜(崑
崙)의 水에는 순(順)해야지 역(逆)하면 안 되는 것이다. 팔자에서도 세
(勢)가 완성된 경우에는 그 세(勢)에 순(順)해야지 역(逆)하면 안 된다.
권(權)이 일인(一人)에게 있을 때는 그 사람에게 순(順)해야지 역(逆)
하면 안 된다. 이인(二人)이 동심(同心)일 때도 그 세(勢)에 순(順)해야
지 역(逆)해서는 안 된다.

任氏曰

順逆之機, 進退不悖而已矣, 不可逆者, 當令得勢之神, 宜從其意

向也. 故四柱有順逆. 其氣自當有辨, 五行有顚倒, 作用各自有法, 是
故氣有乘本勢而不顧他雜者, 氣有借他神而可以成局者, 無有從旺
神而不可剋制者, 無有依弱資扶者, 所以制殺莫如乘旺, 化殺正以
扶身, 從殺乃依權勢, 留殺正爾迎官.

순역(順逆)의 기틀도 진퇴에 어긋나지 않는다. 당령하고 득세한 글자
는 역(逆)해서는 안 되니 그 글자의 의향(意向)에 따르는 것이 좋다.
사주에는 순역(順逆)이 있으니 그 기(氣)를 분별해야 하고, 오행에도
전도(顚倒)되는 경우가 있으니 각자의 법칙을 잘 살펴야 한다. 기(氣)
가 세력을 형성하고 있을 때는 다른 잡다한 것을 살필 필요가 없다.
또 기(氣)가 다른 글자들끼리 모여 국(局)을 형성할 수도 있다. 종왕
(從旺)하여 극제(剋制)가 불가할 경우가 있고, 약해도 자부(資扶)할 수
없는 경우도 있다. 살(殺)을 제(制)한다고 무조건 좋은 것은 아니다.
왕한 칠살의 기세를 화(化)하여 일간을 돕거나, 차라리 종살(從殺)하
여 권세(權勢)에 의지하거나, 또는 유살(留殺)하여 관(官)을 맞이하는
것이 더 좋을 수도 있다.

其氣有陰有陽, 陽含陰生之兆, 陰含陽化之妙 ; 其勢有淸有濁. 濁中
淸, 貴之機, 淸中濁, 賤之根. 逆來順去富之基, 順來逆去貧之意,
此卽順逆之微妙, 學者當深思之. 書云去其有餘補其不足, 雖是正
理, 然亦不究深淺之機, 只是泛論耳.

기(氣)에는 음(陰)도 있고 양(陽)도 있다. 양(陽)은 음(陰)을 생(生)하

고, 음(陰)은 양(陽)을 화(化)하는 묘(妙)가 있다. 세(勢)에는 청(淸)도 있고 탁(濁)도 있는데, 탁(濁)한 가운데 청(淸)한 것은 귀(貴)의 기반이 되지만, 청(淸)한 가운데 탁(濁)한 것은 천(賤)의 뿌리가 된다. 또 역(逆)으로 와서 순(順)으로 가는 것은 부(富)의 기반이 되지만, 순(順)으로 와서 역(逆)으로 가는 것은 빈(貧)의 의미가 된다. 이것이 순역(順逆)의 미묘함이니 학자들은 깊이 사고해야 한다. 서(書)에 유여한 것을 제거하고 그 부족한 것을 보충하라고 했는데, 비록 그것이 올바른 이치이지만 일반적인 논리일 뿐 항상 그런 것은 아니다. 그래서 그 깊고 얕음을 연구하지 않으면 헛된 이론이 될 뿐이다.

不知四柱之神, 不拘財官殺印食傷之類, 乘權得勢局中之神, 又去助其强暴, 謂二人同心. 或日主得時秉令, 四柱皆拱合之神, 謂權在一人. 只可順其氣勢以引通之, 則其流行而爲福矣, 若勉强得制, 激怒其性, 必罹凶咎. 須詳察之.

사주의 글자들을 알 것 없이 재(財), 관(官), 살(殺), 인(印), 식(食), 상(傷) 중에 어느 글자라도 승권(乘權)하고 득세했을 때 국(局) 중의 어느 글자가 다시 득세한 글자를 제거하여 도우면 이를 **이인동심**(二人同心)이라고 한다. 혹 일간이 득시(得時)하고 승령(乘令)했을 때 사주의 모든 글자들이 일간을 도우면 모든 권력이 일인(一人)에게 있다고 하여 **권재일인**(權在一人)이라고 한다. 이때는 그 강한 기세에 순종하여 그 기(氣)를 끌어내어 통하게 해서 유행시켜야 복(福)이 된다. 그러나 만일 권재일인이 되었을 때 강한 세력을 제압하려 한다면 그 성정을 격노(激怒)하게 하여 반드시 근심과 흉(凶)이 있을 것이니 잘 살펴야 한다.

나이스 주

⊙순(順)은 순종하는 것이고 역(逆)은 거역하는 것이다. 거역하지 못할 경우라면 순종하는 것이 좋다. 일반적으로 넘치는 것은 제거하고 부족한 것은 돕는 것이 좋다고 한 것은 틀린 말은 아니지만 그냥 일반적인 논리일 뿐이다. 팔자에서 어떤 세력이 지나치게 강하다면 그에게 종(從)하는 것이 좋다. 강한 세력을 거역하면 흉(凶)만 있을 뿐이다. 팔자의 강한 세력에 역(逆)하다가 운에서 순(順)으로 가게 되면 부(富)의 기반이 되지만, 강한 세력에 순(順)하다가 역(逆)으로 가면 빈(貧)의 지름길이 된다.

時	日	月	年
庚	庚	庚	庚
辰	申	辰	辰

● 천간의 庚金이 일지에 뿌리를 두어 종강격이다.

● 천간이 모두 庚金이고 辰辰형이 있다.

● 壬午, 癸未운에는 해로움이 없었다.

● 甲申, 乙酉운에 벼슬이 총병에 이르렀다.

● 丙戌운에는 왕신을 거스르니 군(軍)에서 사망하였다.

時	日	月	年
甲	庚	甲	癸
申	辰	子	酉

- 子酉파와 申子辰 삼합이 있다.

- 申子辰 삼합에 癸水가 투하여 상관이 강하다.

- 초년운인 癸亥, 壬戌운에 조상의 음덕(蔭德)이 유여했다.

- 壬戌운 후반에 형상을 만났지만 큰 재난은 없었다.

- 辛酉운에 학교에 들어가서 대표가 되었다.

- 庚申운에 과거 급제하였고 재원에 크게 늘었다.

- 己未운에 처자를 형극(荊棘)하고 가업이 소진되었다.

- 戊午운에 가업이 파탄나고 사망하였다.

時	日	月	年
丙	乙	辛	壬
子	亥	亥	子

- 亥월에 壬水가 투하여 인수격이다.

- 지지에는 온통 水뿐이다.

- 丑운이 오면 亥子丑 방합으로 수기(水氣)는 더욱 강해진다.

- 甲寅, 乙卯 운에 학교에 들어가서 장학생이 되었다.

- 丙辰운에 처자를 형극(荊棘)하고 파모(破耗)가 보통이 아니었다.

- 丙辰운 후반에 재앙이 없었다.

- 丁巳운에는 두 번의 화재를 만나 집안이 망하고 자신도 죽었다.

28 한난寒暖

天道有寒暖 發育万物 人道得之 不可過也
천도유한난　　　발육만물　　　인도득지　　　불가과야

천도(天道)에는 한난(寒暖)이 있어 만물을 발육시키니, 인도(人道)에서는
그것(한난)을 득해야 하지만 과(過)하면 안 된다.

原註

陰支爲寒, 陽支爲暖 ; 西北爲寒, 東南爲暖 ; 金水爲寒, 木火爲
暖, 得氣之寒, 遇暖而發 ; 得氣之暖, 逢寒而成. 寒之甚, 暖之至,
內有一二成象, 必無好處, 若五陽逢子月, 則一陽之候, 萬物懷
胎, 陽乘陽位, 可東可西 ; 五陰逢午月, 則一陰之候, 萬物收藏,
陰乘陰位, 可南可北.

음(陰)의 지지는 한(寒)하고 양(陽)의 지지는 난(暖)하다. 서북(西北)은
한(寒)하고 동남(東南)은 난(暖)하며, 金水는 한(寒)하고 木火는 난(暖)
하다. 한기(寒氣)를 얻었을 때는 난기(暖氣)를 만나야 발달하고, 난기
(暖氣)를 얻었을 때는 한기(寒氣)를 만나야 성숙해진다. 한(寒)이 심하
거나 난(暖)이 지나쳐 상(象)을 이루고 있다면 좋지 않다. 오양간이 子
월에 태어나면 일양(一陽)을 만나니 만물이 잉태(孕胎)한다. 이때는
양(陽)이 양(陽)을 타고 있으니 동방운도 좋고 서방운도 좋다. 또 오음

간이 午월에 태어나면 일음(一陰)을 만나니 만물이 수장(收藏)된다.
음(陰)이 음(陰)을 타고 있으니 남방운도 좋고 북방운도 좋다.

任氏曰

寒暖者, 生成萬物之理也, 不可專執西北金水爲守則, 東南木火爲
暖. 考機之所由變, 上升, 必變下降, 收合必變開闢, 然質之成, 由于
形之機 ; 陽之生, 必有陰之位, 陽主生物, 非陰無以成, 形不成, 亦
虛生 ; 陰主成物, 非陽無以生, 質不生, 何由成? 惟陰陽中和變化,
乃能發育萬物, 若有一陽而無陰以成之, 有一陰而無陽以生之, 是謂
鰥寡, 無生成之意也.

한난(寒暖)은 만물을 생성(生成)하는 이치이다. 서북(西北)의 金水는
한(寒)하고 동남(東南)의 木火를 난(暖)하다고만 해서는 안 되고, 그 변
화로 말미암아 나타나는 근본적인 기틀을 고찰해야 한다. 상승한 것
은 반드시 하강으로 변하고, 수합(收合)된 것은 반드시 개벽(開闢)하
게 된다. 당연히 질(質)의 완성은 형(形)의 기(機)로 인하여 일어나니
양(陽)의 생은 반드시 음(陰)의 기틀에서 시작된다. 양(陽)은 만물의 생
을 주관하지만 음(陰)이 없다면 형체를 완성시킬 수가 없으니 헛된 생
(生)일 뿐이다. 음(陰)은 만물의 성숙을 주관하지만 양(陽)이 없으면 자
라지 못하는데 어떻게 성숙시킬 수가 있겠는가? 오직 음양의 중화와
변화만이 만물을 발육시킬 수가 있다. 만약 하나의 양(陽)만 있고 음
(陰)이 없거나, 하나의 음(陰)만 있고 양(陽)이 없다면 이러한 것을 환

과(鰥寡)라고 하는데, 환과(鰥寡)란 생성(生成)의 뜻이 없다는 뜻이다.

如此推詳, 不但陰陽配合, 而寒暖亦不過矣, 況四時之序, 相生而成, 豈可執定子月陽生, 午月陰生, 而論哉? 本文末句 "不可過也." 適中而已矣. 寒雖甚, 要暖有氣, 暖雖至, 要寒有根, 則能生成萬物. 若寒甚而暖無氣, 暖至而寒無根, ; 必無生成之妙也. 是以過於寒者, 反以無暖爲美; 過於暖者, 反以無寒爲宜也. 蓋寒極暖之機, 暖極寒之兆也, 所謂陰極則陽生, 陽極則陰生, 此天地自然之理也.

이와 같이 자세히 추리해 보면 음양의 배합처럼 한난도 지나칠 수 없다. 더구나 사시(四時)의 순서는 상생으로 이루어지는데 어찌 子에서 양(陽)이 생하고 午에서 음(陰)이 생한다고 확정지어 말하겠는가? 본문 마지막 구절에 '과(過)하면 안 된다.'는 것은 적당히 중간쯤 되어야 한다는 의미이다. 한(寒)이 심하더라도 난(暖)의 기(氣)가 있거나, 난(暖)이 지극하더라도 한(寒)의 뿌리가 있으면 만물을 생성(生成)할 수 있다. 그러나 만일 한(寒)이 심한데도 난(暖)의 기(氣)가 없거나 난(暖)이 지극한데도 한(寒)의 뿌리가 없으면 생성(生成)의 묘(妙)가 없게 된다. 이 때문에 한(寒)이 지나치면 차라리 난(暖)이 없는 것이 아름답고, 난(暖)이 지나치면 차라리 한(寒)이 없는 것이 더 나을 것이다. 대체로 한(寒)이 극(極)에 이르면 난(暖)이 생성(生成)되고, 난(暖)이 극(極)에 이르면 한(寒)이 생성되게 된다. 이른바 '陰極則陽生, 陽極則陰生'으로, 그 의미는 '음(陰)이 극에 달하면 양(陽)이 생기고, 양(陽)이 극에 달하면 음(陰)이 생긴다.'는 것이니 이것이 천지자연의 이치이다.

◎한난(寒暖) 또한 음양의 다른 표현일 뿐이다. 보통 한난(寒暖)이란 용어는 천간에 사용하고, 조습(燥濕)이란 용어는 지지에 사용한다. 온대 기후처럼 한난이 균형을 이루면 활력과 생명력이 넘치겠지만 적도지방이나 극지방처럼 그렇지 못한 곳도 있다. 그러나 한난이 치우친 환경 속에서도 살아가는 방식이 있다. 거스를 수 없는 주변의 환경에 순응해야 하는 것이다. 마찬가지로 팔자도 한난이 균형을 이루면 좋겠지만 그렇지 못하다 하더라도 주어진 팔자대로 살면 큰 무리는 따르지 않는다. 팔자를 배반하고 거역할 때 삶이 고달프게 된다.

時	日	月	年
戊	庚	丙	甲
寅	辰	子	申

● 申子辰 삼합이 있다.

● 팔자의 가장 강한 세력을 격으로 잡으니 식상격이다.

● 卯운에는 寅卯辰 방합이 되어 재운이 강해진다.

● 식상이 재로 흘러가는 것이다.

● 운이 동남으로 달려 과거에 우등으로 급제하였다.

●관직에 나아가 벼슬이 황당(태수)에 이르렀다.

●申子辰 삼합으로 식상격이다.

●초운 乙亥운에 기쁨만 있고 근심이 없었다.

●甲戌운에는 형상(刑傷)과 파모(破耗)가 있었다.

●壬申운에 관급미를 먹었다.

●癸酉운에 재업이 날로 증가했다.

●辛未운에 파모(破耗)가 많았다.

●庚午운에 사망하였다.

●丑午원진과 丑午귀문과 午午형이 있다.

●火의 기운이 무척 강한 양인격이다.

●과거에 우등으로 급제하고 벼슬길에 나갔다.

●벼슬이 봉강(封疆)에 이르렀다.

●운이 순수하지 않아 기복은 많았다.

時	日	月	年
癸	丙	丁	癸
巳	午	巳	未

● 巳午未 방합에 丁火가 투하여 비겁이 강하다.

● 초운 丙辰운에 조상의 복(福)을 독차지하였다.

● 乙卯, 甲寅운에 가업이 더욱 새로워졌다.

● 癸丑운에 보모가 함께 돌아가시고 자식도 죽었다.

● 壬子운에 화재가 나서 집안이 파괴되고 사망하였다.

29 조습燥濕

地道有燥濕 生成品彙 人道得之 不可偏也
지도유조습　　생성품휘　　인도득지　　불가편야

지도(地道)에는 조습(燥濕)이 있어 만물을 생성(生成)시킨다. 인도(人道)
에서는 그것을 득(得)해야 하지만 한 쪽으로 치우쳐서는 안 된다.

原註

過于濕者, 滯而無成; 過于燥者, 烈而有禍. 水有金生, 遇寒土而愈
濕; 火有木生, 遇暖土而愈燥, 皆偏枯也. 如水火而成其燥者吉, 木
火傷官要濕也; 土水而成其濕者吉, 金水傷官要燥也. 間有土濕而宜
燥者, 用土而後用火; 金燥而宜濕者, 用金而後用水.

습(濕)이 과(過)하면 막혀서 이룰 수 없고, 조(燥)가 과(過)하면 열(烈)
하여 화(禍)가 있을 수 있다. 水가 金의 생을 받을 때 한토(寒土)를 만
나면 더욱 한습(寒濕)해지고, 또 火가 木의 생을 받을 때 난토(暖土)를
만나면 더욱 조열(燥熱)해지는데, 이렇게 되면 모두 편고한 것이다.
가령 水는 火로써 건조하게 해야 길(吉)한데 이는 목화상관(木火傷
官)이 습(濕)을 요구하는 것과 같다. 또 土는 水로써 촉촉하게 해야 길
(吉)한데 이는 금수상관(金水傷官)은 조(燥)를 만나야 하는 것과 같다.
간혹 土가 습하여 건조시켜야 할 경우에는 土를 용신으로 쓴 후에 火

를 희신으로 쓰고, 金이 건조하여 습하게 해야 할 경우에는 金을 용신으로 쓴 후에 水를 희신으로 써야 한다.

燥濕者, 水火相成之謂也, 故主有主氣, 内不秘乎五行；局有局氣, 外必貫乎四柱, 濕爲陰氣, 當逢燥而成；燥爲陽氣, 當遇濕而生. 是以木生夏令, 精華發泄, 外有餘而内實虛脫, 必藉壬癸以生之, 丑辰濕土以培之, 則火不烈, 木不枯, 土不燥, 水不涸, 而有生成之義矣, 若見未戌燥土, 反助火而不能晦火, 縱有水, 亦不能爲力也.

조(燥)와 습(濕)은 水와 火가 상성(相成)되는 것을 말한다. 일주(日主)에는 일주의 기(氣)가 있고, 국(局)에는 국의 기(氣)가 있는데 일주의 기(氣)는 안에서 오행으로 나타나고, 국(局)의 기(氣)는 밖에서 사주에 드러난다. 습(濕)은 음기(陰氣)이니 마땅히 조(燥)를 만나야 하고, 조(燥)는 양기(陽氣)이니 마땅히 습(濕)을 만나야 한다. 木이 여름에 생하면 정화(精華)를 발설하니 밖은 유여한 듯해도 안으로는 허탈하다. 이때는 반드시 壬癸水가 하목(夏木)을 생조하고 丑土나 辰土의 습토(濕土)로 배양해야만 火가 맹렬하지 않고, 木이 메마르지 않으며, 土가 건조하지 않고, 水도 마르지 않아서 생성(生成)할 수 있게 된다. 만일 습토(濕土)가 아니고 조토(燥土)인 未土나 戌土를 만나면 화기(火氣)를 설기할 수 없어서 이때는 水가 있다 하더라도 힘이 되지 못한다.

惟金百鍊, 不易其色, 故金生冬令, 雖然洩氣休囚, 竟可用丙丁以
敵寒, 未戌燥土以除濕, 則火不晦, 水不狂, 金不寒, 土不凍, 而
有生發之氣矣. 若見丑辰濕土, 反助水而不能制水, 縱有火, 亦不能
爲力也. 此地道生成之妙理也.

金은 백번 단련해도 그 색(色)을 바꾸지 않는다. 金이 겨울철에 생하
면 비록 설기되어 휴수가 되더라도 丙丁火를 써서 한기(寒氣)와 대적
하고 未土나 戌土로 습기(濕氣)를 제거해야 한다. 그렇게 되면 火는
어두워지지 않고, 水는 광란하지 않으며, 金은 한랭하지 않고, 土는
얼지 않게 된다. 이때 만일 습토(濕土)인 丑土나 辰土를 만난다면 도
리어 水를 도우므로 비록 火가 있다 하더라도 힘이 되지 못한다. 이
것이 지도(地道)가 생성(生成)되는 묘(妙)한 이치이다.

나이스 주

◉지지의 土에는 습토(濕土)나 조토(燥土)가 있다. 조토(燥土)에는 戌土와 未
土가 있고, 습토(濕土)에는 辰土와 丑土가 있는데 편중(偏重)되면 안 된다.

◉조습(燥濕)은 우리가 일상에서 자주 느끼며 살아간다. 보통 여름에는 습
(濕)하고 겨울에는 조(燥)하다. 여름에는 火의 계절이므로 水도 火를 따라
높이 머물기 때문에 습(濕)하게 된다. 겨울에는 水의 계절이므로 나머지 오
행들은 땅 속에 머물게 되니 대기는 차고 조(燥)하게 된다.

時	日	月	年
丙	庚	辛	丙
子	辰	丑	辰

●丑辰파와 子辰 반합이 있다.

●丑월에 辛金이 투하였으나 丙辛합이 되었다.

●초운인 壬寅, 癸卯운에 의식이 제법 풍족하였다.

●丙午, 丁未운에 처자가 손상되고 가업이 모두 파괴되자 머리 깎고 중
  이 되었다.

時	日	月	年
丙	庚	壬	丁
戌	戌	子	未

●子未원진이 있다.

●원진은 충의 옆 글자로 충과 비슷한 현상이 나타난다.

●子월에 壬水가 투하였으나 丁壬합이 되었다.

●월지 子水를 써서 상관격이다.

●戊申운에 부판사가 되었으나 뜻을 이루지 못했다.

●丁未운에 의서로 선비로 나가서 丙午운까지 벼슬이 주목(州牧)에 이
  르렀다.

時	日	月	年
庚	甲	丁	癸
午	午	巳	未

- 巳午未 방합이 있고 丁火가 투하여 상관격이다.

- 초운인 木火운에 재물이 증가하였다.

- 癸丑운에 좌절과 파모(破耗)가 많았다.

- 壬子운에 화재를 당해 파가하고 사망하였다.

時	日	月	年
庚	甲	丁	癸
午	辰	巳	丑

- 앞의 사주와 비슷하다.

- 巳월에 丁火가 투하여 상관격이다.

- 년간의 癸水가 힘을 얻어 火를 제하고 있다.

- 초운에 木이 왕하여 화평하여 길했다.

- 癸丑운, 壬子운, 辛亥운까지 사업이 뜻대로 잘 되었다.

30 은현隱顯

吉神太露 起爭奪之風 凶物深藏 成養虎之患
길신태로　　기쟁탈지풍　　흉물심장　　성양호지환

길신(吉神)이 천간에 노출되면 쟁탈의 바람이 일어날 수 있고, 흉물(凶物)

이 장간에 숨어 있으면 범을 기르는 우환이 있을 수 있다.

原註

局中所喜之神，透于天干，歲運不能不遇忌神，必至爭奪，所以有
暗用吉神爲妙．局所忌之神，伏藏于地支者，歲運扶之沖之，則其爲
患不小，所以忌神明透，制化得宜者吉．

국(局) 중의 희신이 천간에 투출한 경우에는 기신을 만나면 쟁탈에

이를 수 있으니 이 때문에 장간에 있는 길신을 더 묘(妙)하게 여긴다.

기신(忌神)이 장간에 숨어 있는 경우에는 세운에서 기신을 돕거나 충

하면 그 우환이 작지 않다. 이 때문에 기신은 투출하여 제화(制化)되

면 길(吉)하다.

任氏曰

吉神太露，起爭奪之風者，天干氣專，易于劫奪故也，如財物無關
鎖，人人得而用，假如天干以甲乙爲財，歲運遇庚辛，則起爭奪之

風，必須天干先有丙丁官星回剋，方無害；如無丙丁之官，或得壬癸之食傷合化亦可，故吉神宜深藏地支者吉.

길신이 뿌리 없이 천간에 드러나면 쟁탈이 쉬운 까닭은 천간은 기(氣)가 전일(專一)하여 겁탈당하기 쉽기 때문이다. 마치 자물쇠 없이 보관된 재물이 누구에게나 노출되기 쉬운 것과 같은 형상이다. 가령 천간의 甲乙木이 재(財)라면, 세운에서 庚辛金을 만나면 쟁탈이 있을 수 있다. 그래서 먼저 천간에 관성인 丙丁火의 회극(回剋)이 있어야 해로움이 없을 것이고, 만일 丙丁火가 없다면 壬癸水가 있어서 운에서 들어오는 庚辛金을 통관시켜도 좋을 것이다. 그러므로 길신은 장간에 깊이 간직되어 있으면 일반적으로 길(吉)하다.

凶物深藏，成養虎之患者，地支氣雜，難于制化故也. 如家賊之難防，養成禍患. 假如地支以寅中丙火爲劫財，歲運逢申，沖申中庚金，雖能剋木，終不能去其丙火，歲運遇亥子，仍生合寅木，反滋火之根苗，故凶物明透天干，易于制化. 所以吉神深藏，終身之福；凶物深藏，始終爲禍.

흉물이 깊이 저장되면 집안에 범을 기르는 것과 같은 우환이 있다. 그 까닭은 지지는 기(氣)가 잡(雜)하여 제화(制化)하기 어려운데, 예를 들면 집안 내부의 도둑은 막기가 어려워 화환(禍患)을 키우고 있는 것과 같다. 가령 寅 중 丙火가 겁재로 기신일 때 세운에서 申이 오면 申 중 庚金 정재를 극하게 된다. 또 寅 중 丙火가 세운에서 亥子를 만나더라도 수극화가 되지 않고 도리어 寅木이 火의 근묘(根苗)를 번성시키니 장간에 있는 흉신을 제압하기가 어렵다. 그러므로 흉신은 천간에 투출해야 제화(制化)하기가 쉽고, 길신은 장간에 심장(深藏)되어야 복이 되지만, 흉신이 심장(深藏)되면 시종일관 화(禍)가 된다.

總之吉神顯露, 通根當令者, 露亦無害 ; 凶物深藏, 失時休囚者, 藏亦無妨, 鬼谷子曰, "陰陽之道, 與日月合其明, 與天地合其德, 與四時合其序", 三命之理, 誠本于此, 若不慎思明辨, 孰能得其要領乎?

결론적으로 길신이 통근하고 월령에 사령하여 힘이 있는 경우에는 천간에 드러나도 해(害)가 없고, 흉신도 장간에 있다고 해도 실시(失時)하고 휴수되면 해(害)가 없다. 귀곡자(鬼谷子)가 말하기를 "음양(陰陽)의 도(道)는 일월(日月)과 합하면 그것이 명(明)하고, 천지와 합하면 덕(德)이 있으며, 사시(四時)와 합하면 질서가 있게 된다. 삼명(三命)의 이치는 이러한 것에 바탕을 두고 있다."고 했으니 신중하게 생각하여 분별하지 않으면 누가 그 요령을 터득할 수가 있겠는가?

나이스 주

⊙희신이 천간에 투출한 경우에는 운의 글자에 의해 쟁탈의 위험이 있으니 숨어 있는 길신을 더 묘(妙)하게 여긴다. 반면에 기신이 장간에 숨어 있다면 운에서 동(動)할 때 밖으로 나오게 되니 그 우환이 적지 않다. 천간에 노

출되든 장간에 숨어 있든 모두 장단점은 있는 것이다.

◎길신이 천간에 노출되면 운의 글자에게 극을 당하거나 합거(合去)가 되어
피해를 입을 수 있다. 그렇다고 길신이 장간에 숨어 있어야 한다는 것은 아
니다. 장간이나 지지에 있는 것보다 튼튼한 뿌리를 내리고, 천간에 노출되
면 그만큼 그릇이 커진다. 그러나 커다란 나무에 바람 잘 날 없듯이 길신이
천간에 노출되면 많은 시련에 직면하게 된다.

◎흉신(凶神)은 없는 것이 좋다. 그러나 팔자는 내 마음대로 안 된다. 흉신이
천간에 노출되면 직접적으로 나의 삶을 지배하며 타격을 주게 된다. 흉신
이 장간에 있으면 드러나지 않아 좋기는 하지만 알지 못하는 질병처럼 언
젠가는 큰 해(害)를 가져올 수 있다. 장간에 숨어 있는 글자들은 형충으로
개고되어 드러날 때 현실로 나타날 가능성이 커진다.

時	日	月	年
辛	丙	辛	己
卯	子	未	卯

- 卯未 반합과 子未원진 그리고 子·卯형이 있다.
- 未월에 己土가 투하여 상관격이다.
- 卯未 반합이 있어 인성의 세력도 강하다.
- 초운 己巳, 戊辰운에 土가 왕하다.

- 재물이 모이고 하는 일마다 잘 되었다.

- 丁卯운에 土金이 손상된다.

- 세 차례의 화재가 있었다.

- 丙寅운에 처자가 죽자 집을 나가 행방불명이 되었다.

時	日	月	年
丙	丁	乙	壬
午	丑	巳	午

- 未운에는 巳午未 방합이 되고 酉운에는 巳酉丑 삼합이 된다.

- 丑午원진, 丑午귀문이 있다.

- 巳월에 丙火가 투하여 비겁이 강하다.

- 년간의 壬水 정관은 코너에 몰려 힘을 발휘하지 못한다.

- 丙午, 丁未운에 가난한 집에서 태어나 공부도 못했다.

- 戊申, 己酉운에 십여만금의 재물을 모았다.

31 중과 衆寡

強衆而敵寡者 勢在去其寡 强寡而敵衆者
강중이적과자　　　세재거기과　　　강과이적중자

勢在成乎衆
세재성호중

강중(强衆)한 것이 적과(敵寡)를 상대할 때는 과(寡)를 제거해야 한다.

강과(强寡)하고 적중(敵衆)할 때는 세력이 많은 것을 이루게 해야 한다.

抑强扶弱者常理 用强捨弱者元機
억강부약자상리　　　용강사약자원기

강함을 억(抑)하고 약함을 부(扶)하는 것은 상리(常理)이고, 강함을 용
(用)하고 약함을 사(捨)하는 것은 원기(元機)이다.

原註

强寡而敵衆者, 喜强而助强者吉 ; 强衆而敵寡者, 惡敵而敵衆者滯.

강한 것이 적고 대적하는 상대가 많을 때는 강한 것을 희(喜)하므로
강한 것을 돕는 것이 길하다. 강한 것이 많고 대적하는 상대가 적을
때는 상대가 기신이 되므로 상대가 많아지면 정체된다.

任氏曰

衆寡之說, 强弱之意也, 須分日主四柱兩端而論也. 如以日主分衆

寡, 如日主是火, 生于寅·卯·巳·午月, 官星是水, 四柱無財, 反
有土之食傷, 卽使有財, 財無根氣, 不能生官, 此日主之黨衆, 敵
官星之寡, 勢在盡去其官, 歲運宜扶衆抑寡則吉.

중과(衆寡)는 강약의 의미인데, 반드시 일간과 사주를 구분하여 두
가지로 논해야 한다. 가령 일간을 기준으로 중과(衆寡)를 구분해 보
면, 예를 들어 일간이 火이고 寅·卯·巳·午월에 태어났을 경우 사주
에 재성이 없고 土 식상만 있거나, 재성이 있다 하더라도 근기(根氣)
가 없어서 관성인 水를 생할 수 없는 경우가 있다. 이렇게 되면 일간
의 무리는 많고 대적하는 관성은 적으므로 그 때는 관성을 제거하는
것이 좋다. 이때는 세운에서 많은 것을 부조하고 적은 것을 억제하는
것이 길(吉)하다.

如以四柱分衆寡, 則分四柱之强弱, 然又要與日主符合, 弗反背爲妙.
假如水是官星, 休囚無氣, 土是傷官, 當令得時, 其勢以去其官星,
歲運亦宜制官爲美；日主是火, 亦要通根得氣, 則能生土, 或有木而
剋土, 則日主自能化木, 轉轉相生, 所謂日主符合者也.

사주를 기준으로 중과(衆寡)를 구분한다는 것은 사주의 강약을 구분
하는 것이다. 이때는 반드시 일간과 서로 부합(符合)되고 서로 배반
하지 않아야 묘(妙)하다. 가령 일간이 火일 때 관성 水는 휴수(休囚),
무기(無氣)하고 식상 土는 당령하고 득시(得時)하였다면 식상이 강하
니 관성을 제거할 수 있다. 이때는 세운에서도 관성을 제압해야만 아

름답다. 일간인 火도 반드시 통근해야 土를 생할 수 있다. 혹 인성 木이 있어서 식상 土를 극할 경우에는 일간이 통관 역할을 하여 상생할 수 있으니 일간과 부합되게 된다.

强寡而敵衆者. 如日主是火. 雖不當令. 却有根坐旺. 官星是水, 雖不及時, 却有財生助, 或財星當令, 或成財局, 此官星雖寡, 得財星扶則强, 歲運宜扶寡而抑衆者吉. 雖擧財官而論, 其餘皆同此論.

강한 것이 적고 대적하는 상대가 많은 경우는 다음과 같다. 예를 들면 일간이 火일 때 당령하지 않았어도 유근(有根)하고 왕지에 앉았을 경우에는 관성인 水가 비록 계절을 얻지 못했어도 재(財)의 생조가 있거나 재성이 당령하거나 혹은 재국(財局)을 이루었다면 재성의 부조를 만나서 관성은 강해진다. 이때는 세운에서도 마땅히 작은 것을 부조하고 많은 것을 억제해야만 길(吉)하다. 비록 재관(財官)을 논했지만 나머지도 모두 이와 같다.

나이스 주

⊙자연의 법칙은 중화이다. 강(强)한 것을 억제하고 약(弱)한 것은 도와주는 것은 당연하다. 중과(衆寡) 또한 음양의 균형을 맞추는 것과 같다.

⊙팔자 내에는 강(强)한 세력과 약(弱)한 세력이 있다. 그러나 태강(太强)하

거나 태약(太弱)할 때도 있으니 그때는 중화의 균형을 맞추기가 힘들다. 태강할 때는 태강한 것을 돕고 태약한 것을 버리는 것이 좋다.

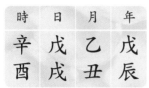

- 丑辰파와 丑戌형이 있다.
- 丑월에 辛金과 戊土가 투하였다.
- 초반에는 戊土를 쓰고 후반에는 辛金 상관을 쓴다.
- 처음 丙寅, 丁卯운에 형모(刑耗)가 많았다.
- 戊辰운에 재물을 바치고 관직으로 나갔다.
- 己巳운까지 좌이(보좌관)로 종사하다가 현감(금당)에 올랐다.
- 辛未운에 사망하였다.

- 丁壬합과 午戌 반합과 卯戌합이 있다.
- 戌월에 戊土가 투하여 상관격이다.
- 午戌 반합으로 戊土의 세력은 더욱 강해졌다.
- 초년 북운으로 가니 이루어지는 일이 없었다.

●丙寅, 丁卯운에 사업하여 수많은 재산을 모았다.

●戊辰, 己巳운에 자식이 과거에 급제하였다.

時	日	月	年
庚	丙	壬	癸
寅	午	戌	丑

●丑戌형과 寅午戌 삼합이 있다.

●戌월에 庚金이 투하여 재격이다.

●寅午戌 삼합도 있으니 일간도 강하다.

●辛酉, 庚申운에 유업(遺業)이 풍족하였다.

●己未운에 부모가 사망하였다.

●戊午까지 20년 동안 처자와 가업이 손상당하여 고생하였다.

●戊辰운에 떠돌다가 사망하였다.

震兌主仁義之眞機 勢不兩立 而有相成者存
진태주인의지진기 　　　세불양립 　　이유상성자존

진괘(震卦)와 태괘(兌卦)는 인(仁)과 의(義)의 진기(眞機)이므로 양립할

수는 없다. 그러나 서로 상성(相成)한다면 진(震)과 태(兌)는 존립(存立)

할 수 있다.

原註

震在內, 兌在外, 月卯日亥或未, 年丑或巳時酉是也. 主之所喜者在

震, 以兌爲敵國, 必用火攻；主之所喜者在兌, 以震爲奸宄, 備禦之

而已, 不必盡去, 不必興兵也. 兌在內, 震在外, 月酉日丑或巳, 年

未或亥時卯者是也. 主之所喜者在兌, 以震爲游兵, 易于滅而不可黨

震也；主之所喜者在震, 以兌爲內寇, 難于滅而不可助兌也. 以水爲

說客. 相間於上下. 或年酉月卯日丑時亥. 年甲月庚日甲時辛之例. 亦論

主之所喜所忌者何如. 而論攻備之法.

진(震)이 안쪽 월일(月日)에 있고 태(兌)가 바깥쪽 년시(年時)에 있는

경우는 다음과 같다. 예를 들면 월(月)이 卯이고 일(日)이 亥나 未이

며, 년(年)이 丑 또는 巳이고 시(時)가 酉일 때이다. 즉, 목기(木氣)가

월일(月日)에 있고, 금기(金氣)가 년시(年時)에 있는 것이다. 명주(命

主)가 좋아하는 것이 진(震)이라면 태(兌)는 진(震)을 극하는 적(敵)이 되니 반드시 火를 써서 태(兌)를 공격해야 한다. 명주(命主)가 좋아하는 것이 태(兌)라면 진(震)은 간사한 도둑과 같으니 방어만 하면 되고, 다 제거할 필요는 없으므로 군대까지 일으킬 필요는 없다.

태(兌)가 안쪽인 월일(月日)에 있고 진(震)이 바깥쪽인 년시(年時)에 있는 경우는 다음과 같다. 예를 들면 월(月)이 酉이고 일(日)이 丑이나 巳이고, 년(年)이 未 또는 亥이고 시(時)가 卯일 때이다. 즉, 금기(金氣)가 월일(月日)에 있고, 목기(木氣)가 년시(年時)에 있는 것이다. 명주(命主)가 좋아하는 것이 태(兌)라면 진(震)은 떠도는 병사와 같아 멸(滅)되기 쉬우니 무리를 이루지 못한다. 명주(命主)가 좋아하는 것이 진(震)이라면 태(兌)는 내부의 반란자와 같아 멸(滅)하기가 쉽지 않지만 태(兌)를 도와서도 안 된다.

진(震)과 태(兌)가 서로 싸울 때는 水를 세객(說客)으로 삼아 상하에서 통관시켜주면 좋다. 酉년 卯월 丑일 亥시이거나 甲년 庚월 甲일 辛시의 경우라면 명주(命主)가 좋아하는 바와 꺼리는 바가 무엇인지 논하여 공격을 할지 수비를 할지 그 방법을 논해야 한다.

時	日	月	年
○	○	○	○
亥	丑	卯	酉

時	日	月	年
辛	甲	庚	甲
○	○	○	○

然金忌木. 木不帶火. 木不傷土者, 不必去木也. 若木忌金, 而金强者
不可戰. 惟秋金而木茂. 木終不能爲金之害. 反以成金之仁. 春木而金
盛. 金實足以制木之性, 反以全木之義. 其月是木. 年日時皆金者. 不
必問主之所喜所忌. 而亦宜順木之性. 凡月是金. 年日時皆是木者. 不
必問主之所喜所忌. 而亦宜成金之性.

그러나 金이 木을 꺼릴 경우라도 木이 火를 대동하지 않았거나 木이
土를 손상시키지 않는 경우라면 木을 모두 제거할 필요가 없다. 만일
木이 金을 꺼리더라도 金이 강하면 싸울 수 없다. 다만 가을의 金일
때는 木이 무성하더라도 木은 金에게 피해를 입히지 못하고 오히려
金의 인(仁)을 이루게 한다. 봄의 木일 때는 金이 왕성하면 金이 木의
성정을 제압할 수 있어 木의 의(義)를 완성시킨다. 월이 木이고 년일
시(年日時)가 모두 金인 경우에는 명주(命主)가 좋아하고 꺼리는 것
을 물을 필요도 없이 木의 성정을 따라야 한다. 월이 金이고 년일시
(年日時)가 모두 木인 경우에는 명주(命主)가 좋아하고 꺼리는 것을
물을 필요도 없이 마땅히 金의 성정을 따라야 한다.

震陽也, 先天之位在八白, 陰固陰而陽亦陰矣 ; 兌陰也, 先天之位在
四綠, 陽固陽而陰亦陽矣. 震爲長男, 雷從地起, 一陽生于坤之初 ;
兌爲少女, 山澤通氣, 故三陰生于乾之終. 長男配少女, 天地生成之
妙用 ; 若長女配少男, 陽雖生而陰不能成矣. 是故兌爲萬物之所悅, 至

哉言乎! 是以震兌雖不兩立, 亦有相成之義也.

진(震)은 양(陽)으로 선천(先天)에서는 팔백(八白)에 위치한다. 음(陰)이 확고한 음(陰)이라면 양(陽)도 역시 음(陰)이 된다. 태(兌)는 음(陰)으로 선천(先天)의 자리에서는 사록(四綠)에 위치한다. 양(陽)이 확고한 양(陽)이라면 음(陰)도 또한 양(陽)이 된다. 진(震)은 장남(長男)이다. 우레는 땅에서 일어나므로 일양(一陽)이 곤괘(坤卦)의 초효(初爻)에서 생한다. 태(兌)는 소녀(少女)이다. 산과 못은 기(氣)가 통하므로 삼음(三陰)이 건(乾)의 마지막 효(爻)에서 생한다. 장남(長男)이 소녀(少女)와 배합된 것은 천지생성의 묘(妙)한 작용이다. 만일 장녀(長女)가 소남(少男)과 짝을 이루면 양(陽)이 비록 생해주더라도 음(陰)이 이루어질 수 없다. 그러므로 태(兌)가 만물의 기쁨이라고 한 것이다. 이때문에 진(震)과 태(兌)는 비록 양립(兩立)하지는 못하더라도 상성(相成)하는 의리가 있는 것이다.

余細究之, 震兌之理有五, 攻·成·潤·從·暖也. 春初之木, 木嫩金堅, 火以攻之 ; 仲春之木, 木旺金衰, 土以成之 ; 夏令之木, 木泄金燥, 水以潤之 ; 秋令之木, 木雕金銳, 土以從之 ; 冬令之木, 木衰金寒, 火以暖之. 則無兩立之勢, 而有相成仁義之勢矣. 若內外之說, 不過衰旺相敵之意也. 當泄則泄, 當制則制, 須觀其金木之意向, 不必拘執而分內外也.

자세히 연구해 보면 진(震)과 태(兌)에는 다섯 가지의 이치가 있다. 공

(功), 성(成), 윤(潤), 종(從), 난(暖)이 그것들이다. 춘초(春初)의 木인 경우에는 木은 연약하고 金은 견강(堅剛)하므로 火가 金을 공격해야 하고, 중춘(仲春)의 木인 경우에는 木은 왕하고 金은 쇠하므로 土로 쇠한 金을 생성(生成)해야 한다. 하령(夏令)의 木일 때는 木은 설기되고 金은 건조하므로 水로써 윤택하게 해야 하고, 추령(秋令)의 木인 경우에는 木은 시들고 金은 예리하므로 土로써 그 예리한 것을 따르게 해야 한다. 동령(冬令)의 木인 경우에는 木은 쇠하고 金은 한(寒)하므로 火로써 그것을 따뜻하게 해야 한다. 이렇게 되면 양립(兩立)의 형세는 없을지라도 인의(仁義)의 세(勢)를 상성(相成)할 수는 있게 된다. 원주의 내외(內外)란 말은 쇠와 왕이 서로 대적한다는 뜻에 불과하다. 설(洩)해야 할 것은 설(洩)하고 제(制)해야 할 것은 제(制)하면서 金과 木의 의향(意向)을 살피면 될 뿐 내외(內外)에 집착할 필요는 없다.

나이스 주

⊙명리(命理)에도 『주역(周易)』의 괘(卦) 이름이 등장할 때가 많다. 『주역(周易)』이나 명리나 모두 자연의 법칙을 다루는 학문으로, 상호보완이 되니 『주역(周易)』의 괘(卦)와 그 의미 정도는 알아두면 좋겠다.

⊙팔괘(八卦)에서 진괘(震卦)는 卯 방향이고 태괘(兌卦)는 酉 방향이니 서로 정반대에 있으므로 공존(共存)할 수는 없다. 그러나 시소의 양쪽처럼 음양

관계를 이루니 진(震)과 태(兌)가 균형을 이르면 존립(存立)할 수 있고 활력과 생명력이 생긴다.

◉진(震)이 선천에서는 후천의 간(艮)에 속하니 팔백(八白)이라고 하였고, 태(兌)는 선천에서는 후천의 사록(四綠)에 위치한다.

손(巽) 四綠(사록)	이(離) 九紫(구자)	곤(坤) 二黑(이흑)
진(震) 三碧(삼벽)	중궁(中宮) 五黃(오황)	태(兌) 七赤(칠적)
간(艮) 八白(팔백)	감(坎) 一白(일백)	건(乾) 六白(육백)

◉진(震)과 태(兌), 즉 木과 金에 대해 힘의 비교를 설명하고 있는데, 핵심은 봄의 木은 강하니 金이 웬만해서는 木을 이길 수 없고, 가을의 金은 강하니 木이 많더라도 金을 이길 수 없으니 강한 계절의 성정에 따라야 한다는 것이다. 결국 진태론(震兌論)은 木과 金, 즉 봄과 가을 사이에 일어나는 힘의 균형을 이야기하고 있다.

◉임철초(任鐵樵)의 설명에도 특별한 것이 없다. 봄철은 木의 계절이기에 木은 밖에서 활동하고 金은 안에서 휴식을 취한다. 가을철에는 반대로 金의 계절이기에 밖에서 金이 활동하고 木은 안에서 할 일을 한다. 물론 밖으로

나오게 만드는 것은 양간(陽干)이고 안으로 들어가게 하는 것은 음간(陰干)이니 甲木과 乙木, 庚金과 辛金은 구별해야 한다.

攻	初春之木	木嫩金堅	火以功之	초춘에는 火로 金을 공격해서 木을 보호한다
成	仲春之木	木旺金衰	土以成之	목왕하고 금쇠하니 土로 金을 생해야 한다
潤	夏令之木	木洩金燥	水以潤之	하목은 水가 목을 자윤하고 金이 水를 도와야 한다
從	秋令之木	木凋金銳	土以從之	木은 시들고 金은 예리하니 土가 종해야 한다
暖	冬令之木	木衰金寒	火以暖之	목쇠금한(木衰金寒)하니 火가 온난하게 해야 한다

時	日	月	年
乙	甲	庚	丙
丑	申	寅	寅

- 寅申충이 있다.

- 寅월에 태어난 甲木일간으로 비겁이 강하다.

- 월지에서 丙火도 투하여 일간의 힘은 식신으로 설기된다.

- 寅월에 甲木은 丙火와 癸水가 있으면 좋다.

- 丙火는 투하고 癸水는 암장되었다.

- 초운 辛卯, 壬辰운에 학업에 어려움이 있었다.

- 癸巳운에 곡식을 바치고 국자감에 입학하였다.

- 남궁(예부)으로 천거되었다.

- 甲午, 乙未운에 벼슬길이 순탄했다.

●丙申운에 사망하였다.

時	日	月	年
丁	甲	己	庚
卯	寅	卯	戌

●일간 甲木과 월간 己土가 합으로 유정하다.

●卯戌합이 있다.

●寅월에 태어난 甲木일간으로 양인격이다.

●초년에 군대에서 재리를 모았다.

●癸未운에 재물을 바치고 관직을 얻었다.

●甲申, 乙酉운에 좌이에서 지현으로 올라 주목까지 승진하였다.

時	日	月	年
丁	甲	壬	庚
卯	辰	午	辰

●庚辰괴강, 甲辰백호, 卯辰해가 있다.

●백호 등 신살도 옆의 글자에 의해 영향을 받는다.

●午월에 丁火가 투하여 상관격이다.

●일찍 반수(泮水)에서 노닐고 과거에 합격하였다.

●벼슬이 관찰사에 이르렀다.

●丙戌운에 불리했으나 나머지는 순탄하였다.

時	日	月	年
乙	甲	甲	庚
丑	戌	申	戌

●초반 酉운에 申酉戌 방합이 되어 칠살의 기운이 강하다.

●申월에 庚金이 투하여 칠살격이다.

●丙戌운에 무과로 나갔다.

●丁亥운에 형모(刑耗)가 있었다.

●戊子, 己丑운에는 재가 살(殺)을 생하여 부장의 벼슬을 하였다.

時	日	月	年
丙	甲	庚	辛
寅	子	子	酉

●子월의 甲木은 인수격이다.

●칠살이 인수를 생해 인수용살(印綬用殺)이 되었다.

●과거에 연달아 급제하였다.

●벼슬이 시랑(侍郞)에 이르렀다.

33 감리 坎離

坎離宰天地中氣 成不獨成 而有相持者在
감리재천지중기　　　　성불독성　　　이유상지자재

감괘(坎卦)와 리괘(離卦)는 천지의 중기(中氣)를 주관한다.

홀로 이루어질 수는 없고 서로 지탱해주어야 존재할 수 있다.

原註

天干透壬癸, 地支屬離者, 乃爲旣濟, 要天氣下降；天干透丙丁, 地
支屬坎者, 乃爲未濟, 要地氣上升. 天干皆水, 地支皆火, 爲交媾,
交媾身强則富貴；天干皆火, 地支皆水, 爲交戰, 交戰身弱, 豈能富
貴? 坎外離内, 謂之未濟, 主之所喜在離, 要水竭, 主之所喜在坎, 則
不詳；離外坎内, 謂之旣濟, 主之所喜在坎, 要離降, 主之所喜在
離, 要木和.

천간에 壬癸水가 투출하고 지지는 이(離)에 속해 기제(旣濟)가 될 때
는 천기(天氣)는 하강해야 한다. 천간에 丙丁火가 투출하고 지지가
감(坎)에 속할 때에는 미제(未濟)가 되니 이때는 지기(地氣)가 상승해
야 한다. 천간이 모두 水이고 지지가 모두 火인 경우에는 교구(交媾)
가 되는데, 교구(交媾)가 되고 신강하면 부귀하게 된다. 천간이 모두
火이고 지지가 모두 水인 경우에는 교전(交戰)이 되는데, 교전(交戰)

이 되고 신약하면 부귀와는 거리가 멀어진다. 감(坎)이 밖에 있고 이 (離)가 안에 있으면 미제(未濟)가 되는데, 이때 명주(命主)가 이(離)를 좋아하면 水가 마르면 좋고, 명주(命主)가 감(坎)을 좋아한다면 상서롭지 않다. 이(離)가 밖에 있고 감(坎)이 안에 있으면 기제(旣濟)가 되는데 명주(命主)가 감(坎)을 좋아하면 이(離)가 하강해야 하고, 명주(命主)가 이(離)를 좋아하면 木으로 조화를 이루어야 한다.

水火相見于天干, 以火爲主, 而水盛者存 ; 坎離相見于地支, 喜坎而坎旺者昌. 夫子·午·卯·酉專氣也, 其相制相持之勢, 宜悉辨之 ; 若四生四庫之神, 皆所以黨助子午卯酉者, 其理亦可推詳.

水火가 천간에서 마주 보고 있을 때 火가 주(主)가 된다면 水가 성(盛)하면 보존된다. 감(坎)과 이(離)가 지지에서 서로 만났을 때 명주(命主)가 감(坎)을 좋아한다면 감(坎)이 왕해야 번창한다. 子·午·卯·酉는 기(氣)가 전일(專一)하니 서로 극제하고 지탱하는 형세를 잘 분별해야 한다. 가령 사생(四生)이나 사고(四庫)의 글자들도 사실은 모두子·午·卯·酉 왕지의 글자들을 돕고 있는 것들이니 그 이치도 자세히 헤아려야 한다.

任氏曰

坎陽也, 先天位右七之數, 故爲陽也 ; 離陰也, 先天位左三之數, 故爲陰也. 坎爲中男, 天道下濟, 故一陽生于北 ; 離爲中女, 地道上行, 故二陰生于南. 離爲日體, 坎爲月體, 一潤一暄, 水火相濟, 男女媾精, 萬物化生矣. 夫坎離爲日月之正體, 無消無滅, 而宰天地之中氣, 是以不可獨成, 必要相持爲妙也.

감(坎)은 양(陽)이다. 감(坎)은 선천(先天)의 자리가 우측 육감수(六坎水)로 중남(中男)이니 양(陽)이 된다. 이(離)는 음(陰)이다. 이(離)는 선천(先天)의 자리가 좌측 삼이화(三離火)로 중녀(中女)이니 음(陰)이 된다. 감(坎)은 중남(中男)인데 천도는 아래로 향하니 일양(一陽)은 북(北)에서 생성된다. 이(離)는 중녀(中女)인데 지도(地道)는 위로 행하므로 이음(二陰)은 남(南)에서 생성된다. 이(離)는 태양의 체(體)이고 감(坎)은 달의 체(體)이니, 하나는 윤택하게 하고 다른 하나는 따뜻하게 한다. 水火가 상제하고 남녀가 교합하여 만물이 화생(化生)하게 된다. 대체로 감(坎)과 이(離)는 태양과 달의 올바른 체(體)이므로 소멸되지 않고 천지의 중기(中氣)를 주관하게 된다. 이 때문에 감(坎)과 이(離)는 홀로 성립될 수는 없고 반드시 서로 지탱해야만 묘(妙)하다.

相持之理有五, 升·降·和·解·制也. 升者, 天干離衰, 地支坎旺, 必得地支有木, 則地氣上升 ; 降者, 天干坎衰, 地支離旺, 必得天干有金, 則天氣下降 ; 和者, 天干皆火, 地支皆水, 必須有木運以和之 ; 解者, 天干皆水, 地支皆火, 必須有金運以解之 ; 制者, 水火交戰于干支, 必須歲運視其强者而制之. 此五者, 坎離之作用如此, 則無獨成之勢, 而有相持禮智之性矣.

감(坎)과 이(離)가 서로 지탱하는 이치에는 다섯 가지가 있는데 승(升), 강(降), 화(和), 해(解), 제(制)이다. 승(升)은 천간의 이(離)가 쇠하고 지지의 감(坎)이 왕할 때인데 이때는 반드시 지지에 木이 있어야 지기(地氣)가 상승(上升)한다는 것을 말한다. 강(降)은 천간의 감(坎)이 쇠하고 지지의 이(離)가 왕할 때에는 반드시 천간에 金이 있어야 천기(天氣)가 하강한다는 것이다. 화(和)는 천간이 모두 火이고 지지가 모두 水일 때에는 반드시 木운이 와야 조화(造化)를 이룬다는 것이고, 해(解)는 천간이 모두 水이고 지지가 모두 火일 때에는 반드시 金운이 와야 해결된다는 것이고, 제(制)는 水火가 간지에서 교전(交戰)하고 있을 때는 반드시 세운에서 그중 강한 것을 제압해야 한다는 것을 말한다. 이 다섯 가지가 감리(坎離)의 작용인데 홀로 이루어지는 법은 없고 서로 예(禮)와 지(智)가 상호 지탱하면서 이루어진다.

나이스 주

◉팔괘(八卦)에서 감괘(坎卦)는 子 방향이고 이괘(離卦)는 午 방향이다. 감(坎)과 이(離)는 서로 정반대에 있으므로 병행(竝行)할 수 없다. 진태(震兌)처럼 서로 반대 방향에서 음양 관계를 이루니 서로 구제(救濟)하면 존립(存立)할 수 있다.

◉명리학(命理學)에서는 주역(周易)의 괘(卦)이름을 사용하지 않으므로 이(離)는 火로, 감(坎)은 水로 이해하면 쉽다. 水와 火의 조화와 균형을 다루고 있는 것이다.

昇	天干離衰, 地支坎旺	지지에 木이 있어야 지기가 상승
降	天干坎衰, 地支離旺	천간에 金이 있어야 천기가 하강
和	天干皆火, 地支皆水	木운이 와야 조화가 이루어진다
解	天干皆水, 地支皆火	金운이 와야 해결이 된다
制	水火交戰於干支	세운에서 강자를 제(制)해야 한다

時	日	月	年
戊	丙	己	丙
子	寅	亥	子

●寅亥합이 있다.

●합은 묶여서 글자가 제 역할을 못한다.

●丑운에 亥子丑 방합이 된다.

●亥월의 丙火는 칠살격이다.

●壬寅운에 학교에 들어가서 과거에 급제하였다.

●癸卯운에 벼슬에 나가 관찰사까지 승진하였다.

時	日	月	年
庚	壬	壬	壬
戌	戌	寅	午

●寅午戌 삼합이 있다.

●일간이 뿌리가 없다.

●寅월에 壬水는 식신격이다.

●寅午戌 삼합이 있어 재격으로 변했다.

●운이 동남으로 가니 하나도 이루지 못했다.

●戊申운에 많은 재산을 모았다.

●처가 세 명이었고 60이 넘어 세 명의 아들을 낳았다.

●庚戌운에 사망하였다.

時	日	月	年
丙	丙	丙	丙
申	子	申	子

●申월에 丙火는 재격이다.

●申子 반합이 있어 격이 관으로 변했다.

●50년간 어렵고 험한 삶을 살았다.

●형벌과 상해(傷害)가 연이어 일어났다.

●壬寅운에 재물이 늘어 사업이 성공했다.

●癸卯, 甲寅운에 수만금을 모았다.

時	日	月	年
壬	壬	壬	癸
寅	午	戌	巳

●寅午戌 삼합이 있다.

●삼합도 글자의 배치에 따라 영향력이 다르다.

●戌월에는 寅午戌 삼합이 寅월이나 午월보다 강하지 않다.

●재격이다.

●초운인 辛酉, 庚申운에 의식이 풍족하였다.

●己未운에 형모(刑耗)가 있었다.

●戊午운에 도둑을 만나 사망하였다.

時	日	月	年
丙	壬	丙	壬
午	子	午	子

●사주가 壬子와 丙午로만 되어 있다.

●午월에 丙火가 투하여 재격이다.

●지지는 子午충의 연속이다.

●삶의 격변을 예고한다.

●초년 丁未대운 戊午년에 천지가 극충하여 부모가 모두 사망하였다.

●戊申운에 기회를 만났다.

●己酉운에 수만금의 재산을 모았고 처자식도 얻었다.

명리 3대 보서 해설 시리즈

나이스 적천수 滴天髓 해설서 (上)

1판 1쇄 인쇄 | 2018년 02월 20일
1판 1쇄 발행 | 2018년 02월 27일

원　저 | 경도·유백온
해　설 | 맹기옥
펴낸이 | 문해성
펴낸곳 | 상원문화사
주소 | 서울시 은평구 증산로 15길 36(신사동) (03448)
전화 | 02)354-8646 · 팩시밀리 | 02)384-8644
이메일 | mjs1044@naver.com
출판등록 | 1996년 7월 2일 제8-190호

책임편집 | 김영철
표지 및 본문디자인 | 개미집

ISBN 979-11-85179-25-4 (03180)
ISBN 979-11-85179-24-7 (03180)_세트

이 도서의 국립중앙도서관 출판예정도서목록(CIP)은 서지정보유통지원시스템 홈페이지
(http://seoji.nl.go.kr)와 국가자료공동목록시스템(http://www.nl.go.kr/kolisnet)에서 이
용하실 수 있습니다. (CIP제어번호 : CIP2018004856)